JN206180

【現代語訳】

はじめて読む法華経28品

深遠な教え、華麗な物語世界へ

立松和平

佼成出版社

はじめに

仏教経典の中の最勝の経典が法華経であるといい、仏教の歴史にも多くの影響をもたらしたという。少なくとも法華経をなくして、大乗仏教を語ることはできないし、日本の仏教を理解することなど不可能であるともいう。それでは法華経とはなんであるのか。

多くの人が同じことを思っているであろう。法華経の断片や一部を読誦したことはあっても、全篇を読んだという人は稀である。私もそうだった。私も法華経を読みたいのである。読むからには、一字一句心読したい。つまり、人生をかけて読みたいのである。そのためには辛抱強い地道な努力が必要である。それをやってみようと、ある日決意した。そうなるためには、『ナーム』編集部からのすすめがあった。

一つの言葉に幾つもの意味があり、巧みで美しい譬喩が深遠な教えになっていて、一見易しそうであるのだが、法華経の言葉は難解である。だからこそ、現代に私たちが使っている言葉に移しかえる必要がある。言葉は生きていて、現代の言葉が、現代の私たちの生活感覚や思想感性の器であるべきなのだ。そう信じて、毎月毎月、法華経の森への深索の旅がはじまった。

できるかぎり「私」を殺し、私自身が読んで学ぶために、言葉を置き換えていく。するとそこに現われたのは、壮大で華麗で緻密で深奥で繊細で身につまされる物語世界であった。森というよりは峨峨（がが）たる山脈なのだが、もちろん美しい森をたくさん持っている。

しかも、この世界に触れると、心のすみずみまでが澄んでくるから、不思議である。一字一字ぽつりぽつりと書いていくペンの先から、私の手が、全身が、心の中が澄み渡ってくるのである。この感覚を、できるだけ多くの人と共有したい。

睡蓮の花は泥の中にしか根を張ることはできないのだが、泥に染まらず、美しい花を咲かせる。それが菩薩行ということで、私たちも蓮の花のような生き方をしなければならない。これが法華という意味なのだということを、私は心の底から理解することができたのであった。

現代語訳
はじめて読む法華経28品◆目次

――深遠な教え、華麗な物語世界へ――

装丁／山本太郎
カバー画／やまなかももこ
企画協力／横松美千繪

本書は、平成十四年十月に株式会社水書坊から発刊された『はじめて読む法華経―白い睡蓮はいかに咲くか』を改題し装幀を変え新装版として小社から復刊したものです。本文は概ねそのままですが、若干の誤字等校正を行ないました。

現代語訳

はじめて読む法華経28品

――深遠な教え、華麗な物語世界へ――

序品第一(じょほん)

◆

このように私は聞いたのでございます。

ある時、世尊は王舎城(おうしゃじょう)の霊鷲山(りょうじゅせん)におられました。まわりには千二百人の僧がいました。僧たちは全員阿羅漢(あらかん)です。煩悩も汚れもなくして、何事にもとらわれず、心にも智(ち)にも迷いはなく、人生でのやるべきことはすべてやり終え、世間のしがらみを断ち切って、生への執着もなく、心は自由自在で、智慧が最高に完成する境地である六波羅蜜(ろくはらみつ)に到って、いずれも偉大な声聞衆(しょうもんしゅ)なのでありました。

学修の最中の僧、学修の完了した僧が二千人いました。また六千人の尼僧もいたのです。

法を求めて正しい修行をつづける菩薩は八万いました。彼らは最高のさとりを得て、多くの人々に法を説き、あと戻りすることはありません。彼らはこの世であと一生だけを送り、輪廻の苦しみの中に帰ることはなく、次の世界では完全なるさとりを得た仏陀（ブッダ）となります。数えることもできないたくさんの仏陀につかえてきて善根を育て、慈しみにあふれた仏に讃えられ、如来の智慧を自らのものとし、智慧の最高の完成である般若波羅蜜（はんにゃはらみつ）を得て、世間にその名は知れ渡り、数えることもできないたくさんの命あるものたちを救ってきました。そんな菩薩たちです。

神々の王の帝釈天は二万の天子衆（てんじしゅ）をしたがえてそこにいました。増長天、広目天、持国天、毘沙門天の四大天は三万の天子衆をしたがえています。世界の主の梵天は一万二千の天子衆を、竜王は幾千万億の竜を、緊那羅王（きんならおう）は幾千万億の従者の緊那羅を、乾闥婆王（けんだつば）も阿修羅王（あしゅら）も迦楼羅（かるら）王も数えきれないほどの従者を、それぞれにしたがえています。韋提希夫人（いだいけぶにん）の子、摩揭陀（マガダ）国王の阿闍世（あじゃせ）王も、数多くの家来をつれています。人間、神、天人と、それはもううさぎの毛で突く隙間もないほど無限に集まっているのでございました。

その時、世尊はこんなにたくさんのものたちに囲まれ慕われ、この上ない尊敬を向けられて、限りなく深く広い教え、菩薩へのいましめですべての仏が支持している〝偉大な教え〟すなわち大乗経（だいじょうきょう）の無量義（むりょうぎ）を説かれました。その後、結跏趺坐（けっかふざ）し、諸法の実相（じっそう）に心をもっぱら向けられ、身も心もまったく動じなくなって瞑想にはいったのでございます。これと同時に、天上から曼陀羅華（まんだらけ）、摩訶（まか）曼陀羅華、曼殊沙華（まんじゅしゃげ）、摩訶曼殊沙華などが、それは美しく降ってきたのです。

その天上の花々は世尊にばかりでなく、その場にいたすべてのものの上に降りそそいだのでございます。ああ、なんと美しい光景でしょうか。それから仏国土には大地震が起こったのでございます。人間や人間でないものすべては世尊を見上げて驚愕し、これまで経験したこともない深く大きな喜びにうち震えました。

その時でございます。世尊の眉間にある毛の渦巻き、すなわち白毫（びゃくごう）から一条の光が放たれました。東の方に向けられたその光は一万八千の国に届き、すべての仏国土のすみずみまで照らしました。阿鼻（あび）大地獄から天上の至高の世界の有頂（うちょう）まで光はいき、その仏国土の六道（ろくどう）の世界にいるすべての衆生を照らしたのでございます。またその仏国土には仏陀のお姿も見ることができ、仏陀の説法の声も聞くことができたのでございます。そこには僧、尼僧、信男（しんなん）、信女（しんにょ）がいて修行をつづけ、その結果を得たものもいれば、いまだその結果を得ないものもありました。仏国土には偉大な菩薩がたくさんあり、それぞれに見ること学ぶことが多種多様のために、菩薩の数だけの方便をもって思い思いに修行をしていました。般涅槃（はつねはん）にはいられる仏陀たちのお姿もよく見えました。完全に平和な境地にはいられた仏陀たちや、そのお墓である宝石で飾られた塔も見ることができたのでございます。なんとも崇高な光景でございました。これを見て、弥勒（みろく）（マイトレーヤ）菩薩は考えたのです。

「世尊は奇蹟をおこされ、偉大な光景でお示しになりました。ところが世尊は瞑想にはいられ、黙して語られません。この意味はどのようなものであるのか、どなたか教えていただけないでしょうか。文殊（マンジュ・シュリー）菩薩よ、あなたは長いこと仏陀におつかえした方です。仏国土がこのように至高の美しさを見せているわけを、どうかお話しいただきたいものです」

こうして弥勒菩薩は文殊菩薩に偈（詩頌）で尋ねたのです。

文殊菩薩よ、どうして世尊は眉間の白毫より大光を放ったのですか。ここでは仏国土の成り立ちのすべてが見られます。どんなに衆生がたくさんいようと、下は阿鼻地獄から上は有頂まで、地獄、餓鬼、畜生、阿修羅、人間、天上の六道をたどり、生まれて死んでいくのです。ここには幸福も不幸も勝者も敗者もあります。人間の獅子王である仏陀が、清浄にして柔軟な声をだして、幾千万の衆生に力強く法を説いています。種々の因縁とたとえとをもって、苦の終りと、平安で静かな涅槃の境地を示し、独覚の乗り物を教えてくださっています。

ここにはガンジス河の砂の数ほどもの菩薩がいるではありませんか。彼らはそれぞれの力量におうじて精進努力しています。あるものは施行をします。金、銀、珊瑚、真珠、玉、螺貝、玻璃、碼碯などの宝や、召し使い、乗り物などを仏に供養します。宝で飾った輿を歓喜して布施し、最高のさとりの乗り物が自分のものとなりますようにと祈っています。自分の身体を、頭や目や手や足や、妻子や、ありとあらゆるものを捧げて仏の智慧を求めているのです。

彼らは領土も宮殿も家来も親族たちも捨て、髪と髭とを剃り、法服を着ます。法を求める者として、森や荒野に暮らし、経典を読誦(どくじゅ)しているのです。深い山にはいって仏の道を求め、欲を離れ、心静かに足を組み、千万の偈(げ)によって仏を讃え、最高者の仏陀に教えを乞い、厳しい戒律を守り、最高のさとりを求めているのです。増上慢(ぞうじょうまん)の人たちの悪口雑言に耐え、遊楽と愛欲と愚かな仲間を遠ざけ、心の乱れをおさえて山林で一千億年間瞑想し、最高のさとりを求めているのです。仏がおなくなりになった後は舎利(しゃり)を供養し、その塔はガンジス河の砂の数ほど幾千万億もあるのです。この塔は高く大きく、幢幡(どうばん)で飾られ、鈴が心地よく鳴り、人や神や天人や竜神がたえず香や花や伎楽(ぎがく)を供養しています。この塔のおかげで、あたりは須弥山(しゅみせん)にある天の樹の花が咲いたように明るいのです。

　今、世尊が一条の光を放たれたことにより、仏陀の国のすべてが見えたのでございます。この驚異のわけを、文殊菩薩よ、どうか語ってくださいませんか。このまわりの四衆は、あなたと私との言葉を期待をして待っているのですよ。彼らの心配を取りのぞき、彼らを喜ばせてやっていただけませんか。どうか予言をしていただきたいのです。

この時、文殊菩薩は弥勒菩薩とすべてのその場にいるものに語りかけたのでございます。

「良家の子らよ。世尊は偉大な教えをここに響き渡らせようと願っておられるのですよ。偉大な法の雨を降らせ、偉大な法の太鼓を打ち鳴らし、偉大な法の幡(はた)を高く上げ、偉大な法の燈火を燃やし、偉大な法の法螺貝を吹き鳴らそうとしておられるのです。

良家の子らよ。私は前世において、完全なさとりの境地にはいった仏たちが、偉大な教えを人々に語って聴かせようとし、このように四方に光を放ったのを知っているのです。偉大な教えを語って聴かせるためには、仏はこんなことをされるのです。

歳月を数えることもできない遠い昔、考えもおよばないような遙かな遙かな昔に、太陽と月とを燈明とする日月燈明（にちがつとうみょう）如来がおられました。この如来は正しいさとりを得て、智（ち）と行（ぎょう）とをかねそなえ、世間をよく知り、神と人間の師であり、至高の智を得た仏陀であり、世尊でもありました。

まず声聞たちに苦集滅道（くじゅうめつどう）の四諦（したい）（この世には生・老・病・死の苦しみがある。それは煩悩があるからであり、煩悩を滅すれば苦もなく安穏な涅槃が得られるのである。それには八つの正しい生活態度がある）を説かれました。次に十二因縁（じゅうにいんねん）（無明（むみょう）によって、行（ぎょう）、すなわち生活作用がある。生活作用によって識別作用がある。識別作用によって、名色（みょうしき）、すなわち名称（みょうしょう）と形態がある。名称と形態によって、六処（ろくしょ）、すなわち、眼、耳、鼻、舌、身、意の六つの感受機能がある。六つの感受機能によって、触（そく）、すなわち対象との接触がある。対象との接触によって、受（じゅ）、すなわち感受作用がある。感受作用によって、愛、すなわち妄執がある。妄執によって、取（しゅ）、すなわち執着がある。執着によって、有（う）、すなわち生存がある。生存によって、生（しょう）、すなわち出生がある。出生によって、老死という苦しみが生まれてくる。老死という苦を止滅させるためには、原因との関係をはっきりさせる縁起を知ればよい。そして、縁起の順序を逆にたどっていけばよいのである）を説かれました。もろもろの菩薩には六波羅蜜（布施、与えること。持戒、戒律を守ること。忍辱、苦難に耐えること。精進、真実の道をたゆまず実践すること。禅定、精神を統一安定させること。智慧、真実の智慧を得ること）を説き、至高のさとりを得て、すべてを知る仏の智慧に至る教えを示されたのでございます。

次にまた日月燈明という名の仏が現われ、その次にまた日月燈明という名の完全なさとりの境地に達した仏が現われました。こうして完全なさとりに達した日月燈明という同じ名前の阿羅漢の仏が、二万もでたのです。最高の智と行をかねそなえ、世間をよく知り、神と人間の師であり、至高の智を得た仏陀であり、世尊でもありました。

この最後の日月燈明仏がまだ出家せず、太子の時、八人の王子があったのです。この八王子は須弥山の四方にある国をそれぞれ所領としていましたが、世尊が世俗の暮らしを捨てて出家し、至高のさとりを得たと聞くや、全員が出家して修行をなし、千万の仏のもとで善根を植えたのです。

この時、日月燈明仏は〝偉大な教え〟大乗経の無量義、菩薩を教える法、仏が護念すべき法を説いたのです。それから結跏趺坐し、諸法の実相にもっぱら向けられ、身も心もまったく動じなくなって瞑想にはいったのです。これと同時に、天上から曼陀羅華、摩訶曼陀羅華、曼殊沙華、摩訶曼殊沙華などが降ってきました。その花々は世尊にばかりではなく、その場にいたすべてのものの上に降ってきたのです。それから仏国土には大地震が起こりました。そこには、僧、尼僧、信男、信女、八部神衆、人間と人間以外のものが数えきれないほど集まっていたのです。

その時、世尊の眉間の白毫から一条の光が放たれ、一万八千国に届いてすみずみまで照らしたのでございます。ついさっきとまったく同じ光景だったのですよ。ここには二十億の菩薩があり、光明が仏国土を照らすのを見て喜び、驚愕し、この因縁を知りたいと全員が思ったのです。

その場に妙光（みょうこう）菩薩という菩薩がいて、八百人の弟子がありました。日月燈明仏は瞑想から立ち上がり、妙光菩薩に向かって、〝正しい教えの白蓮（びゃくれん）〟妙法蓮華、菩薩を教える法、仏が護念すべき法を、座も立てず、身体も心も揺らさず、長い時間をかけて語りました。もちろんそこにいたすべての人が聞いたのですが、食事をするほどの短い時間に思え、誰一人として疲れたとも覚えませんでした。日月燈明仏はこうして最後の経典を語ったのち、まわりのものに語りかけたのでございます。

『僧たちよ、今夜おそく、如来は煩悩の残りのない完全なさとりの境地、無余（むよ）涅槃にはいるであろう』

ここに徳蔵（とくぞう）という菩薩があった。吉祥な胎を持ったこの徳蔵菩薩にあなたは至高のさとりを得るだろうと予言し、そこにあるすべてのものにこう語ったのでした。

『この徳蔵菩薩は私につづいて完全なるさとりの境地に達し、清らかな目を持つ離垢眼（りくげん）という如来になるであろう』

こうしてその夜のうちに日月燈明如来は身も心も余すところなく滅し、無余涅槃にはいったのです。仏の滅度（めつど）の後、妙光菩薩は妙法蓮華経を説いて人々を教化（きょうけ）したのです。世尊の八人の王子たちもすべて妙光菩薩の弟子になりました。彼らは無量百千万億の仏陀に会って供養し、全員が至高のさとりを得たのです。そして、最後にさとったのが、燃燈（ねんとう）如来でありました。

八百人の弟子の中に、利得に走り、名誉を重んじ、名声を欲しがる一人の菩薩がいました。経を読んでもすぐに忘れてしまうのだが、名声を欲するので求名（ぐみょう）と呼ばれたのです。それでもこの菩薩はさまざまに善根を植え、無量百千万億の仏陀に会って供養し、慕い、礼讃（らいさん）しました。その時の妙光菩薩はこの私、つまり文殊菩薩であって、求名菩薩こそ弥勒菩薩よ、君のことであったのですよ。

こんないきさつがあったのですから、光を放たれた世尊は、〝正しい教えの白蓮〟妙法蓮華、菩薩を教える法、仏が護念すべき法、最高の経典を説かれるのだと思うのです」

この時、文殊菩薩はこれまで語られたことを整理し、重ねてこの意味を語るために、偈を唱えたのでございます。

はかり知れない昔、日月燈明如来という仏がいました。人々の指導者であるこの仏は数えきれないほどたくさんの人々に正しい教えを説き、数えきれないほどの菩薩を仏の智慧の中に導きいれたのでした。

この指導者が太子だった時、八人の息子がありました。この偉大なる太子が出家すると、八人の息子たちはみな愛欲を捨てて出家しました。かの指導者は大乗経の無量義と名づけられた経典を幾千万億の人々に説きあかしたのです。指導者は法を説くとすぐ結跏趺坐を組み、無量義処（限りなきすぐれた説法の場）という三昧にはいられました。

天から曼陀羅華が降り、天鼓がひとりでに鳴り響き、神々も竜神も鬼神も空中に姿を現わし、人間の中の最高者である仏陀に供養をしたのです。その瞬間、仏国土には大地震が起こったのでございます。その時、本当に不思議なことが起こりました。かの指導者の白毫からこの上なく美しい一条の光が放たれたのです。東の方に向けられたその光は一万八千の国に届き、すべての仏国土のすみずみまで照らして、衆生の生と死とを明らかにしました。

ある国土は宝によって荘厳され、ある国土は瑠璃の色に輝いていました。仏の放った光によって、なんとも美しく見えたのでございます。そこには神々も人間も竜神も夜叉も天人衆も、おのおのの国土で仏に供物をあげ供養する姿が見られます。自然に生まれた仏陀たちの姿もあり、姿が黄金の柱のように美しくて、瑠璃の中に置かれた黄金の像のように美しく法を説いておいでです。弟子たちも数えきれるものではありません。弟子たちは仏の戒を固く守り、山の洞窟でひたすらに精進努力しています。持っているものをすべて布施し、強い忍耐力を持って、禅定を楽しんでいる意志の強固な菩薩たちも、この光に照らされています。禅定にはいって身心を静かにして動ぜず、この上ないさとりを求める菩薩がいます。彼らは煩悩のない真実の言葉で、たくさんの世界に教えを説いています。

まわりにいる人々は日月燈明如来の威光に接して歓喜に包まれ、これはどうしてなのかと問い返しあうのです。かの指導者は三昧から立ち上がり、神や人間に供養されてこの上ない教えを説く賢明なる息子の妙光菩薩に言葉を与えました。

「賢明なるお前は、世の人々の目であり、世の人々が身を寄せるところである。お前は信頼のできる法の護持者で、すべての命あるものに私が説く法の証人となるであろう」

こうして数多くの菩薩たちに勇気を与え、喜ばせ、讃えて、かの指導者はこの〝正しい教えの白蓮〟を長いこと説かれたのです。指導者の息子の妙光菩薩はその数えのすべてを記憶し、法を護持するようになりました。かの指導者は偉大なる教えを語って人々を喜ばせた後、この日のうちに神々と人々の前で告げられたのでございます。

「私は最高の教えのすべてを語り終えた。今日の真夜中、私には完全なるさとりの境地である涅槃にはいる時がきた。お前たちはこの教えを守り、怠ることなく精進しなさい。どんなに無限の時間があったのだとしても、本当の勝利者に会うことは得がたいのであるから」

人間の最高者の仏陀があまりにも早く涅槃の境地にはいるという声を聞いた仏の子供たちは、たまらない悲しみに打ちのめされ、恐ろしい苦悩を持ったのです。仏陀は数えきれないほどたくさんの命あるものを慰めて、こういいます。

「私が滅度して平安の境地にはいっても、怖れてはならない。私のあとにまた仏陀があらわれる。この徳蔵菩薩は私につづいて完全なるさとりの境地に達し、清らかな目を持つ離垢眼という如来になるであろう」

その夜日月燈明如来は油が燃えつきた燈明のように、完全に平安な境地にはいられたのです。その遺骨は国中に分けられ、数えきれないほどたくさんの塔が建てられたのでございます。

ガンジス河の砂の数ほどもある僧や尼僧たちは、完全なるさとりの境地を求めてますます精進しました。妙光菩薩はよく仏の教えを記憶し、人々に長いこと最高の法を説いたのです。彼の八百人の弟子すべてに最高のさとりに至ろうという境地が生まれ、仏にならって修行をし、さまざまな世界において仏陀になったのです。彼らはつぎつぎと最高のさとりに至るであろうと予言しあったのでございます。こうして次々と仏陀があらわれ、その最後にさとりを得たのが然燈如来でありました。

妙光如来が教えを語っていた時、利得に走り、名誉を重んじ、経を読んでもすぐ忘れてしまう。名声を欲する求名と呼ばれる弟子が一人ありました。それでもこの人はさまざまに善根を植え、幾千万億の仏陀に会って供養し、慕い、礼讃しました。汚点がまじっていたものではあっても、善業(ぜんごう)をなしたのです。彼は仏にならって修行をつづけ、現在この世での仏陀である釈迦族の獅子、釈尊にも会うことができました。そして、彼はこの世に生まれ、この上ない最高のさとりを得て仏になることでしょう。号を名づけて弥勒菩薩といいましょう。

数えきれないほどたくさんの衆生を教化するのです。

その時の完全に平安な境地になり涅槃にはいられた仏の教えに怠けて従わなかったものは、すなわち弥勒菩薩、君であり、私は教えを説いていた妙光如来でありました。こんな因縁によって、私は世尊の白毫から一条の光が放たれるという前兆とは、すなわち私が最初に見た至高の智慧が示される前兆だと思うのですよ。

ここをもってわかりました。今の仏陀である釈迦族の獅子の釈尊が、あの時私が聞いた最高の法門、〝正しい教えの白蓮〟妙法蓮華、菩薩を教える法、仏が護念すべき法を説かれようとしていると思うのです。この前兆は、指導者たちの巧妙な方便なのです。釈尊は至上の教えを言葉とし、教えの本性をすべての人にわかるように説かれるでしょうよ。

あなたは心を清らかにして、一生懸命に合掌するのですよ。仏陀は人々や生きとし生けるものすべての幸福を願い、深い慈悲をお持ちですから、教えを説き、無限の教えの雨を降らせて、至上のさとりを求めて修行をしている人たちを満足させるでしょう。至上のさとりを求めて旅立った菩薩たちが、疑いを持ったり、不安になったり、信じられなくなったとしても、賢者である仏陀は教えの子供の菩薩たちから迷いを取り除くでしょう。

方便品第二

ほうべんぽん

その時、世尊は気持ちを新たにして瞑想三昧から立ち上がり、舎利弗（シャーリプトラ）長老に話しかけたのです。

「舎利弗よ、仏の智慧はあまりに深くて、限りがあるものではない。完全なさとりを得た阿羅漢である如来たちの智慧は、声聞や独覚には理解しがたい。正しいさとりを得た如来たちの智慧は、百千万億もの無数の仏陀につかえて修行し、勇猛精進して百千万億もの仏陀がしたとおりの修行をして、長いこと至上のさとりに向かって歩みつづけ、甚深なる未曾有の法を完全に自分のものとしたものだからである。

舎利弗よ、如来たちが語る言葉にはあまりにも深い意味があって、そう簡単に理解できるものではない。私が仏陀となってよりこのかた、自分はさまざまな因縁を使い、譬喩をもちい、広く説明したり、巧みな方便をもって、人々を教え導いてきたのだ。衆生たちはそれぞれ違ったことに執着しているのだが、如来たちの最高の極地にある偉大な方便と知見とによって、解脱することができるのである。如来たちは自由自在に智慧を使い、自信に満ちあふれ、普通の人間とは区別される。すぐれた感覚機能によって、さとりに到達し、瞑想して心を静かに保ち、迷いをふり捨て、心を統一して安定させることができるから、言葉も柔らかくしなやかになり、人々の心をつかむことができるのである。

舎利弗よ、如来は未曾有の徳性をそなえているというだけで、お前は満足すべきなのだ。如来が知る真理は、如来と如来の間でのみよくその実相がきわめてつくされているのである。法とは何なのか、法はどのように存在するか、法はどのような形をとっているか、法にはどんな特質があるか、法にはどんな本性があるか、それは如来だけが知っていて、如来だけが見ているのだ」

そこで世尊はこの意味を重ねて明らかにするため、偈（詩頌）を唱えられたのでございます。

神々と人間とが住む世間で、大いなる勇士である仏陀ははかり知れず、すべて理解するなどとうてい不可能である。彼らの力について、解脱について、自信について、また彼らの特徴について、理解することは誰にも不可能だ。かつて幾千万億の仏陀につかえ、深遠で微妙な修行をしたことは、知りがたく見きわめがたい。この修行を考えられないほど長い期間に行じて、至上のさとりとしてそれがなんであるかを私は見たのである。それがどのようであるか、私もほかの如来たちも知っているのだが、その特徴をいうことはできないし、示すこともできない。衆生に向かってこの法を説いたとして、教え示された法を理解できる人は、この世間には一人も存在しない。ただ、信心を持って歩みつづける求法者（ぐほうしゃ）である菩薩たちをのぞいて。

仏陀をよく供養し、仏陀によって讃えられ、この世の欲望を滅し、来世には仏となって輪廻の苦から逃れるために今生（こんじょう）において最後の身体を持つ、すぐれた声聞たちさえ、如来たちの智慧は理解することはできない。たとい世間がすべて舎利弗と同じような人々ばかりになり、思いをひとつにして考えても、仏の智をはかることはとてもできないのだ。舎利弗よ、お前のような賢者が十方世界に満ち、私のほかの弟子の声聞たちがまた十方世界に満ちあふれ、それらすべてのものが思いをつくして考えたところで、仏の智慧に至ることはできない。煩悩をなくし、鋭利な智をたもち、輪廻の中で最後の身体を持って解脱を約束されている独覚たちが十方世界に満ち、それらのものが竹林のごとくにいたとして、彼らが心をひとつにして無限の時間願い求めたとしても、私の最高の教えの一部さえ真の意義はわからないだろう。

仏陀の乗り物に乗って新しく出発した菩薩で、無数の仏につかえ、教えの意義をよく理解してよく法を説くものが、稲や麻や竹や葦のように隙間なく十方世界に充満したとして、仏の智を知ろうとひとつに心をあわせ、ガンジス河の砂の数ほどの無限の歳月をついやしてともに考えようとも、仏の智を知ることはできない。不退転の菩薩がガンジス河の砂の数ほどもいたとして、それらのものがひとつに心をあわせて願い求めたとしても、仏の智を知ることはできない。

仏の深遠な教えは微妙で、欲望の汚れもなく、世の考えを超えている。それは私がさとったことであり、十方世界にいる仏たちも私と同様に深遠な教えをさとって説いている。

舎利弗よ、私の言葉にいつわりはない。お前は仏の言葉を深く信じなければならない。世尊はこの世の真実である法を長い歳月説いているのだ。

すべての声聞たちと、独覚のさとりに向かっているものたちに、私は告げよう。私が苦しみの連鎖から逃がれ、完全なるさとりの境地である涅槃にはいったのは、仏の方便なのである。私は世間に多くの法を説き、煩悩に心を奪われた人たちを迷いから解放するために、三つの乗り物（三乗）について語ろう。

その時、まわりに集まっていた多くの声聞であり、自己に打ち勝って汚れを滅し阿羅漢となった阿若憍陳如たち千二百人と、声聞の乗り物に乗っている僧、尼僧、信男、信女と、独覚の乗り物に乗っている人たちは、みな同じように考えたのでございます。

「世尊が仏たちの巧みな方便をこれほどまでに賞讃するのは、どんな因縁と理由があるのでしょうか。仏がさとった法はあまりにも深遠で、あらゆる声聞や独覚には理解はおよばないといわれます。仏は解脱はひとつと説かれます。我々も法を得て涅槃に到り、すでに解脱をしたではありませんか。世尊の説かれることがわかりません」

その時、舎利弗長老は集まった人々の心の中が迷っているのを心で知り、また自分もよくわからなくなっていたので、世尊にこのように尋ねたのでございます。

「世尊はどうして何度もくり返し、如来たちの巧みな方便や、智慧や、説法をこれほどまでに讃えるのでしょう。深遠な法とおっしゃいますが、いまだに私は世尊より法についてのお話をいただいてはいないのですよ。よく説明してくだされればありがたいのですが」

こういってから、舎利弗長老は偈を唱えたのでございます。

はかりしれない力を持ち、深い瞑想により、迷いから逃がれる道がわかったとあなたはおっしゃり、深遠な意味の秘められた教えを讃える。でも、その道について、教えについて、誰も質問いたしません。誰も問わないのに、あなたはご自分の修行と智慧とを説かれるのです。私にはわからなくなってしまいました。ここに会しているすべてのものが、お互いに語りあい、疑問はふくらんで、いよいよわからなくなってしまったのです。人間の最高者である仏陀よ、どうか教えていただきたいのでございます。

ここにたくさんの弟子がいるのですが、この私が最高に完成したものであると、あなたはおっしゃいました。私は一体なにを達成したのですか。どうかあるがままに教えてください。あなたの子供たちはここに立って合掌し、あなたの言葉を待っているのです。ここにいるすべてのものは、あなたの姿を見て智で自分自身を統率してここにいるのです。あなたを心から信頼しておりますので、どんな言葉でも受け入れるでありましょう。

世尊はこのように言葉を返されました。

「やめなさい、舎利弗よ。もし私が説明したとしたら、すべての世間のものたちは恐れを抱き、うぬぼれ心の強い増上慢（ぞうじょうまん）の僧たちは、地獄に堕（お）ちてしまうであろう」

それでも舎利弗長老はあきらめず、つごう三度も世尊に説明を懇願したのです。世尊はようやくこうおっしゃいました。

「舎利弗よ、お前は三度までも如来に願った。お前のその心のために、私は話そう。正しく聞くのだよ」

この時、思い上がりの強い五千人の僧、尼僧、信男（しんなん）、信女（しんにょ）が立ち上がり、世尊の足（みあし）を頭（こうべ）にいただいて礼拝をすると、そこからでていきました。うぬぼれ心の強いものは、さとりを得ていないのに得たと思い込み、達成していないのに達成したと思い込んで、自分の本当の姿も知らずにでていったのです。世尊はそれを無言で許しました。

そして、世尊はこうおっしゃったのでございます。

「うぬぼれたものたちがでていったのはよいことだ。信仰心のあるものたちに向かって、舎利弗よ、私は語ろう。優曇華の花が、ある時、あるところで咲くように、如来は、ある時、あるところで説法する。舎利弗よ、私は解釈して説明し、幾十万もの方便（巧みな手段）をもって教えを明らかにしたのだが、それは人々の思考を超え、如来にしか理解することはできない。如来のこの智慧を発揮して人々を励まし、如来の智慧をさとらせるために、如来はこの世に現われる。舎利弗よ、これが如来のただひとつの目的である。自分が智慧を得るに至った道を示し、人々を正しい道に導くのが、如来の仕事なのだ。正しい智慧に至るためのただ一つの乗り物について、人々に教えを説く。それが仏の乗り物（一仏乗）である。第二の乗り物も、あるいは第三の乗り物もない。

　舎利弗よ、この教えそのものは十方世界のどこにでもある。なぜならば、過去において、測ることも数えることもできないたくさんの数の世界に、完全なるさとりの境地に到達した如来たちが、人々を憐れみ、人々の幸福のために出現したのだ。人々の感覚や素性や心は一人一人違い、信仰心もそれぞれに異なっている。その一人一人にあわせて言葉を選び、喩えを使い、心の動きをつかんで、教えを説いてきた。すべての如来が説いた教えとは、ただひとつの乗り物についてであり、一切を知る心の乗り物についてであった。如来が智慧に至った道を示し、正しい道に導かれた人々は、すべてこの上なく完全なさとりを得たのである。そしてまた、未来における十方世界のどこにでも、如来は出現し、正しい道に導いてくれ、すべての人々にこの上なく完全なさとりを得させてくれる。

舎利弗よ、現在、私もまたこの世で一人一人にあわせて言葉を選び、心の動きをつかみ、教えを説いている。その教えとは、ただひとつの乗り物についてであり、一切を知る仏の乗り物についてである。私が智慧に至った道を理解し、正しい道に導いた人々は、すべてこの上なく完全なさとりを得るであろう。この十方世界において、第二の乗り物はどこにもないし、まして第三の乗り物などないのである。

舎利弗よ、如来は世の中が汚れた時にも出現する。人々が堕落し、煩悩のために悪徳が栄える時にも、よこしまな考えが大手を振って歩く時にも、人の生命力が弱まり寿命が短くなった時にも出現する。そんな時代には、如来は唯ひとつしかない乗り物を、三つの乗り物として説く。舎利弗よ、声聞にしろ、阿羅漢にしろ、独覚にしろ、仏の乗り物を人々に得させようとする如来の方便の働きを聞かず、理解せず、さとりもしないならば、そのものたちは声聞でも阿羅漢でも独覚でもない。

また舎利弗よ、僧や尼僧が自分はもう阿羅漢になったとして、この上ないさとりの境地に到達したいと誓願せず、仏の乗り物には縁がないとして、またこれが自分自身の最終的なさとりの境地だと考えるならば、うぬぼれた増上慢といわなければならない。なぜなら、煩悩のつきた阿羅漢であるなら、この法を聞いて信仰しないなどということはあり得ないからである。ただ如来が涅槃にはいられた場合はこのかぎりではない。その時には声聞たちが、このような経典を護持したり、説いたりすることはできないからだ。正しいさとりを得た他の如来たちがおられるなら、そのもとで疑いのないものとなるであろう。仏の教えを信じなさい。私を信頼しなさい。如来の言葉に嘘はない。乗物はただひとつしかないのだ。つまり、仏の乗り物である」

世尊はこの意味をさらに明らかにしようとして、偈を唱えたのでございます。

うぬぼれの心を起こした増上慢の僧と尼僧と信男と信女たち、信仰心をなくしたものは、五千人をくだらなかった。自らの欠点を見ず、不十分な学問をした彼らは、煩悩の傷を大切に抱えたままで、こざかしくでていった。彼らこそたくさんの人々の汚点であることを知り、この教えを聞いても彼らに得るものはないと、仏は五千人の増上慢がでていくのを許した。ここに残ったものの心は清浄だ。うぬぼれた連中はいなくなり、信仰心のあるすぐれたものだけが残った。

舎利弗よ、よく聴きなさい。この教えを、仏がさとった道を。仏は数えきれないほどの方便を持って、人々のために物語った。人々が心に念ずるところを、様々に修行をする道と、これまでに積んだ善と悪の業(ごう)とを、仏はすべて知る。これらすべてに解釈を与え、その根拠を示して、私もまた人々を教えに至らせよう。また因縁を語り、幾百の例話をもちいてそれぞれの人々に応じて教えの道を示し、すべての人を歓喜させよう。仏陀が語ったあらゆる言葉、あらゆる物語、あらゆる詩頌を使って、私は法を説こう。

仏のもとで修行したこともなく、欲望のままに生きる無知の人々に、生死（しょうじ）の輪廻に執着して苦悩にさいなまれる人々に、私はさとりの道を、さとりの境地を示そう。

仏陀は仏陀の智慧を人々にさとらせるため、このような方法をとる。仏陀は時を見て、時を待ってから法を語るのだ。ようやくその時がきた。私はこれからまことに決定的なことを語ろう。

人々の能力に応じて、それぞれに教説を説く。これもすべての人を仏陀の智慧にはいらせるためなのだ。

ここには、清浄で、明晰で、純粋で、善良な仏陀の子（菩薩）たちがいつもいる。幾千万の仏陀につかえてきた菩薩たちに、私は限りなく広大な教えを説こう。何故なら、彼らは教えを貯える清らかな容器を与えられているからだ。

「未来において、お前たちは人々を憐れんで幸福を願う仏陀になるであろう」

私が語りかけると、彼らの身は大いなる喜びに充満される。そこで彼らがよい行いをしていることを知り、私は限りなく広大な教えを説き明かす。この教えを聞いたものは、みな私の弟子だ。ひとつの偈でも心にとどめるものは、すべてさとりの境地に向かっていることは疑いない。さとりの境地に至る乗り物は一つである。二つや三つはない。ただ仏が方便で幾つかの乗物を語ることは除いて。

仏陀の智慧を明らかにするために仏陀はこの世に出現するのであって、劣った乗り物で人々を導くことはない。仏陀は今立っているところで、今瞑想しているところで、ありのままにさとりを得て、人々を救っていく。汚れのないすぐれたさとりに達してのち、劣った乗り物の中に一人でも立たせることがあったならば、私は物惜しみしたことになる。これは私の誤ちといってよい。

私には物惜しみも、嫉みも、欲望もない。すべての悪を除いている。世間をよく知っているからこそ、私は仏陀なのである。私は三十二の吉相でもって、この世を照らしている。数えきれないほど多くの人々に尊ばれ、私は教えの本性の刻印（実相印（じっそういん））を押そう。

舎利弗よ、私はこのように考える。

「すべての人々を私のようにするにはどうしたらよいのか」

私の誓願は、かつて私が見たり聞いたりしたとおり、決意のとおり、達成された。今の私の誓願は、すべての人々に道を説いて、すべての人々を仏道にはいらせることなのだ。

舎利弗よ、もし私がすべての人に向かってさとりの境地にはいる意欲を起こせといったとしたら、無知な人はかえって混乱して迷いを生じさせ、迷惑に思い、私の教えを受けないだろう。彼らは前世において修行したこともなく、愛欲にふけり、心がとらわれ、もっとむさぼりたいと願っていつまでも心は満足せず、苦しみの中にはいっている。彼らは色、声、香、味、触の五感が感じとる欲望にとらわれ、地獄、餓鬼、畜生の三悪道に堕ち、地獄、餓鬼、畜生、阿修羅、人間、天上の六趣を輪廻して、苦しみ悩みながら生と死とをくり返している。福徳のない彼らは、たえず苦悩にさいなまれているのだ。

あるとか、ないとか、あってないとか、邪悪な見解の密林をさまよい、真実ではないものを後生大事に守っている。ひねくれて、高慢で、嘘つきで、頭が固く、無知な愚かものは、幾千億回生を受けても、彼らは仏陀のすぐれた声を聞くことはない。このような人たちを救うのははなはだ困難である。

舎利弗よ、私は「苦しみの生活はやめなさい」といい、どうすればよいかを示し、

「この世に存在するものははじめから平安な静けさに満ち、修行を完成した仏陀の子は来世で仏になる」

と説くのだ。そうなるための乗り物はひとつ、また方法もひとつで、仏の教えもひとつである。第二、第三の乗り物があるというのは、私の巧みな方便なのだ。

はかり知れないほどの昔に、完全に平安な境地（涅槃）に達した仏は幾千億もいて、その数を数えることはとてもできない。人間の最高者であるこれら仏陀たちは、いろいろな物語りをして、数えきれないほどの巧みな方便をもちい、多くの清らかな教えを説いた。仏陀たちはすべてひとつの乗り物について語った。幾百万億の人々を、このたったひとつの乗り物に乗せよ

うとした。

この世には人間たちばかりでなく、神々もいる。如来は人間や神の深い心が求めていることを知り、さらに異なる方便をもってこのすぐれた教えを説く。

如来から親しく教えを聞いた人々は、施しがおこなわれ（布施）、戒律が守られ（持戒）、忍耐の行がなされ（忍辱）、精進し、深い瞑想にはいり（禅定）、智慧が得られ、それらのことによって徳行がなされるなら、すべてこの上ないさとりの境地（涅槃）にはいることができるだろう。

すでに涅槃にはいられた如来の教えの場につらなり、心が鎮まり、教え導かれた人もすべて、さとりの境地にはいるであろう。如来の遺骨に供えものをし、幾千という塔を建て、金や銀や水晶の塔を建て、碼碯や猫目石や真珠の塔を建て、瑠璃や青玉で塔を建てる時、彼らはすべてさとりの境地にはいるであろう。大理石や栴檀や沈香の塔を建て、材木で塔を建て、歓喜にみちて煉瓦や泥で塔を建て、荒野に土を積み、子供たちが遊びながら小石で塔を建てる時も、彼らはすべてさとりの境地にはいるであろう。

三十二の姿をした宝石づくりの仏像をつくらせたものも、すべてさとりの境地にはいるであろう。七宝で、銅で、真鍮で、鉛で、鉄で、粘土で、漆喰で、仏像をつくらせたものも、すべてさとりの境地にはいるであろう。壁に幾百の福相のある完全で円満な如来の像を、自ら描くものも、描かせるものも、すべてさとりの境地にはいるであろう。大人であれ、子供であれ、爪や木片で壁に仏像を描くものはすべて慈悲ある人となり、幾千万の人を救済し、また多くの求法者（菩薩）をさとりの境地に向かわせるであろう。

如来の遺骨に、塔に、仏像に、あるいは仏像の描かれた壁に香と華とを供養すれば、その時最高のさとりの境地に到達した如来のために銅鑼（どら）や法螺貝や太鼓や琵琶や鐃鈸（にょうはち）や笛や琴や簫（しょう）を奏でるものたちは、すべてさとりの境地にはいるであろう。鈴を鳴らしたり、水をたたいたり、掌を打ったり歌ったり、わずかに楽器を奏でたりしただけでも、この世で仏陀になることができる。一本の花を捧げても、それをたとえ乱れた心で供養したのだとしても、彼らは幾千万の如来を順々に見ることができる。如来の遺骨を供養した塔に合掌し、ほんの少しの間頭を下げ、一度だけ身体を屈め、仏陀を礼拝しますといえば、たとえ乱れた心でそれらをしたのだとしても、彼らはすべてこの世で最高のさとりを得ることができるのだ。

過去に涅槃にはいられた如来からにせよ、現在の如来からにせよ、教えを聞くことがあれば、みなさとりの境地にはいることができる。未来にも数えきれないほどの世尊が現われ、これらの如来たちも数えきれないほどの巧みな方便により、この世において幾千万の人たちを汚れのない如来の智慧に導く。教えを聞けば一人として仏陀とならないものはない。如来たちの誓願とは、さとりを求めて自分たちが修行したように、すべての人にこの道を歩ませることだ。

未来において、如来たちは教えにはいるための幾千万億もの法門を説くであろうが、実際はただひとつの法門（一仏乗）を説き明かすためなのだ。このことは永遠に変わることはなく、もろもろの教えの本性はつねに光に輝いている。このことを知って、人間の最高者である仏陀は、ただひとつの乗り物について説き明かすだろう。

神々と人に供養された如来は、十方にガンジス河の砂の数ほどもいる。人々を安穏にさせるため、この世に出現し、このように教えを説いているのだ。

これらの如来たちはすべての人間のしてきたことを知り、かつて如来に習ったことを知り、意欲も精進も努力も心の利鈍も知り、いろいろな因縁とたとえと言葉とをもって、その人間にあわせた方便をもって教えを説くのだ。

現在ここにいる私も、人々を安穏にするためこの世に出現し、仏陀のさとりを、人にあわせたいろいろな入口を示して教えるのだ。私は智慧の力によって人々の心の意向と意欲とを知り、方便によって教えを説いて、みなを歓喜させよう。

舎利弗よ、私は仏の眼によって六道（ろくどう）にいる人々を見ると、みんな貧しくて福徳もなく智慧もなく、輪廻の険しい道にはいり、苦しみは断えない。欲望に執着して、犛牛（みょうご）が自分の尻尾を愛しているかのようだ。愛欲のため目が見えなくなり、偉大な光明である仏陀も苦しみを断つ方法も求めず、いろんな邪悪な考えの迷路にはいってしまい、苦しみによって苦しみを捨てようとさえしている。私は彼らにあわれみの気持ちを強く持っているのだ。

私は菩提樹の下の道場に、坐禅をし、また経行（きんひん）（瞑想しながらの歩行）をして、二十一日間とどまった。そして、このように考えたのだ。

「私が得た智慧はすぐれていて世にもまれである。人々は迷妄で、快楽に流れ、愚かなために目も見えなくなっている。この無知な人々をどのように救ったらよいだろうか」

その時、梵天、帝釈天、四天王、大自在天や幾千万億の天神が、私に合掌をし礼拝をして、教えを説くようにと要請したのだ。

私は考えた。

「私がさとりの境地をほめたたえても、人々は苦しみの中にはいり、私の教えを信じようとはしない。教えを破り、最悪の世界である三悪道に堕(お)ちるだろう。むしろ私は何も語らず、安らかな境地にはいろう」

しかし、過去の如来たちや、彼らの使った巧妙な方便のことを、考えて思った。

「私もまた如来のさとりを三通りに説明してこの世に道を説こう」

この時、十方におられる如来たちが私の前に姿を現わして、

「それはよい。世間を導く最高の人よ。あなたがこの上ない智慧を得て、過去の世間を導いてきたもろもろの如来の使った巧みな方便を考え、それを見習うのはよいことだ。われわれもこの上ない智慧を得た時には、三通りに説明してこの世に道を説くのだ。心のいやしい無知のものに、人間は仏陀（如来）になれるのだといっても信じないだろう。われわれは因縁を知り、巧みな方便をもちい、あなたたちが仏陀になるのだという果報を望んでいると伝え、多くの求法者（菩薩）たちを導こう」

舎利弗よ、私は如来たちのなんとも心地よい声を聞いて、心から嬉しかった。喜びのあまりに私はこういったのだ。

「私は濁って恐ろしい悪に充ちた世の中に生まれたのです。世間の指導者である仏陀（如来）が説かれてきたように、私もまたいたしましょう」

舎利弗よ、このように考えた私は、波羅奈（はらない）に向かったのだ。そこで私は五人の僧に、静かなさとりの境地の教えを、したがって本来は言葉で語ることのできない教えを、方便をもって説いたのだ。これを転法輪（てんぽうりん）（教えの車輪が回る）といった。さとりの境地という言葉がこの世に現われた。阿羅漢（供養を受けるにふさわしい人。修行完成者）という言葉も、法（ダルマ）（教え）という言葉も、僧伽（そうぎゃ）（サンガ。僧団。僧の集まり）という言葉も、この世に現われることになったのだ。

私は長い間さとりの境地を明らかにし、生と死の輪廻の苦しみはさとりの境地に達して終わると説いてきた。舎利弗よ、この時私は、幾千万億の仏陀の子供（菩薩）たちが、最高のさとりの境地を求めて仏陀のところに集まってくるのを見た。彼らは私の近くに寄り、尊敬して合掌していた。彼らは如来たちがいろいろな巧妙な方便をもって教えを語るのを聞いていた。その時、私は考えた。

「私がこの世に出現したのは、最高の教えを説くためなのだ。最高の教えをこの世にひろめるためなのだ。その時は、この今だ」

舎利弗よ、現象しか見えず頭でっかちになり、偏見の固まりで、無知で、高慢なものには、この教えは理解できない。しかし、ここに集まった求法者（菩薩）たちは、私の声を聞こうとしている。私は喜びに満ち、畏れることなく、仏陀の子供たち（菩薩）に向かって教えを説く。私は彼らにこの上ないさとりの境地にはいるよう導く。

仏陀の子供たちはこの教えを聞いて疑う心をなくし、千二百人の羅漢（欲望の汚れのなくなった修行完成者）はすべて、さとりの境地にはいって仏陀（如来）となるのだ。過去や未来の仏陀たちの教えと同じように、現在の仏陀である私の教えは疑いのないものである。

いつでも、どこでも、あらゆる方法で、人間のうちの最高者である仏陀はこの世に現われる。しかし、たとえこの世に出現したのだとしても、このように教えを説くのは得がたいのだ。どんなに時をへても、得がたい。この最高の教えを聞いても、信じる人は、また得がたい。たとえば優曇華のように、いつか、どこかに、なんらかの方法で現われるとはいえ、それは得がたいのだ。しかし、だからこそ、人々の心をとらえ、神々をふくむすべての世界を喜ばせるのだよ。

この教えを聞いて歓喜し、一言でもこの教えについて語るならば、過去、現在、未来のすべての如来たちを供養したことになる。それは優曇華よりももっと得がたいのだよ。疑ってはいけない。

私は教えの王であると、お前たちに宣言しよう。しかも、私はたったひとつの最高の教えの道によってすべての求法者（菩薩）を導くのであり、声聞を導くのではないのだ。

舎利弗よ、声聞よ、菩薩よ、お前たちは私のこの秘密の深い教えを受持するのだよ。天災や人災が起こり、邪悪な思想が栄え、精神的な悪徳が栄え、心身とも人間の資質が低下し、人間の寿命が短くなる五濁の悪世には、人は悪意を持ち、愛欲のためなにもわからなくなり、愚かで、さとりの境地を求める気持ちなどまるでない。こんな悪人たちは、私が説いているひとつの乗り物についての教えが過去に如来たちに説かれたと聞いても、信じようともせず、教えを破って地獄に堕ちていくだろう。

その一方、最高のさとりを得ようとする柔和で清浄な気持ちの人々もいるであろう。私はそのものたちのために広くひとつの乗り物の道を説くのである。

舎利弗よ、この世の導き手である如来は、数限りない巧みな方便をもって、深い意味を語っているのだと知るべきである。これを学ばないものには、とうてい理解はできないだろう。

お前たちは、世間の師であり、聖者である仏陀の深い意味の言葉をよくわきまえるがよい。疑いの心を捨て、仏陀となって、大いなる歓喜を味わうのだよ。

譬喩品第三

◆

その時、舎利弗（シャーリプトラ）長老は心高まり、踊り上がって喜び、立ち上がって世尊に合掌礼拝し、世尊を仰ぎ見、世尊に申し上げたのでございます。

「世尊からこのようなお言葉をいただき、あまりにも素晴らしく、驚き、喜びに胸が打たれました。何故かと申しますと、昔私が世尊よりこのような教えを聞かなかった時、もろもろの求法者（菩薩）が未来にさとりを得て仏陀になったのちの名を聞き、私は如来の限りない智慧の恩恵をこうむることもなく、如来の智慧から見放されたのだと思い、悲しくて苦悩しておりました。私はいつも一人で山林や樹の下にいって、坐ったり歩いたりしておりますが、いつもこのようにくよくよと悩んでいたのです。

『正しいさとりの世界にはいるのは同じでも、世尊は私たちに劣った乗り物（小乗）で導かれているのではないだろうか』

それからこんなふうにも考えました。

『これは私のあやまちであって、世尊のあやまちではない』

それは何故かと申しますと、世尊が完全なるさとりをなしとげる教えについて絶妙なる説法をすると待っていたならば、私たちは大乗の教え（ひとつの乗り物の教え）によって導かれたはずなのです。しかし、完全なるさとりを求める求法者もそばにいず、世尊が方便をもって深い意味のある言葉を語られるのを理解できず、世尊が最初になされた説法だけを聞いてこれだと思い込み、それをそのまま抱え込んで、修行し、考察してきたのでした。こうして私は自分自身を非難しつつ、昼も夜も過ごしてまいりました。しかるに今、世尊より深い教えをいただき、疑念はなくなり、身も心も安らかになって私はさとりの境地にはいったのです。私は欲望の汚れを滅し、阿羅漢となりました。私は世尊の子として生まれたのです。私は教えの子となり、教えの化身となり、教えの相続者となりました。世尊よ、今日私は世尊よりこれまで聞いたこともないたぐいまれなる素晴らしい教えを、世尊の口より親しく聞くことができまして、心の苦しみが取り除かれました」

その時、舎利弗は重ねてこの意味を語ろうと欲して、偈（詩頌）で世尊に申し上げたのでございます。

私はお言葉を聞いて、心に大歓喜をいだきました。もう私の心にはいかなる疑問もありません。私はこの最高の乗り物に乗ることができるのです。

仏の声はあまりにも素晴らしく、美しく、人々の疑いや憂いを取りのぞきます。私はすでに煩悩を滅しておりますが、憂いもすべて除かれました。私は山は谷にいて、樹の下にいて、あるいは坐り、あるいは歩きながら、憂いに沈んで自分を責めていたのです。

「私は邪悪な心によって、自分自身をあざむいていた。煩悩の汚れのない教えの中にありながら、私自身は将来この上ない教えを人々に説くことはないだろう。仏陀にそなわった三十二の吉相は消え、皮膚の黄金色もあせて、力も、苦悩からの解脱（げだつ）も、私にはない。同じ教えを受けているのに、私ばかりが愚かなのだ。仏陀にそなわる八十の福相も、ほかにくらべようもない十八の美質も、全部消え失せた。私は迷っている」

人々の幸福を願い、慈悲の心にあふれたあなたを見て、私は自分が迷いに迷って澄み切った智慧から離れていたと知ったのです。私は迷いながら、昼も夜も過ごしていました。かつて私は間違った思想にとらわれながら、出家いたしました。あなたは私の願いを知り、私を誤った考えから逃がれさせるため、この上ないさとりについて教えてくださいました。私はすべての存在は空（くう）であると知り、私は自分自身がさとったのだと勘違いしてしまいました。本当にさとったのではなかったのです。

「人間の最高者である仏陀となり、人間、神々、夜叉、竜神たちに尊敬され、三十二の吉相を持った身体になる時、そのものは完全にさとったのだ」

あなたは私に向かってこうおっしゃいました。神々や人々の前で私がこの上ないさとりの境地に達するだろうとあなたは予言され、私はそのとおりになったのです。

あなたのお声をはじめて聞いた私は、これまで経験したこともない恐怖にとらわれました。悪魔が仏の姿を借りてこの世に出現し、私を悩ませ苦しめているのではないかとさえ考えたのです。さまざまの因縁や譬喩（ひゆ）が巧みに語られることによって、私の心は海のように安らかになり、私は一切の疑いを捨てました。

過去の幾千万億というさとりの境地に達した仏たちをあなたは讃え、現在と未来の幾千万億の仏たちが幾つもの方便をもって教えを説くとあなたは説き、あなた自身の出家と修行の道を語り、どのようにしてさとり、どのように教えを説かれたかを語られた時、この方は悪魔ではなく、私の疑心暗鬼の中に悪魔が住んでいると思ったことでした。

あなたの柔和で深遠で美しいお声を聞いた時、私の心の中には喜びが生じ、私の疑念は完全に消え、私は仏陀の智慧の中に安住します。私は如来となり、たくさんの菩薩たちを励まし、仏陀のさとりを人々に説くでしょう。

このように舎利弗長老が話すと、世尊は彼に向かってこう語られたのでございます。

「舎利弗よ、私は今、神、人、沙門（しゃもん）、婆羅門など大衆（だいしゅ）の面前で、お前に語って聞かせよう。かつて私は二万億の仏のもとで、私がこの上ないさとりに到達するよう導いてきたのだ。長い間、お前は私にしたがって学んできた。お前は前世における菩薩としての道すじにより、また菩薩の神秘によって、お前は私の教えに近づいたのだ。しかし、お前は前世の修行と願いを忘れ、前世における菩薩の道すじからも迷い、自分はさとりの境地に達したと思ってしまったのだよ。

　舎利弗よ、私はお前に前世に修行と願いを思い出させ、智慧をさとったということも思い出させるために、〝正しい教えの白蓮〟という法を、菩薩たちを教え導きすべての仏陀が支持する最高の経典を、仏弟子たちに解き明かそう。

　舎利弗よ、お前は未来世において、測ったり考えたりすることのできない歳月が過ぎたのち、幾千万億の如来を供養して正しい教えを守り、菩薩の修行を完成させ、華光如来というこの上ないさとりを得た仏となるであろう。この時に離垢（塵がない）という仏国土が出現するのだ。その土は平らで、清らかで、美しく、安穏豊楽にして、たくさんの男女や神々がいる。大地は瑠璃で、街は金の糸で碁盤模様に飾られ、街並には七宝と花と実をつけた宝樹の並木がある。

　華光如来も三つの乗り物について教えを説く。華光如来は濁世には出現しないが、前世の誓願によって教えを説くのだ。

　舎利弗よ、その時代には大宝荘厳（大きな宝によって飾られた）と名づけられるであろう。どうしてそう呼ばれるか。仏国土では、さとりを求めて修行する菩薩は宝だからだ。大宝荘厳の時代には、数えることもできず、比較することもできないほどたくさんの菩薩がいるのだ。

この菩薩たちは、高貴な蓮華の上を歩きまわる。しかも、この菩薩たちははじめてさとりを求めているのではなく、長いこと徳の木を植えつづけてきて、百千万億の仏のもとで清浄な暮らしをし、仏に賞讃され、如来の智慧を得ようともっぱらに修行し、教えのあらゆる方法をよく知り、温和で、思慮深い。そんな菩薩たちがその国には満ちあふれるのだ。

舎利弗よ、華光如来の寿命は、太子でいまだ仏となっていない時をのぞいて、十二小劫（カルパ＝想像できないほど極めて長い期間）である。その仏国土にいる人々の寿命は八小劫だ。華光如来は十二小劫が過ぎたところで、堅満菩薩がこの上ない正しいさとりを得て華足安行如来となることを予言し、入滅する。この華足安行如来にも仏国土がある。

舎利弗よ、華光如来が涅槃にはいったのち、正しい教え（正法）は三十二小劫つづく。その正法がつきた後、正しい教えに近い模倣の教え（像法）が三十二小劫つづくのだ」

世尊はこう語ってから、偈をお唱えになったのでございます。

舎利弗よ、お前は未来に華光如来となり、あまねく見ることのできる目を持ち、数えきれないほどたくさんの人々を導くだろう。お前は限りないたくさんの仏を供養し、修行して、如来だけが持つことのできる力を持ち、この上ないさとりの境地に到達するだろう。

考えることもできないほど長い歳月が過ぎると、大宝厳という時代がくる。そこに離垢という仏国土が出現する。大地は瑠璃で、街は金の糸で碁盤模様に飾られ、七宝の花と実をつけた宝樹の並木がある。それはたとえようもなく美しいところなのだ。

そこには長いこと徳の木を植えつづけてきて、百千万億の仏のもとで修行を完成した、数えきれないほどたくさんの菩薩がいる。そのものは人間として最後の身体の時に太子として過ごし、愛欲の生活を捨てて出家し、この上ないさとりの境地に到達するであろう。

この仏が入滅し、正法がこの世に存在するのは、三十二小劫である。この時、神々と人間は幸福になる。正法が滅んでから、像法は三十二小劫つづく。

かの尊い人の遺骨は各地に分配され、人間と神々にひろく供養される。華光如来は世尊としてあがめられる。舎利弗よ、喜ぶがよい。他にならび立つものはいず、人間のうちの最高者である仏陀になるのは、ほかならぬお前なのだ。


この時、僧、尼僧、信男(しんなん)、信女(しんにょ)、神、竜神、夜叉(やしゃ)やそこにいたすべてのものは、舎利弗がこの上ない正しいさとりを得るだろうという世尊の予言を聞き、心が満足して大いに喜び、それぞれが着ている着物を脱いで世尊に供養しました。天からは、曼陀羅華(まんだらけ)や摩訶(まか)曼陀羅華の花が降ってきたのでございます。天上の衣は虚空(こくう)にひるがえり、天上の楽器が打ち鳴らされ、花の大雨が降ってきました。そして、彼らはこのように語ったのでございます。

「世尊はかつて波羅奈(はらない)の鹿野苑(ろくやおん)ではじめて教えを説かれ（初転法輪(しょてんぼうりん)）ましたが、今またふたたび、無上最大の教えの車輪を回されました」

それから、彼らはこのように偈を唱えたのです。

その昔、あなたは波羅柰において、はじめて教えの車輪を回されました。そしてまた、あなたはこの上ない教えの車輪を再び回されたのです。にわかには信じられないような素晴らしい教えが、今説かれたのです。これまで多くの法を聞いたのですが、こんな教えは以前には聞いたことがありませんでした。

聖なる舎利弗に予言されたように、深く微妙な言葉はなんと偉大なのでしょう。私たちは至上の喜びを感じます。私たちもまたこの上ない仏陀になり、深く微妙な言葉によって、仏陀のこの上ないさとりを説きたいものです。この世においても、あの世においても、私たちが聞いたり行ったりしてきたことや、仏を満足させたことが、私たちがこの上ないさとりを得るために役立ってほしいものです。

舎利弗長老は、ここで世尊に申し上げたのでございます。

「世尊は私に向かって親しく、私がこの上ない正しいさとりを得るだろうと予言してくださいました。私の心に疑念はまったくありません。世尊はかつて、修行によって心が自在になった千二百人の弟子たちに、生老病死(しょう)の憂いを超えてさとりの境地に達するのが究極の目的だと教えられました。世尊の弟子の二千人の僧は、学修中のものであれ、学修をすでに終えたものであれ、思い思いの自分勝手な解釈により、自分はもうこの上ないさとりの境地にはいったと思っております。このものたちは、世尊によりいまだ聞いたこともない至上の教えを聞き、なにがなんだかわからなくなってしまいました。どうか世尊よ、これらのものの混乱をなくすため、彼らに理解できるようにお話しください」

このように舎利弗長老がていねいに申し上げますと、世尊はていねいにおこたえくださったのでございます。

「舎利弗よ、私はこれまで何度もお前に語ってきたのだよ。完全なるさとりの境地に達した如来は、様々に異なる意向と素質と因縁を持った人々に、彼らが心の中で何を願っているかを知った上で、彼らがなすべき道を示し、あらゆる巧みな方便をもって法を説いてきたではないか。これまでの説法のすべては、この上ない正しいさとりについてであり、人々を菩薩の乗りもの（菩薩乗（ぼさつじょう））に乗せるためなのだよ。

舎利弗よ、その意義がさらに一層よく分かるように、私はここでお前にひとつの喩（たと）え話をしよう。喩え話であっても、理解力のすぐれたお前ならば、たちまちその意味を理解することができるだろうから。

たとえばだ、舎利弗よ、田舎でも都会でもどこでもよいとして、年をとってはいるのだが、多くの財産を持った大長者がいるとしよう。彼の家は大きいのだが、古びて傾いている。そこには何百人というたくさんの人が住んでいる。でも入口はひとつしかない。屋根は草ぶきで、土台は崩れ、柱は朽ちて、壁土は落ちている。この家に火がでて、たちまち炎に包まれた。ここには、五人、十人、二十人というたくさんの子供がいる。長者は自分一人家の外に逃がれでたのだが、家が完全に火に包まれたのを見て、心が動転してしまった。彼は考える。

『自分一人は火傷もせずに、燃えている家から出口を通ってうまく外に逃れることができた。でも私の幼い子供たちは火事のことも知らず、いろんな玩具で遊びたわむれ、楽しみの中にいる。この家が燃えているのも知らず、考えもしないから、あわてることもない。不幸な大火が起こり、苦しみ迫られているのに、苦痛さえ感じない。外にでようともしないのだ』

その長者は腕力が自慢だから、こう考えてみる。

『私は腕の力に自信があるから、子供たち全員をひとまとめにして、腕に抱えて家の外に連れだそうか』

でもすぐに考え直す。

『ひとつしかないこの家の戸口の扉は閉まっている。子供たちはいかにも元気に走りまわって、広い家の中で迷ったりしているだろう。子供たちは火にまかれて死んでしまうかもしれない。私は子供たちに気をつけるようにといわなければならない』

こう考えて、長者は子供たちにやさしい声で呼びかける。

『さあ、子供たち、でてくるんだよ。この家は燃えているんだ。早くでてこないと、火に巻かれて死んでしまうよ』

でも子供たちには父親の言葉は理解できなかった。わからないから恐怖もなく、驚き騒ぐこともなく、何も考えない。家が燃えるとはどのようなことなのか理解できず、そのへんを楽しそうに走りまわっては、父親のほうを見るばかりだった。家から走りでてこようともせず、彼らはあまりにも幼くして、無知だった。そこで長者はこのように考えたのだ。

『この家は今や燃えさかり、大きな炎に包まれている。私は子供たちが火に焼かれて死なないようにしなければならない。そのためには、巧みに方便を使って、子供たちを家から外に誘いだそう』

長者は子供たちが何を欲しがっているか、どんな性格なのか、よく知っていた。子供たちの好きなおもちゃがたくさんあった。

『子供たちよ、お前たちの大好きなおもちゃがここにあるよ。きれいな色をして、いろんな種類があって、お前たちがずっと前から欲しがっていたものだよ。牛の車、羊の車、鹿の車がここにある。きっとお前たちが気にいるものだよ。お前たちが遊ぶようにと、門の外に置いておいた。さあ、みんな家から走りでてきて、好きなおもちゃをとりなさい』

長者の呼ぶ声に、子供たちは家から走りでてきた。子供たちは自分が一番になろうと競いあい、燃えている火の中から元気よく跳び出してきたのだった。

こうして子供たちが燃える火の中から逃がれてきたので、みんなは心配がなくなったと安堵した。子供たちは父の長者のところにいき、おもちゃをくださいとねだる。

舎利弗よ、父親は子供たちに風のように速い牛の車を与える。その牛の車は素晴らしいものだ。七宝でできていて、手摺りがあり、鈴のついた網がさがっている。高く大きくて、宝石や花々で飾られ、中には綿布や毛布が敷かれている。絹でおおわれ、両側には赤い蒲団も置いてある。真白で足の速い牛がつながれている。旗が立てられ、たくさんの人がそばについている。父親は富裕だから、子供たち一人一人にこんなにも立派な車をあげようとし、こう考えるのだ。『子供たちはみんな私の愛すべき息子たちなのだ。みんなを平等にあつかわねばならない。私はこのような立派な車はいくつも持っているのだから、子供たち全員にあげよう。すべての人々にこの乗り物を与えることができるのだから、自分の子供にやるぐらいはなんでもないことだ』

子供たちはこの最高の乗り物に乗って、どんなに喜ぶことであろう。父親が最初に三つの乗り物をあげると約束しておきながら、結局大きな最高の乗り物しか子供たちに与えないことを舎利弗よ、お前は父親が嘘をいったと考えるか」

舎利弗は申し上げたのでございます。

「世尊よ、かの父親は嘘をいったのではありません。父親は巧みな方便を用い、子供たちを燃える家から逃がれさせ、命を救ったのです。子供たちは命が助かったからこそ、おもちゃをもらうことができたのです。子供たちに乗り物を一つしか与えなくとも、父親は巧みな方便をもって子供たちを苦しみから逃がれさせようと考えたのであって、かの父親は嘘つきではありません。また父親は自分には大いなる財産があると考え、息子をいとおしいと思って、みんなに同じ色を塗った同一の偉大なる乗り物を与えたのですから、絶対に嘘つきとはいえません」

舎利弗長老がこういうと、世尊の言葉が返ってきました。

「そのとおりである、舎利弗よ。正しいさとりを得た如来は、恐怖などまったくなく、人間の苦しみや迷いや無知からも完全に無縁である。如来は智慧と力と自信と神通力によって、すべての世間の父である。最高の深い智慧と、たぐいまれなる方便により、大慈大悲の心により、すべての世間の人々の幸福を願っている。屋根も朽ちて火が燃えさかる家から人々を助けだすように、すべての世間の人々を生・老・病・死・憂・悲・苦・悩や無知や何も見えないことから救い出し、この上ないさとりの境地に至らしめるためである。如来は三界（さんがい）に出現し、人々を見る。人々は生・老・病・死・憂・悲・苦・悩のため、焼かれ煮られている。愛欲や物欲のために、現世ではいろいろな苦しみを受け、来世では地獄・畜生・餓鬼の苦しみを受ける。天上に生まれても、人間としてあっても、貧しかったり、愛しいものと別れたり、好ましからぬものに出会ったりという苦しみを受ける。そんな苦しみの中にあるにもかかわらず、ほとんどの人々は遊び戯れ、楽しみばかり追い求めている。自分の状態について考えようともせず、驚きもせず、怖れもせず、逃がれようともしない。燃えている家のような三界で快楽ばかりを求めてさまよい、大きな苦しみに出会おうと、苦しみを苦しみとも感じていない。舎利弗よ、そこで如来はこのように考える。

『私はこれら迷える人たちの父であるから、大きな苦しみの中から彼らを救いださなければならない。私は如来のはかることもできない智慧を与え、人間たちが心から楽しく生きられるようにしなければならないのだ』

舎利弗よ、如来はまたこのようにも考える。

『私が方法も考えず、如来の智慧と神通力をもって如来の智慧や力や自信を教えても、人々は苦しみから逃がれることはできないだろう。彼らはいまだ生・老・病・死・憂・悲・苦・悩にとらえられ、火事になっている家の中で焼かれているからだ。彼らを三界の火宅から逃がすことができないで、どうして仏の智慧を得ることができるだろうか』

舎利弗よ、かの長者は強い腕力がありながら、それを使わず、巧みな方便を用いて子供たちを燃える家から逃がれさせ、その後に立派な乗り物を与えた。この上ないさとりの境地にある如来は、如来の智慧と力と自信を持っていながらも、それを使わず巧みな手段をもちいる。屋根が朽ち果てて燃えさかる家さながらの三界から逃がれさせるために、人々に三つの乗り物を説く。声聞（しょうもん）のための乗り物と、独覚（どっかく）のための乗り物と、菩薩（ぼさつ）のための乗り物である。この三つの乗り物を見せて人々の気を引き、その上でこのように語る。

『お前たちは火宅にもにた三界で、形や声や香りや味や感触をむさぼってはならない。この五感の楽しみをともなう愛欲に、三界でお前たちは焼かれている。お前たちはすみやかにこの三界をでなさい。そうすれば、お前たちは声聞のための乗り物、独覚のための乗り物、菩薩のための乗り物の三つを得ることができる。私はこの三つの乗り物を与えることを保証する。お前たちは三界からでるために精進すべきなのだ。この三種の乗り物は、実に素晴らしい。お前たちはこの三つの乗り物によって偉大な喜びを味わい、偉大なる幸福と愉悦とをそなえるのだ』

舎利弗よ、人間のうちで賢いものたちは、世間の父である如来の言葉を信じる。信じて後、如来の教えに従い、守ろうと精進する。如来のすぐれた教えを聞いて、なおその教えに近づこうとする人たちは、四つの聖なる真理（四聖諦）を知ろうとする。四聖諦とは、これは苦しみ（苦）であり、これは苦の起源（集）であり、これは苦の寂滅（滅）であり、これは苦の滅への導く道（道）と認識することで、この真理をさとるため如来の教えを聞く。燃える家の中から鹿の車を求めて走りでた子供のように、声聞の乗り物（声聞乗）を求めて三界から出る。

またある人々は、特別の師がなくて自ら智慧を得て、自分を抑制し禅定をして静けさを求め、自分がこの上ない完全なさとりの境地に達するためすべては縁によって起こるという縁起の真理を求め、如来の教えに心を傾ける。羊の車を求めて燃える家から出てきた子供のように、彼らは独覚の乗り物（縁覚乗）を求め、三界から出る。

さらにまた、すべてを知り、仏陀の智慧を欲し、すべての人々の幸福を願い、そのために世間を慈しみ、すべての人々をこの上ないさとりの境地にはいらせるため、如来の智慧と力と自信とを知ろうとして、如来の教えに専心する。彼らは大きな乗り物（菩薩乗）を求めつつ、三界からでる。菩薩はこの乗り物を求めるから、摩訶薩（偉大な志を持つすぐれた人）という。

牛の車を求めて子供のうちのある者が燃える家から走りでたようなものだ。

舎利弗よ、かの長者である父親は、子供たちが燃える家から走りでたのを見て、子供たちが完全に安全になったことを確認し、また自分には多くの財産があるのを知っているから、子供たちに立派な乗り物を与えた。如来も同じなのだ。数えることもできないたくさんの人たちが苦しみに満ちた三界から逃がれ、恐ろしい苦悩や災難を乗り越え、如来の教えの門をくぐって外に出て、安らいだこの上ないさとりの境地に達するのを如来は見る。その時如来は、自分には限りない智慧と力と自信とがあり、この世のすべての人々が息子だと知る。如来は仏の乗り物だけを与えることによって、すべての人々を等しくこの上ないさとりの境地に導くのだ。三界から逃がれでたすべての人々に、如来は瞑想と苦悩からの解脱という楽しくて尊いおもちゃを与える。しかも、そのおもちゃはただ一種類だけしかない。舎利弗よ、それはかの父親が三つの車を示して子供たちを誘っておきながら、七宝でつくられてあらゆる装飾があり、同じ色に塗られた立派な一つの乗り物を与えたからといって、その父親が嘘をいったことにはならないと同じことだ。如来は巧みな方便によって三つの乗り物（三乗）を示しておきながら、最後はただひとつの大きな乗り物（一仏乗）に乗せて人々をこの上ないさとりの境地に導いたからといって、如来は嘘をついたとはいわない。如来は智慧と力と自信の限りなく大きな倉庫を持っていて、すべての人々に仏の教えという最高の大乗の法を与えることができる。舎利弗よ、お前は知るべきだ。如来は巧みな方便を使い、ただひとつの偉大な乗り物（一仏乗）の教えを説くのであると」

その時、世尊はこのように偈を唱えたのでございます。

たとえばある人の家はすっかり古びて、土台は崩れ、柱の根元が腐っていたとする。窓も壁も崩れ落ちて、縁も朽ち、藁屋根は穴だらけだ。五百人以上も暮らしているので、小部屋の中は汚物だらけだった。傷み切った軒には、何千羽もの鷲や鳩や梟や烏やそのほかの鳥が巣をつくっていた。家のいたるところに毒蛇や蠍、病気を運ぶ鼠や、むかで、げじげじ、いもり、いたち、たぬきなど、害毒をもたらす虫や獣が数限りなく棲息していた。

さらに糞尿の中には悪霊が棲んでいた。蛆虫や昆虫やいろんな不潔な虫が這いずりまわり、狐や狼の吠える声が響いていた。恐ろしい狼が、人間の屍をむさぼり食べている。その狼がでていくのを待って、犬が群れている。数ばかり多い無能の犬どもは、いつも飢えていて痩せ細り、お互いに噛み合って吠えている。かの家は、こんなにも恐ろしいところだったのだ。

あっちこっちに魑魅、魍魎、夜叉、悪鬼など恐ろしいものが棲息し、人間の屍や毒虫のたぐいを食べている。それらの悪しき生きものは、巣をつくって卵を産み、子を産んだり乳を飲ませたりするのだが、夜叉はたちまち見つけて食べてしまう。心の恐ろしい夜叉どもは、他の生きものの肉で満腹になった時、その家の中で激しい争いをはじめるのだ。

またその荒れ屋敷の片隅には、壺のような睾丸を持つ鳩槃茶鬼という悪魔が、土くれの上にうずくまっている。鳩槃茶鬼の身体は二十数センチから一メートルぐらいで、暴虐な心を持っていた。鳩槃茶鬼は犬の脚をつかまえて地面にあおむけにし、喉をしめて恐がらせ、虐待して楽しんでいる。

餓鬼は裸で色黒で痩せていて、背が高い。餓鬼はいつも飢えていて、大声を上げては食べ物をあさっている。あるものは針のような細い口をしているので、うまく食べられない。牛の頭を持った鬼もいて、人間の肉をくらい、犬の肉をくらっている。髪は蓬のように乱れ、兇暴で残忍で、飢えと渇きに迫られて大声で叫んでは走りまわっている。夜叉や餓鬼や食人鬼や禿鷹などが、食べ物を探し求めていつも家の窓や穴から四方をうかがっている。

この家は大きいのだが相当傷んでおり、このように恐ろしいものが多数棲んでいて、古びて荒涼としていた。突然、その家から火の手が上がった。火はどんどん燃えひろがっていき、家は完全に炎にまかれたのだ。梁や柱は炎にあぶられて恐ろしい音を立て、壁は崩れてきた。悪鬼らは声を上げて叫び、鷲やほかの鳥たちや、鳩槃茶鬼はあわて驚いて、ただうろつきまわった。悪獣や毒虫は穴の中に逃がれ、餓鬼も穴にはいった。焼かれながら彼らはお互いに嚙み合い、血を飲み肉をくらい合った。狼どもはすでに死に、汚物が焼けてすさまじい悪臭が四方にひろがった。むかで、げじげじ、毒蛇が火に焼かれて穴をでると、鳩槃茶鬼どもがそれをとって食らう。餓鬼は頭に火が燃え、飢えと渇きとに苦しめられた上に身体を焼かれ、ただあてもなくあたりをうろつきまわっている。

こんなにも恐ろしい屋敷で、その上に炎が広がり燃えさかっていた。この家の主人は外に立ってこれを見ていたのだ。この炎の中には、彼の子供たちが遊びに心を奪われている。彼はその子供たちを救い出すために声をかける。

「子供たち、よくお聞き。この屋敷には、毒蛇や夜叉や鳩槃荼鬼や餓鬼や恐ろしいものがいっぱい棲んでいる。狼や犬や禿鷹が食べるものを探して、争いをくり返している。普段でもこんなに恐ろしいのに、火事が起こってるんだよ」

しかし、遊びに夢中な子供たちは、父親の言葉など聞こうともしない。彼は子供たちのことを心配してこんなにも苦しんでいる自分のことを思った。もし子供がいなくなったら、生活に意味がなくなってしまう。どんなことがあっても子供を助け出さなくてはならないと、彼は考えた。子供たちは遊び道具をあんなにも求めているのに、実はそこには遊び道具などまったくない。子供たちの心はこんなにも愚かだ。そこで彼は子供たちにいう。

「子供たち、ここに大きくて立派に飾り立てたいろんな乗り物があって、鹿や羊や牛がつないである。家の外にあるんだよ。お前たちのために私がつくらせたのだから、走ってでてきてこれで遊びなさい」

すると子供たちは元気に駆けだしてきて、災難から逃がれることができた。彼は村の真中まででいき、立派な座席に腰をおろして人々にいう。

「これでやっと私は安心しましたよ。二十人の私の子供たちは、あんなにも恐ろしいものたちが巣くっている屋敷にいたんですよ。燃えさかる炎の中で夢中になって遊んでいたのを、私は助け出すことができました。私は本当に安心しましたよ」

父が嬉しそうに話すそばに子供たちがきて、いうのだ。

「お父さん、約束された言葉が本当でしたら、三つの乗り物を私たちにください。今がよい時ですよ」

彼は一種類の乗り物を子供たちに与えた。宝でできた立派な牛車だった。欄干や小鈴がついて、傘蓋(さんがい)と幡(はた)が上のほうを覆い、真珠や宝珠の簾(すだれ)がさがり、黄金の花で飾られ、優美な布がたれ、手ざわりのよい絹が敷かれ、金額に換算できないほどの類いまれな美しい更紗(さらさ)に巻かれた、なんとも壮麗な牛車だ。大きくて力のある美しい白牛がつながれ、たくさんの従者が取り囲んでいる。彼はこんなにも立派な車を子供たちに与えた。子供たちは喜んで満足し、この車に乗ってあっちこっち遊びまわった。

舎利弗よ、かくのごとく私は人々の保護者であり、父である。生命あるものはすべて私の息子であるが、愚かな息子たちは三界で愛欲に溺れている。三界とはあの屋敷のように苦に満ちて恐ろしく、生老病死の苦によってなおも燃え上がっている。私はすでに三界(さんがい)の火宅(かたく)を離れ、静かな境地になり森の中にただ一人で住んでいる。だが三界は私の家で、そこで焼かれているのは私の息子なのだ。彼らは愚かにも愛欲に溺れ、私の言葉が耳に届かない。そこで私は巧みな方便を用いて、三つの乗り物について語ったのだ。三界は苦に満ちたところなので、そこから脱出する方法を説いたのだ。

息子たちのあるものは私の教えを聞いて声聞となり、あるものは自分独自の方法でさとりを開いて独覚となり、大いなる力を得て、後戻りすることのない菩薩となる。舎利弗よ。私は息子たちにわけへだてなく、すぐれたたとえ話によってただひとつの乗り物を説く。これを大切に受けとめれば、すべての人は仏となるのだ。

この乗り物はすべての世界のうちで最もすぐれ、最も喜ばしく、最も尊敬すべきで、人間の最高者の仏の智慧からなっている。力、解脱、禅定、智慧があり、息子たちはこの車に乗って遊び、楽しみ、限りない時を過ごす。この壮麗な車は、多くの菩薩たちや仏の教えに耳を傾けるものたちが、乗って遊びつつ、さとりの境地に連れていくのである。

舎利弗よ、十方をいくら探しても、仏の巧みな方便のほかに、第二の乗り物はないのだと知るべきである。お前たちは我が子で、私はお前たちの父なのだ。限りない長い間焼かれていた苦しみに満ちた三界から、私はお前たちを救い出したのだ。

その時に私はお前たちがさとりの境地に到達するであろうと説いたのだが、お前たちはこの世の輪廻の苦しみから解き放たれたに過ぎなくて、いまださとりには至っていない。今こそ仏の乗り物を心から求めるべきなのだ。

もし人々が浅はかで卑しい愛欲に溺れているならば、仏はこの世の苦しみの聖なる真理を説く。苦しみの湧いてくる根源を知らない無知のものたちには、愛欲が起こる時に苦が生じると説き、進むべき道を示す。なにものにも執着しなければ、愛欲は滅することができる。これが第三の滅の真理である。人が苦しみから解き放たれる道はこうして明らかになり、この道を実行することによって解脱者になる。解脱とは、もろもろの苦から離れることである。

舎利弗よ、彼らは何から解脱したのであるか。虚妄（こもう）、すなわち真実でないものへの執着から解脱したのだ。しかし、すべてのものから完全に解脱したのではないから、彼はさとりの境地には達していない。私がどうして彼が解脱していないと説くかといえば、最高のさとりの境地を得ていないからなのだ。すべての人を安穏にするため、私は法王としてこの世に生まれ出ることを望んだ。

舎利弗よ、このことが今日私が説く教えの根本なのだ。神々やすべての人々の幸福のために、お前はこの教えを広めよ。だが遊興の場所にいて、みだりに宣伝してはいけない。もし誰かがこの経典を頭（こうべ）にいただき、この教えに喜びの心を生じますと語ったならば、その人は後戻りをしない人だ。この経典を信じる人は、前世にあって仏たちを供養し、仕えて、この教えを聞いたことがあるのだ。私の語った言葉を信ずる人たちは、前世で私やお前や、すべての僧を、またもろもろの菩薩を見た人である。この経典は深い智のある人のために説いたのであって、愚かな人々は混乱するばかりであろう。これは声聞たちも独覚たちも理解がおよぶものではない。

舎利弗よ、幸いにもお前は堅固な意志の持主であり、ほかの私の弟子たちも同様である。みんなは私を信じるがゆえにこの経にしたがうのであって、信じることのほかに格別の智慧があるわけではない。

また舎利弗よ、高慢な連中や、怠けものや、よこしまな自我ばかりあって正しい修行をしないものには、この経を語ってはならない。愚かなものたちは愛欲に酔いしれ、無知だから、教えを聞いても悪くいう。もし人が信じようとせず、この経を誹謗(ひぼう)中傷し、教えの乗り物を捨て去った人の、この世での悲惨な報いをお前は聴かなければならない。私が在世中であれ、入滅した後であれ、この経典を誹謗中傷し、この経を読んだり書いたり持っていたりするものに対して苛酷なしうちをしたものの受ける報いが、どんなにひどいものであるか、お前は聴くのだ。この愚かものが人間としての生を終えて堕(お)ちるところは、阿鼻(あび)地獄である。彼は幾度も死んでは、そのたびそこに堕ちていく。地獄で死ぬと、彼は畜生に生まれて痩せこけた犬となり、他のものたちのなぶりものになる。私がすぐれたさとりを得たことを嫌悪しながら、愚かものは色が悪く斑点ができ、皮膚に腫瘍ができて身体がかゆくなり、髪は抜け落ち、ますます無力になる。彼は嫌われもので、土くれをぶつけられ、棒で打たれ、泣きわめき、飢えと渇きに苦しみ、やつれ果てることだろう。さらには駱駝(らくだ)や驢馬(ろば)になり、重荷を運んでいるのに鞭と棒で打たれ、いつも食べものの心配をしなければならない。そこからさらに死んで生まれかわると、足のない這いまわるしかないのろまな生きものになっていて、たくさんの生きものに嚙まれて、耐えがたい苦しみを受けつづける。

　仏の教えを信じないものは、口から腐ったにおいがでて、世間で信用されず、身体に夜叉や悪霊がはいりこむ。彼はいつも貧しく、みじめったらしくて、他人の召使いになってこき使われる。苦しみをいっぱい持って、誰からも助けられず、世間を流浪する。彼を使う人も、たいしたものは与えない。与えられたものは、すぐに消えてしまう。悪い行いの報いはまったくこのようにみじめなのだ。

病気になり、よい薬が調合され、たとえ飲んだとしても、彼の病気はかえって悪くなり、絶対によくなることはない。彼は持っているものを他の人から盗まれ、争いごとに巻き込まれ、そこからまた争いごとが湧き上がってくる。たとえ他人が盗みや暴動を起こし、別の人の財産を略奪しても、罪の報いは彼の上に降りかかってくる。彼は仏の導きをないがしろにするゆえ、世間の保護者で地上に教えを説く仏に決して会うこともなく、仏の説法を聴くことのできない不幸な世界に住んでいる。彼は無知なので、教えを聞くことができない。仏のさとりをないがしろにしたために、心の平安がない。ガンジス河の砂の数ほどの無限の時、彼は愚かものとして過ごさなければならない。経典を捨てた報いとは、これほどまでに苛酷なのだ。

地獄が彼にとっては遊園地だ。家は悪道にある。彼がいくところには、駱駝や驢馬や豚や山犬ばかりがいる。たとえ人間に生まれたとしても、愚鈍で、貧乏でいつも他人にこき使われている。諸悪の報いによって、彼の身のまわりは飾られている。彼の身体は幾つもの病気の巣となり、傷は数えきれないほどだ。ありとあらゆる皮膚病を持っていて、悪臭を放つ。身体を実在と考えて執着心が強く、彼はいつも怒っていて、欲望を貪る力が強い。貪り（貪）、憎しみ（瞋）、愚かさ（痴）の三毒から離れることのできない彼は、畜生の欲望を満足させているといえる。

舎利弗よ、私がこの経典を捨て去るものの罪を語ろうとするならば、語っても語っても語り尽くせるものではない。お前は、このすぐれた経典を愚かな人々の前で説いてはならない。この世において、賢く、学ぼうとする心が深く、思慮深く、学識豊かで、智慧があり、最高のすぐれたさとりに向かっているものがあれば、お前は彼らにこの最高の真理を説くのだ。過去世において幾千万の仏に会い、数えきれないほどの善根を植え、信仰心の厚い人々に向かって、お前はこの最高の真理を説くのだ。いつも精進して、慈悲の心を養い、長いこと慈悲の行いをしつづけ、他人のために身体も命も投げ捨てられる人がいたなら、その人たちの前でお前はこの経典を説くのだ。

お互いを尊重しあい、愚かものたちと交わることなく、一人で山林や沢に住んでいる人があれば、彼のためにこの経典を説け。また舎利弗よ、悪い知識を捨て、修行を助けて教えに導いてくれるよき友につかえる人を見たなら、お前はこの経典を説くのだ。清潔で清らかなること玉のごとく、仏の戒めを守り、大乗の経典を受持(じゅじ)している人がいたなら、彼に向かってお前はこの経典を説くのだよ。決して怒らず、質直柔軟(しつじきにゅうなん)ですべての生きものに憐れみ深く、仏をたたえ礼拝する人があれば、その人にこの経典を説くのだ。仏の息子で、大衆(だいしゅ)の中に清浄な気持ちで心を集中させ、いろいろな因縁や例えの言葉で自由自在に説法をしているものがいたなら、お前はその人に向かってこの経典を説くのだ。また一切を知る仏の存在を知り、四方に法を求めて遍歴し、額を大地につけて合掌礼拝する僧があったら、さらに大乗の経典のみを受持してほかの経から一偈をも受けない人があったら、その人のためにこの経典を説くのだ。心から仏舎利（仏の遺骨）を求めるように、この経を求め、得て頭に頂いて受持するものがあり、他のいろいろな経典は求めもせず、愚かな外道の経論などに関らないものがあったのなら、愚かものたちを避けてお前はこの経典を説け。

舎利弗よ、私はこの経典のすぐれたところを幾千万篇も語りつづける。仏道を求めるもの、つまりこの最高のすぐれたさとりに向かって歩みつづけるものの面前で、お前は妙法華経を説くのだ。

信解品第四

しんげほん

その時、須菩提（スブーティ）と、摩訶迦旃延（マハー・カーティヤーヤナ）と、摩訶迦葉（マハー・カーシャパ）と、摩訶目犍連（マハー・マウドガリヤーヤナ）の尊者たちは、かつてこのように親しく世尊から聴いたことのない教えを聴き、舎利弗（シャーリプトラ）がこの上ないさとりの境地にはいるだろうとの予言を世尊がお与えになったのに驚き、最高の喜びの気持ちを持ちました。彼らは立ち上がって世尊のもとに近づき、袈裟の右肩を脱ぎ、右の膝を地につけ、一心に合掌し、世尊をあおぎ見て身体を折り曲げ礼拝し、このように申し上げたのでございます。

「世尊よ、私たちは年とった老人であり、僧の集団の中では長老とみなされていますが、老いぼれてしまって、さとりの境地に到達したのだと思い込み、この上ないさとりを得ようとする気力もなく、精進もいたしませんでした。世尊が法を説かれる時には長いこと坐っておられますが、私たちもまた説法の座に連らなっております。それは長い時間でしたから、手足や関節が痛くなってまいりました。私たちは世尊が説かれる、すべてのものは実体がなく（空）、かたちもなく（無相）、こう思って存在しているわけではない（無作）ことを知りました。しかし、仏の教えを聴きたいとか、仏国土の荘厳を見たいとか、菩薩や如来の自在な活動（遊戯神通）を知りたいとか、そのような欲はありませんでした。それは何故かと申しますと、私たちは苦に満ちた三界から逃がれ出てさとりの境地に達したと思っておりましたからですが、それは耄碌していたにすぎません。私たちは他の求法者たちに、この上ない完全なさとりについて教えたり、戒めたりしてまいりました。それなのに、世尊よ、私たち自身は、この上ないさとりの境地を熱望する気持ちはなかったのです。このような私たちが、声聞たちもこの上ないさとりが得られるのだとの予言を世尊から親しくうけたまわり、びっくりして不思議に思いながらも、心ははなはだ歓喜しております。世尊よ、私たちははじめて如来のこのようなお言葉を聞き、私たちははかり知れない宝を得たのです。求めず、望まず、考えもしなかったのに、こんなにも立派な宝を得たのです。今や、私たちにははっきりとわかりました。

世尊よ、たとえ話をいたします。ある男が父親のそばを離れて他国にいき、十年、二十年、五十年たちました。この男は大人になりましたが、ひどく貧乏で、仕事を求め、衣食のため四方をさまよいました。父親も他国にでていき、多くの財宝、穀物、黄金の蔵を持ち、金、銀、宝石、真珠、瑠璃、螺貝、珊瑚など限りない宝を所有し、象、馬、牛、羊の車などがたくさんあり、奴隷や使用人がいて、大勢の従者をしたがえ、農業、商業を手広く営み、利殖し財産を増やして、その国の中でも大富豪の長者になっていました。

その貧しい男（窮子）は諸国を放浪しているうちに、長者の父親の住んでいる町にやってきました。その貧しい男の父親である長者は、何不自由ないようでしたが、五十年間行方がわからなくなっている息子のことが心配でした。誰にも打ち明けられないまま、たえず心の中で思い悩んでいたのです。

『私はすっかり老いぼれてしまった。莫大な財産があるのに、息子がいない。もし私が死んだら、この財産を相続するものはなく、散逸してしまうだろう。私のあの息子が私の財産を相続してくれるのなら、私はどんなに心が安らかになるだろうか』

世尊よ、その貧しい男は食べものやら衣服を求めてさすらい、莫大な財産に囲まれて暮らしている長者の父親のところにやってきました。貧しい男が父親を見れば、バラモン、王族、商人、奴隷などたくさんの人に囲まれ、金銀で飾り立てられた立派な椅子に坐って、膨大な取引きをし、大きな扇であおがれていました。父親のいるところは、天蓋がかかり、地面には花が敷かれ、花環で飾られ、それはそれはたいそうな威厳がありました。門のところに坐って仕事をしている父親を見て、貧しい男はたいそう恐れおののき、すっかり腰が砕けてしまいそうになりながら思ったのです。

『これは王か大臣に会ってしまったようだ。ここには自分がするような仕事はない。貧しい人たちの群の中にはいれば、食べるものや着るものは簡単に手に入るのだから、いつまでもこんなところにぐずぐずしていたら、捕まって無理に働かされたり、思いもかけない災難が振りかかってくるかもしれないぞ。さあ、ここから立ち去ろう』

貧しい男は苦しみが引きつづいて起こると考え、恐怖におののき、そこにとどまろうとせず、急いで逃げていこうとします。一方、かの長者は、玄関前の立派な椅子にかけたままで貧しい身なりの男の姿を一目見て、あれは息子だとわかったのです。長者は心高まって満足し、このように考えます。

『なんと不思議なことだろう。これで私の莫大な財産を受け継ぐものができたのだ。私は何度も何度もあの子のことを考えてはきたのだが、あの子は自分の足で歩いてここにやってきた。そして、私はあまりにも年をとってしまっている』

長者はさっそくあの男を連れてくるようにと人をつかわしました。捕えられたかの男は、すっかり恐れおののいてしまい、苦しみの声で泣き叫びます。

『私はあなたがたの害になることは何もしていませんよ』

そんな言葉は無視されて、男はひっ捕えられ、引きずられてきます。男は恐怖におののきながら、打たれたくない殺されたくないと思い絶望して、とうとう気絶してしまいました。かの長者は彼のそばにきて、それ以上手荒なことをしてはいけないと召使いたちにいい、冷たい水をかけてはやりますが、男には話しかけようとはしません。貧しい男は心がいやしく、自分の栄華に対して恐れを抱いていて、一方で自分には力があることを知っていますから、長者はこれが自分の息子だとはいわないのです。

世尊よ、長者は方便(ほうべん)をよく知り、ここに自分の息子がいるとは誰にも話さないでしょう。それから、召使いにこう命じるのです。

『あの男のところにいって、お前は自由なのだから、何処にでもいってよいと告げてきなさい』

召使いがいわれたとおりにすると、男は何が起こったのかよくわからずに立ち上がり、食べものや衣服を求めて貧しい人の群の中にはいっていこうとします。長者は巧みな方便を用い、顔色の悪い貧相な男を二人雇ってこういいます。

『お前たちはあの男のところにいって、お前たちが二倍の賃金で雇ってこの家で仕事をしないかと誘いなさい。もしあの男がどんな仕事をするのかと聞いてきたら、自分たちといっしょに便所の糞尿の汲み取りをするんだというんだよ』

こうして貧しい男は、二人の男とともに便所の汲み取りの仕事をして、長者の屋敷の近くの藁小屋に暮らします。長者は屋敷の窓から息子が汲み取りの仕事をしているのを見て、哀れみ、怪しみます。そこで長者は装身具をすべてはずし、柔らかくて清潔でゆったりした着物を脱いで汚れた着物に着替え、右手に籠を持ち、自分の手足に泥をなすりつけ、屋敷からでて、男に近づいていって話しかけます。

『お前は籠を持つんだ。ぼんやりしてないで、泥を取り除くんだよ』

　このようにぞんざいな口調でおしゃべりをはじめ、こういいます。

『おいお前、お前はずっとここで働け。よそにいかなくていいんだ。私はお前に特別の給料をやる。お前の欲しいものがあったら、なんでも要求していいからな。水瓶の代金、壺の代金、皿の代金、薪の代金、塩の代金、食費、衣服代、なんでもかまわないから、安心して私に要求しなさい。ここに古い上着があるが、欲しけりゃお前にやるよ。身のまわりで必要なものがあったら、なんでもあげるぞ。私を父親だと思ったらよい。私は老人で、お前は若いからな。お前は黙々と便所の汲み取りをして、私のために働いてくれた。お前はここで働き、不正も虚偽も不誠実も傲慢も偽善もなく、ただまっとうな態度でいてくれた。これからも同じ態度だろう。お前のような人間は、これまで見たことがない。たいていの人間には、何か欠陥があるものだ。お前は今から、私の実の息子と同じように扱う』

　世尊よ、長者はその男を息子と呼びます。その男は長者に対して父という思いを抱くようになるのです。長者は息子を欲しがりつつも、二十年間便所の汲み取りをさせます。二十年たって息子は長者の屋敷を自由に出入りするようになりますが、住んでいるのは相変らず藁小屋です。

やがて長者は老衰し、自分の死期をさとり、かの貧しい男にこういうのです。

『こちらにおいで。私には財産、穀物、黄金などの蔵があり、かぎりない財産がある。だが私は重病になり、この財産を譲渡するものを探している。どうかこの財産を全部受けとっておくれ。だがどうか無駄使いはしないで欲しいんだよ』

この貧乏な男は、こうして長者の莫大な財産を受け継いだのです。その家のすべての財産のことはよく知っていましたが、かの男は無欲で、麦一升の値段さえもそこからとりませんでした。相変わらず藁小屋に住み、自分は貧乏だと思いつづけていたのです。

世尊よ、長者は息子が財産を受けるにふさわしい人間として成長したのを知ります。息子の心は磨かれて謙遜で、かつての貧困の時を強く恥じて嫌悪しているのを感じた長者は、自分の死の枕元に息子を呼び寄せ、大勢の親族に紹介してから、王や大臣や町の人々の前で宣言するのです。

『みなさん、お聞き願いたい。この男は私の息子です。五十年前にこの子は私の前から姿を消し、私はこの子を探して旅をし、この町にやってきたのです。私が所有しているものはすべて、この子に譲ります。私の財産については、細々としたものまでこの子は知っております』

世尊よ、その男は長者の言葉を聞いて驚き、不思議の念を抱くでしょう。

『自分は突然に、財宝や穀物や黄金であふれた蔵を得たのだ』

世尊よ、私たちは如来の息子に等しいものであります。如来も私たちに息子であるとおっしゃいますのは、あの長者と同じであります。私たちはあの貧しい男と同じように、三つの苦悩を持っているのです。苦の感覚のようにそれ自身が苦である苦悩と、すべては諸行無常であるところから生じてくる苦悩と、生ずる時には楽なのに滅する時には苦となる苦悩とであります。そしてこの三種の苦悩によって、私たちはこの輪廻の中にあり、劣ったもののほうに魅かれていく意向があるのですね。だから世尊は、汚物のような穢らわしい生活の部分を取り除くようにとおっしゃっておられるのです。私たちはその教えに専念し、精進しながら、この上ないさとりの境地だけを、貧しい男が日当を求めるように探し求めているのです。

世尊よ、この上ないさとりの境地を得たことによって私たちは満足し、如来のおそばでその教えに専念し、精進して、たくさんのことを得ることができたのですね。如来は私たちが劣ったもののほうに魅かれていく意向があることを、よく御存知です。そのため世尊は私たちにあえて近づいてこられず、如来の蔵はお前たちのものになるだろうとはおっしゃらなかった。ところが世尊は、実に巧みな方便によって、私たちを如来の智慧の蔵の相続人にしてくださったのですね。世尊よ、私たちも無欲で、このように考えるのです。

『如来のおそばで働いて日当をもらうように、如来から親しくこの上ないさとりをいただくことは、私たちには無上のありがたいことなのだ』

世尊よ、私たちが偉大な菩薩たちに対し、如来の智慧を示し、解き明かし、説法してまいりましたが、私たちには如来の智慧を得たいという欲望はなかったのです。何故かと申しますと、如来は巧みな方便によって、私たちが劣ったもののほうに魅かれていく意向があることをよくご存知のため、私たちにまず小乗(しょうじょう)を説かれたのですね。世尊はお前たちは私の息子であるとおっしゃいましたことは、私たちが如来の智慧の蔵の相続人であることを、私たちに思い出させるためです。それでも私たちはまったく知りませんでした。私たちが如来の息子になったのにもかかわらず、私たちはなお劣ったもののほうに魅かれていく意向があったからでした。世尊が私たちの意向を御覧になられた上で、なおすぐれた大乗(だいじょう)を願う力があると認めたなら、私たちに菩薩という名称を与えてくださるでありましょう。世尊は、私たちに二つの振舞いをおさせになります。一つは菩薩たちの前で劣ったもののほうに魅かれていく意向に甘んじている者と呼ばれることと、もう一方では広大なる仏のさとりを達成するよう精進させたことであります。世尊は私たちが菩薩のように大乗を求める力のあるものと認められ、一乗の法をお説きになったのです。私たちは無欲だったのにもかかわらず、望みも求めも探しもせず、考えも願いもしないのに、如来の息子たちが得ると同じように、法王の大宝がにわかに得られたと私たちは申し上げるのでございます」

その時、摩訶迦葉長老は偈(げ)(詩頌(しじゅ))を唱えました。

お声を聴いて私たちは驚き、あり得ないことだと思いながらも、限りない喜びを得ました。
今日、私たちは仏の尊いお声を聞いたのです。考えがおよんだこともなく、したがって求めようもなかった大いなる宝を、私たちは一瞬にして得たのです。なんという驚異でしょうか。

愚者が愚者にそそのかされ、父のもとから家出をし、遠い他国を放浪したとしましょう。父は息子がいないことを悲しみ、父もまた四方八方を五十年の間遍歴します。父は大きな街にいって邸宅をかまえ、五欲を楽しむとします。父は金、銀、穀物、財宝、真珠、水晶、珊瑚、象、馬、牛、羊、土地、奴隷、召使いなどをたくさん持ち、多くの人から敬われ、王といつでも会うことができました。町の人々も、村の人々も、彼の姿を見かけると合掌するのです。また彼は仕事を与えたので、多くの商人が集まってきました。

彼は富んでいたのですが、老いぼれてきて、いつも息子のことを思いわずらって暮らしていたのです。

「息子は本当に愚かものだ。すでに五十年もの間、私のもとから姿をくらましている。私には莫大な財産があり、しかも私の死期は刻一刻近づいているというのに」

一方、愚かな息子は貧乏で、腹をすかせて街から街へとさまよっていました。この愚か者は旅の苦労で痩せ細り、身体中が出来物で汚れていました。彼は父の屋敷のある街にやってきて、食べものや着るものを求めて父の邸宅に近づきました。父は門のところで立派な椅子にかけ、たくさんの人に取り囲まれて、頭上には傘蓋（さんがい）がさしかけられていました。父を取り囲むものたちは、財宝や黄金を数え、書類をしたため、利子の計算をしていました。かの息子は長者の邸宅を見て考えるのです。

「自分はなんと場違いなところにきてしまったのだろう。あの立派な人は王か大臣かに違いない。ここでうろうろしているとつかまって、無理矢理働かされるかもしれないし、どんな災難が降りかかるかわかったものではない」

　息子は貧しい人たちの住むスラムのほうに逃げていきます。長者はかの貧しい男が自分の息子だと一目で理解し、あの男を連れてくるよう使いの者を走らせるのです。貧しい男は刺客がきたと思い、つかまえられるとすぐ気絶してしまいます。貧しい男の態度を見て、長者は思うのです。

「この愚かな者には智慧がなく、低級なものを願っているにすぎない。この私の得た財産が自分のものであるとは知らず、私が父親だと考えてみようともしない」

　そこで長者はそのへんにたむろしている貧しい連中を雇い、あの男を下働きに使うようにと命じます。

「この屋敷で便所の汲み取りをし、腐ったものの掃除の仕事をしなさい。私はお前に二倍の賃金をやろう」

　こんな言葉を聞き、貧しい男は長者の屋敷にやってきて便所の汲み取りの仕事をしはじめました。貧しい男は屋敷の中の粗末な藁小屋に住んだので、長者はいつも見ていることができたのです。ある時長者はぼろの汚れた着物に身をやつし、貧しい男に便所の汲み取りの仕事をやめさせ、こういうのです。

「お前の賃金を二倍にしよう。足に塗る油も二倍にする。塩のはいった食物も食べさせるし、野菜も布もやろう」

長者はさらに柔らかな言葉をもって、貧しい男の気持ちを引き寄せます。

「本当にお前はよく仕事をする。お前が私の息子だということについて、疑いはないようだ」

長者はこの男を少しずつ家の中にいれるようにして、少しずつ重要な仕事をさせました。二十年かけて、この男の疑いの気持ちを少しずつ取り除いていったのです。

長者は屋敷に黄金や真珠や瑠璃を貯蔵しているのですが、そのすべてを集計して、すべての財産の管理をかの男にまかせることにしました。しかし、かの男は相変わらず質素な小屋に一人で住み、自分にはこんな財産はひとつもないと思い、貧乏であることに満足していました。

自分の息子がこのように広大な心を持っていることを知り、すべての財産をこの子に預けようと考えました。王や貴族や町の人々や商人たちを招き寄せ、みんなの前でこういったのです。

「これは私の息子で、長いこと行方がわからなくなっておりました。私は息子を探して各地をさまよい、この街にやってきたのです。五十年ぶりにめぐり会い、さらに二十年、私はこの子を見てきました。私はこの子に私の財産のすべてを譲ります。お前は父の財産で仕事をするのだ。私はこの子にこの家にあるものすべてを譲ることに決めました」
息子はかつての貧しい暮らしを思い、父の徳を知り、この家にあるものすべてを得て、自分は今幸福だと思うのです。このように仏は私たちが貧しい暮らしをしていることを知っておられるから、お前たちは我が息子で将来は仏になるとはおっしゃられませんでした。仏はこのように教えられるのです。

「この上ないさとりの境地に到達しようとする求法者（菩薩）たちに、迦葉よ、彼らが修行して仏になる道をお前は説くのだよ」

私たちは仏によって偉大な力のあるたくさんの求法者のところにつかわされ、数えきれないほどの比喩（ひゆ）や因縁をもちいてこの上ないさとりに至る道を示しました。仏の息子（菩薩）たちは、私たちの教えを聞き、この上ないさとりに至るため修行に専念してきました。そしてこの瞬間に、お前たちはこの世において仏になるだろうと仏によって予言されたのです。

この教えの蔵を守り、仏の息子たちに教えを説き明かしながら、かの貧乏な息子のように私たちは仏のために働くのです。私たちは教えの蔵を菩薩たちに分かち与える富者であるのに、自分たちは貧しいものだと思っていたのです。菩薩たちに向かって仏の智慧を解き明かしながら、自分では仏の智慧を求めようともしなかったのです。私たちはすでに平安な境地に達したと考え、それに満足しましたが、私たちの智慧はこの程度のものであってそれ以上ではありませんでした。仏国土の輝かしさを聞いても、私たちには喜びが湧き上がったことは一度もないのです。

「私たちを取り巻く状況はすべて穏やかで、汚れがなく、生じることもなく滅することもなく、生と死を離れていて、ゆえにこの世にはこんな状況は存在しない」

こんなふうに私たちは考えてはいましたが、信仰の喜びが生じることはありませんでした。仏のこの上ない智慧を私たちは求めもしませんでした。

さとりの境地に到達して終わる肉体存在のまま、私たちは無明長夜（むみょうじょうや）の長い間、空（くう）の真理を修行し、三界の苦の悩みから解放され、仏の息子、すなわち菩薩たちにわずかながら教えを説きました。しかし、私たち自身には法を望む心はまったくありませんでした。

世間の師である仏は、適切な時間を待ちながら私たちをほおっておき、私たちの意向がどのようなものであるかを探りつつ、しかし真実の言葉の意義を語ろうとはされませんでした。あの貧乏で無欲な男を少しずつ訓練し、訓らし終った時にすべての財産を譲った長者のように、世間の師である仏はなしがたいことをなさいます。無欲のあまりすぐれたさとりを求めようともしない息子たちを少しずつ訓練し、訓練し終った時に仏のこの上ない智慧を与えるという困難なことをされたのです。

突然すべての財産を譲られた貧乏な男のように、私たちもいまだあり得なかったほどの思いに打たれております。仏の教えのもとに、私たちには特にすぐれていて煩悩の汚れのない最初の果報が得られたのです。私たちは長い間仏の教えにしたがって戒を守ってきましたが、これまで修めてきた戒の果報を、今私たちは得たのです。仏の教えにしたがい、私たちは清浄な修行をつづけてきましたが、静かで、すぐれていて、煩悩の汚れのない果報を、今私たちは得たのです。

私たち声聞は、最高のさとりを達成することができるのです。さとりの言葉を世間にひろめ、真の声聞となるのです。私たちは真の阿羅漢（あらかん）になり、神や人や悪魔や梵天や、すべての生きとし生けるものから、親しく供養を受けましょう。

気の遠くなるような歳月をかけてどんなに努力しようと、誰もあなたの恩に報いることはできません。この人間世界でわれわれを教化（きょうけ）するという、なんとも困難なことをあなたはなしとげたのです。ガンジス河の砂の数ほどの歳月、手足を使い、頭（こうべ）をさげて礼拝しても、頭の上や肩の上に仏をお乗せしたとしても、仏のなされたことのお返しをすることはまことに困難です。堅い食べもの、柔らかな食べもの、着物、寝具、どんなものを献上しても、栴檀（せんだん）で精舎（しょうじゃ）をつくり敷物を敷いて献上しても、病いを愈すどんな薬を献上しても、仏の恩に報いることはいつになってもできません。

仏は偉大なる法を身につけ、ならぶもののない威厳があり、大神通力があり、どんな迫害にも忍耐力を発揮し、偉大なる王であり、汚れのない勝利者で、愚か者のなすことにも耐え忍ばれます。世間に押し流され、表面の動きにとらわれて行動する人々のためにも、法を説かれるのです。

仏は教えの王で、すべての世間の自在者で、大自在者であり、世間の指導者のうちの王なのです。仏は人々のさまざまな立場を知っておられるので、その人その場にあった様々な生き方を示されます。人々のさまざまな意向を知り、幾千の因縁によって教えを説かれます。

仏（如来）はこの世のすべての生きとし生けるものや人間たちの行為を知っておられ、最高のさとりを示しつつ、いろいろな種類の教えを説かれるのです。

薬草喩品第五

◆

やくそうゆほん

その時、世尊は摩訶迦葉（マハー・カーシャパ）長老や他の偉大な声聞たちにおっしゃったのでございます。

「よろしい、よろしい。迦葉よ、お前はよく如来の真実の功徳を説いた。まことにお前のいうとおりだよ。はかることのできない歳月にわたり如来の功徳を説いたとしても、語りつくすことは容易ではない。

迦葉よ、よく知りなさい。如来はあらゆる教えの王であるから、どんな教えをどんなところに打ち立てようと、教えはそのとおりに真実の法としてある。如来はいろいろな法を示すがすべて道理にかなっているから、法として樹立される。すべての教えは、仏に向かって打ち立てられている。如来はすべての法の行き着くところを知っておられ、あらゆる法の意味を理解しておられ、あらゆる法に対して人々の深い願いを知り、あらゆる法を制御し識別して教理となす智慧は最高の完成状態に達している。仏の智慧を人々に示し、仏の智慧の中に人々を導き入れ、仏の智慧を打ち立てるのが、この上ない正しいさとりの境地に達した偉大な如来なのだ。

迦葉よ、たとえばこの三千大千世界には、いろいろな色の、いろいろな種類の草や灌木（かんぼく）や薬草の樹木が、いろいろな名を持って、地上に、山に、渓谷に生い繁っている。そこに水分をいっぱいに含んだ雲が湧き上がり、三千大千世界のすべてを覆いつくし、すべてのところに同時に雨を降らせるとする。三千大千世界にある草や灌木や薬草や樹木は、茎も枝も葉も花もしなやかで、若いものもあれば大きく成長したものもあり、幹が太く巨木となったものもある。いろいろな種類のすべての生きとし生けるものは、その力に応じ、その場所に応じて、あの雲の降らせた雨を吸い上げるのだ。同じ雲から降った同じ水によって、それぞれの種に応じた実をつけ、芽をつけ、育っていく。花を咲かせ、果実をつけ、それぞれ違った名前で呼ばれるものの、同じ地面から生えたものはすべて、薬草の群落にせよ、どんな種子から生えた植物の群落にせよ、同じ味の水によって潤される。

まさしくそれと同じように、完全なさとりの境地に到達した如来は、この世に出現してすべてを潤す。大きな雲が湧き上がるように、この世に現われた如来は、神、人、阿修羅（あしゅら）の住むすべての世間に向かって、このように言葉を響かせるのである。

『神々よ、人々よ、私は如来である。私は完全なるさとりの境地に到達した阿羅漢である。私は輪廻の世界から彼岸へと渡り、人々を彼岸へと渡らせる。私はこの世のあらゆる束縛から解き放たれ、人々を束縛から解き放つ。私は心が平安であって、人々の心を平安にする。私は完全なるさとりの境地に到達し、人々を完全なるさとりの境地に到達させる。私はこの世とあの世を正しい智慧をもってありのままに知り、一切を知るもので、一切を見るものである。神々よ、人々よ、教えを聴くために私のそばにきなさい。さとりの境地に到るための道を知っている私は、お前たちにその道を教え、その道について説こう』

幾千万億の生きとし生けるものたちが、如来の教えを聴くために近づいてくる。如来はそれぞれの能力や努力に差があることを知り、それぞれに適した法門（ほうもん）を説く。彼らを喜ばせ、満足させ、人々に幸福と安楽を与え、無数の物語を語って聴かせる。すると彼らは現世は安穏で、死後には善きところに生まれ、それぞれの道に応じたいろいろな楽しみを受け、教えを聴くようになる。彼らは障害がなくなり、能力や立場に応じて、しだいしだいに仏の教えに専心するようになる。

たとえば大きな雲が三千大千世界のすべてをおおい、あたり一面平等に雨を降らせると、すべての草や樹は生気に満ちてくる。すべての草、灌木、薬草、樹木は、それぞれの能力や場所や勢いに応じて水を吸い、それぞれの種類にふさわしい大きさに成長する。それと同じように、完全なるさとりの境地に到達した如来がどのような教えを説こうと、その教えは同じ味である。あらゆる束縛から解き放たれるという味、貪欲を離れるという味、涅槃という滅の味があり、究極には一切智者の智（一切種智）に到達することを目的としている。彼らは如来の教えを聴き、記憶し、修行に専心するにもかかわらず、彼らは自分の行っていることの本当の意味も知らず、気づきもせず、理解することもできない。

如来は彼らが何者であるか、どんな種類で、どんな姿形をしていて、どんな本質を持っていて、どのようにも改まらないかを知っている。彼らが何を思考し、どのように思考し、何によって思考するかを知っている。何を修行し、どのように修行し、何によって修行するかを知っている。何を達成し、どのように達成し、何によって達成するかを知っている。それらすべてについて如来だけがまのあたりに知り、まのあたりに見ている。あちらこちらの土地に繁る草、灌木、薬草、樹木と同じように、それぞれ異なった土地に暮らす人々は、劣っているもの、すぐれているもの、中くらいのものがあると彼ら自身は自覚してはいないのだが、ただ如来だけがありのままに見ている。如来である私はこの世の束縛からの解放と心の平安という一つの味を持っている。完全なるさとりの境地に到達するのを究極の目的とし、迷いや貪りを滅し、ただ一つの立場に立ち、虚空にみなぎる一味の法を知っているのだが、彼らが心から願っていること（心欲）が大切であると知っているがゆえに、仏の智慧をにわかには説き明かすことはしない。

そのわけは、迦葉よ、お前たちに向かって突然仏の智慧を解き明かせば、お前たちは不思議に思ってよく信じることができず、如来の深い意味のある言葉をさとることができないからだ。完全なるさとりの境地に到達した如来の深くて微妙な言葉は、なかなか理解することは難しいからである」

その時、世尊はその意味をさらに示して、このように偈（詩頌）を唱えられたのでございます。

教えの王である私は、煩悩と業とによって生れた人々の存在を打ち破るため、この世に現われた。私は人々の願いを知り、教えを説く。確かな智慧を持った偉大な勇者である仏は、自分が語った言葉を末長く守って大切にし、久しく沈黙して、急いで語りはしない。愚か者がすぐにはさとりがたい仏の智慧を聞いても、疑いの心をおこすばかりで、ただ混乱して迷うばかりであろう。人にはそれぞれに応じた能力があり、それに応じて私は説く。いろいろな縁によって、誤った見解を正しいものに導く。

迦葉よ、雲が立ち昇って大地を覆い、すべてを包み込み、その雲は水をたたえ、稲妻は光り輝き、雷鳴が遠くとどろき、すべての生きとし生けるものを喜ばせるようにである。雲は太陽の光を遮り、地上を清涼にして、たなびく雲は低く垂れてきて、あまねく雨を降らせる。すべてにゆきわたるように降りそそぐ水は少い量ではなく、この大地に命を吹き込む。山間に、谷に、森に、いたるところに草、灌木、薬草、樹木が生い繁る。種々の穀物、野菜、甘蔗、葡萄は、雨が潤すので、豊作でないということはない。乾燥した大地もあまねく潤い、薬草はならんで繁る。その雲から流れでる水はすべて同じ味なのだが、草木はそれぞれの分にしたがい、環境に応じて水を吸い上げる。

小さな木も、大きな木も、中くらいの木も、樹齢や樹勢に応じて水を吸い上げ、思うがままに成長する。高貴な薬草もまた雲から降りそそぐ雨水により、幹も茎も皮も、大きな枝も小さな枝も、葉も花も実も、成長するのだ。それぞれには育つにふさわしい環境があり、ふさわしい種子があり、それぞれに応じて違った成長をし、繁殖をする。しかし、降りそそいでくる雨水は同じなのだ。

仏もまた、大きな雲があまねく一切を覆うように、この世に出現する。この世に現れれば、すべての生きとし生けるもののために、この世で真実に行うべきことを示し、語るのだ。偉大なる世尊は、もろもろの神々や人々の住むこの世において崇敬され、次のとおりに語る。

「私は如来であり、二本足で歩くもの（人）の最高者であり、勝利者であり、大きな雲のようにこの世に出現したのだ」

欲界と、清浄で微妙な物質からなる色界と、純粋な精神世界である無色界からなる三界に束縛されて輪廻をさ迷い、枯木のように痩せ衰えたすべての人々を、私は水を与えて元気にしよう。苦しみから離れさせ、安穏の楽と、世間の楽と、涅槃の楽とを与えよう。

神々よ、人々よ、私の言葉を一心に聴くのだ。私を見るために、近づいてくるのだ。私は如来であり、世尊であって、私にまさるものはない。私はすべてのものをさとりの彼岸に渡らせるために、この世に現われたのだ。数えられもしないたくさんの人々のために、私は甘露の清らかな教えを説く。その教えは一つの味であり、すなわち解脱と涅槃である。私はいつもこの上ないさとりについて、同じ声で教えを説く。これはすべての生きとし生けるものに平等であり、不平等はまったくなく、憎悪も愛着もない。私に対して、私の歓心をひこうとすることはない。私は何に対しても愛憎はない。私は生きとし生けるものすべてに平等に教えを説き、一人に向かって説くように大勢に向かって説く。いつも教えを説いていて、他のことはしていない。去る時も、来る時も、坐っている時も、立っている時も、決して怠ることはない。

雲がすべてに平等に雨を降らせて潤すように、私は世間を充足させる。身分や立場の違いなど関係なく、戒律を守るか守らないかも関係なく、私は平等に接する。正しい行為を保った人にも、正しい行為を破った人にも、正しい見解の人にも、誤った見解の人にも、すぐれて清浄な考えの人にも、機根の鈍い人にも、私は怠ることなく平等に法雨を降らせるのだ。すべての生きとし生けるものは、それぞれの能力に応じて私の教えを聴き、神々や人々の間に、転輪聖王や帝釈天や梵天の間に、安住する。

この世には、小さな薬草も、中くらいの薬草も、大きな薬草もある。それがどんな意味があるか、説明しよう。汚れのない教えを体得し、よく涅槃を得て、六種の神通力（天眼通、天耳通、他心通、宿命通、神足通、漏尽通）を獲得し、ことにすぐれた三明（未来の生死を知る天眼通、過去を見通す宿命通、煩悩をすべて断って二度と輪廻に転生することのない漏尽通）を持った人々が、小さな薬草といわれる。独り山林に住み、つねに瞑想をして、各自独自のさとりを望む、なかば清らかな覚知のある人々は、中くらいの薬草といわれる。世尊のめざすところを求め、神々や人々の保護者である仏になろうと志し、精進し瞑想をする人々が、最高の薬草である。この世で慈悲の修行につとめ、自ら仏となることに疑いのなくなった仏の息子たちが、小樹といわれる。後戻りすることのない教えの輪を回しつづけ、神通力を獲得して、数えることもできないたくさんの人々を苦しみから解脱させる菩薩が、名づけて大樹といわれるのだ。

　仏はすべてに平等にこの教えを説くのだが、雲があたりいちめんに雨を降らせるのと同じなのである。それぞれの人々によってすぐれた智慧がおのおのに働くことは、地面に生える草木がそれぞれ異なって恵みを受けるのと同じなのだ。仏はこのたとえによって巧みな方便を示し、さまざまな言葉をもって一つの教えを語るのだけれど、仏の智慧においては海の中の一滴の水のようなものなのだ。

　私は法雨を降らせて世間を満ち足りたものとするが、世間のものたちはよく説かれた一味の法を、それぞれの能力に応じて受けとめる。それはすべての草や灌木や薬草や樹木が、その大小にしたがってすべて、雨によって生き生きと繁茂するようにである。この教えは世間を満ち足りたものにする。満ち足りた世間では、それぞれ修行してみんなが道の果実を得る。煩悩の汚れを滅した声聞たちや、山林に一人とどまってさとりを得る独覚たちは、中くらいの薬草で、彼らはよく説かれた教えを達成したのである。智慧があつく、志が堅固で、三界にある事象のすべてをよく知り、最高のさとりの境地を求めるもろもろの菩薩たちは、はじめは小樹であってもしだいに成長する。禅定（ぜんじょう）して、神通力を得て、空（くう）の真理を聴いて心は大いに歓喜し、無数の光明を放ってたくさんの人々を救う彼らこそ、この世の大樹といわれるのである。

迦葉よ、このように教えを説くことは、たとえば大雲が一味の雨を降らせ、人々にも花を咲かせて、それぞれの実をつけさせることなのだ。

迦葉よ、もろもろの因縁や、さまざまの譬（たと）えによって仏道を示すことは、私の巧みな手段であって、諸仏もまた同じなのだと知りなさい。今、私はお前たちのために、最もためになることを説こう。

「すべての声聞たちよ、お前たちはこの上ないさとりの境地にはいったのではない。お前たちが完成させるべきは、菩薩道である。（煩悩を滅しただけでは自利行のみで、利他行を積まなければ、この上ないさとりの境地にははいれない）お前たちはたゆむことなく修行し、仏となるのだよ」

授記品第六

◆じゅきほん

その時、世尊はこれらの偈（詩頌）を説かれたのち、そこにいたすべての僧にお話しになったのでございます。

「お前たちに告げよう。私の弟子の摩訶迦葉（マハー・カーシャパ）は、未来世において、三千万億の仏たちに出会い、供養し、恭敬し、尊重し、讃歎して、正しい教えを受持するであろう。

彼は輪廻を転生する最後に、光徳（光明を得た）という国に、大荘厳（偉大なる輝き）という時代に、光明如来としてこの世に出現するだろう。彼は完全な智と行とをそなえ、この上ない幸いを持ち、世間をよく知り、人間をよく訓練するものであり、神々や人々の師であり、仏であり、世尊である。この仏の寿命は十二小劫で、正しい教えが伝わる正法の時代は二十小劫つづき、正しい教えに似た教えの像法の時代は二十小劫つづく。仏国土は清く美しく、石も砂利も瓦礫もとりのぞかれ、深い穴も崖もなく、溝も糞尿のたまっているところもなく、平坦で、居心地がいい。大地は瑠璃ででき、宝樹は行列し、黄金の縄で道の境界は定められ、花がまかれて、すべては清浄である。この国の菩薩は数えることもできないほど多数で、声聞たちも数えきれない。悪魔がつけこむことはできず、悪魔やその仲間たちも姿を見せない。たとい、後になって悪魔が姿を現わしても、その世界で光明如来の教えを受け、仏法を護ろうと努力するようになるであろう」

その時、世尊はその意味をさらに示して、このように偈を唱えられたのでございます。

僧たちに告げる。私が仏の目で見ると、この迦葉長老は限りない未来において、仏たちを供養してのち、仏となるであろう。そして、来世において、三千万億の仏や世尊に会い、そのもとで仏の智慧を得るために清らかに修行をするであろう。仏たちに供養し、最高の智慧を得て、輪廻転生の最後の身体において、他にくらべることのできない偉大な世間の保護者となるであろう。

仏の国土は清らかで、地面は光り輝く瑠璃でできている。たくさんの宝樹が道の側に行列し、金の縄で道の境界線をつくり、見る人を歓喜させる。いつも芳香を放ち、色とりどりの花が咲きみだれ、深い窪みも断崖もなく、風光明媚な穏やかさを保っている。数えきれないほどの菩薩がいて、彼らは心をよく治め、偉大な神通力を持っている。彼らは大乗経典を信奉している。そこには教えの王の弟子たちが、輪廻転生の最後の身体をあらわしてそこにいるであろう。煩悩の汚れを完全に離れた彼らの数は、天上界の眼をもって無限の時間をかけようと、決して数えることはできない。

彼らは二十小劫の寿命を持っている。正しい教えが伝わる正法の時代は二十小劫つづき、正しい教えに似た像法の時代は二十小劫つづいて、光明如来の素晴らしい国土が見られることであろう。

その時、摩訶目犍連（マハー・マウドガリヤーヤナ）長老と須菩提（スブーティ）長老と摩訶迦旃延（マハー・カーティヤーヤナ）長老は、みなことごとく震えおののき、一心に合掌して、瞬きもせずに世尊を仰ぎ見て、それぞれ声を同じくして、次の偈を唱えたのでございます。

尊敬すべき偉大な勇者よ、釈迦族の獅子王よ、最高の人よ、私たちを憐れんで仏のお声をお聞かせください。

今こそ時だとお知りになり、甘露の雨を降りそそぐように、どうか自在な勝利者よ、私たちに予言を授けてください。

飢えた国からきた男が、なんとも素晴らしい食事を得て、さて食べようとした時、しばらく待つようにといわれたとしましょう。それと同じように私たちは心から求めており、小乗（しょうじょう）という劣った乗り物にまどわされ、飢饉のため飢えた人々のように目がくらんで、仏の智慧を求めています。それなのに、この上ないさとりの境地に達した偉大な聖者は、私たちに予言を授けてくれません。それは掌の上に置かれた食べものを、食べてはいけないといわれているようなものです。

私たちの心からの望みはこのようなものです。偉大な勇者よ、私たちに予言を授けてください。この上ないお声を聞くならば、私たちは心安らかになるでしょう。

願わくは、私たちに予言を授けてください。飢えたものが、教えを待って食べるようなもので、どうか私たちの貧しい言葉を終わらせてください。

そこで世尊はこれら偉大な弟子である長老たちの心の願うところ知りたまい、そこに集まったすべての僧たちに向かってお話しになったのでございます。

「僧たちよ、この須菩提長老はまさに来世において、三千万億の仏たちを崇め尊び、供養し、恭敬し、尊重し、讃歎し、礼讃し、清らかな修行をして、輪廻転生の最後の身体においてさとりを得るであろう。彼は仏につかえ、最後の身体において、月の明るさを持つもの、すなわち名相（みょうそう）という正しいさとりを得た阿羅漢（あらかん）である如来として、この世に現われるであろう。智と行（ちぎょう）

とをそなえた彼は、善逝（ぜんぜい）であり、世間をよく知り、この上ないもので、人々をよく調教し、神と人の師であり、仏であり、世尊となるであろう。

その時代は宝玉（ほうぎょく）の光、すなわち有宝（うほう）と名づけ、国を宝玉の生ずる土地、すなわち宝生（ほうしょう）と名づけよう。彼の仏の国は平坦で、心地よくて、大地は瑠璃でつくられ、宝玉の木で飾られ、深い窪みも断崖もなく、溝も汚水のたまりもなく、なんとも美しくて、花が散り敷かれている。そこで人々は宮殿の楼閣に暮らし、あらゆる楽しみを味わう。そこには幾千万億という菩薩たちがいる。その世尊の寿命は十二小劫（こう）である。彼の正しい教えが伝わる正法の時代は二十小劫つづき、正しい教えに似た像法の時代は二十小劫つづく。その仏はつねに虚空（こくう）にとどまって人々のために教えを説き、幾十万の菩薩と弟子たちを教え導くであろう」

その時、世尊は重ねてその意味を示して、このように偈を唱えられたのでございます。

僧たちに告げる。私の言葉を聞きなさい。

私の弟子である須菩提長老は、未来には仏になるであろう。その名を名相という。三千万億を超える威力のある仏たちに会い、この仏たちの智慧を得るために、それにふさわしい修行をするであろう。

勇者である彼は、輪廻転生の最後の身体において、三十二のすぐれた吉相をそなえ、黄金の柱のような偉大な仏となり、世間の人々の幸福を願うであろう。彼のすぐれた国土はたいへんに美しく、多くの人々にとって望ましく、心地がよい。世間の人々にとって友である彼は、幾千万億の人々を救済して、そこに住まわせるだろう。

そこにはたくさんの威力のある菩薩たちがいて、退くことのない教えの車輪を回しつづけ、仏の教えにしたがい、仏の国土を輝かすのだ。弟子たちの数も多くて、数えることはできない。彼らは皆、六種の神通力を獲得し、ことにすぐれた三明（さんみょう）をそなえ、心を一点に集中して乱さず心を平等に平静に保つ八種の解脱（げだつ）をよく知っている。

この最高のさとりを仏が解き明かす時に現われる神通力には、人の考えの及ばないものがある。ガンジス河の砂の数ほどにたくさんの神々と人々とが、つねに彼に向かって合掌するようになるだろう。

彼は十二小劫の間、この世で生きる。彼の正しい教えが伝わる正法の時代は二十小劫の間つづき、正しい教えに似た像法の時代は二十小劫つづく。

その時、世尊はまたそこにいたすべての僧にお告げになったのでございます。

「僧たちに告げる。私の弟子であるこの摩訶迦旃延長老は、八千万億の仏たちのもとで、供養し、奉事（ほうじ）し、恭敬し、尊重するであろう。仏が完全なるさとりの境地、すなわち涅槃にはいられた時、その仏一人一人のために、高さ一千由旬（ゆじゅん）（ヨージャナ）、幅五百由旬の、七宝の塔を建てるであろう。金の塔、銀の塔、瑠璃の塔、水晶の塔、碼碯（めのう）の塔、真珠の塔、珊瑚の塔である。これらの七塔には、塗香(ずこう)、抹香(まっこう)、焼香(しょうこう)、傘蓋(さんがい)、幢幡(どうばん)などを供養しよう。これを過ぎたのちにも再び、二千万億の仏たちを供養するのも、すべて同じようにするのだ。彼は輪廻転生の最後の身体において、最後に人間として生存した時、この世において、閻浮那提金光(えんぶなだいこんこう)（黄金の輝き）という、完全なるさとりの境地に達した阿羅漢である如来となって、この世に生まれるのだ。智と行とをそなえた彼は、善逝であり、世間をよく知り、この上ないもので、人々をよく調御(じょうご)し、神と人の師であり、仏であり、世尊なのだ。彼の仏の国は平坦で、心地よくて、大地は瑠璃でつくられ、宝玉の木で飾られ、深い窪みも断崖もなく、溝も汚水のたまりもなく、なんとも美しくて、花が散り敷かれ、地獄、餓鬼、畜生、阿修羅(あしゅら)の道もなく、たくさんの神々と人々とが充満している。そこにはたくさんの声聞や菩薩が集まり、その国土を荘厳(しょうごん)している。彼は十二小劫の間、この世で生きる。彼の正しい教えが伝わる正法の時代は二十小劫の間つづき、正しい教えに似た像法の時代は二十小劫つづく」

その時、世尊はその意味をさらに示して、このように偈を唱えられたのでございます。

僧たちに告げる。私の言葉を聞きなさい。
私の弟子であるこの摩訶迦旃延長老は、この世を導く仏たちに対して供養するであろう。
彼らが完全なるさとりの境地に達して涅槃をとげた後には、七宝の塔を建立し、花と香でもって舎利(しゃり)を供養するであろう。輪廻転生の最後の身体の時、仏の智慧を得て、この上ないさとりの境地にはいるであろう。この国土は清らかで、幾千万億の人々に教えを説き、十方世界に供養されてこの世を照らす光になるであろう。この光はこの上ないもので、閻浮金光という名であり、幾千万の神と人々の救済者となるであろう。この国土には数えられないほどの菩薩と声聞とがいて、すべてこの世のとらわれから離れ、仏の国を荘厳している。

その時、世尊はまたそこにいたすべての僧にお告げになったのでございます。

「僧たちに告げる。私の弟子である摩訶目犍連長老は、二万八千の仏たちを供養し、恭敬し、尊重するであろう。仏が完全なるさとりの境地、すなわち涅槃にはいられた時、その仏一人一人のために、高さ一千由旬、幅五百由旬の、七宝の塔を建てるであろう。金の塔、銀の塔、瑠璃の塔、水晶の塔、碼碯の塔、真珠の塔、珊瑚の塔である。これらの七塔には、塗香、抹香、焼香、傘蓋、幢幡などを供養しよう。これを過ぎたのちにも再び、二千万億の仏たちを供養するのも、同じようにするのだ。彼は輪廻転生の最後の身体において、最後の人間として生存した時、この世において、多摩羅跋栴檀香（タマーラ樹の葉や栴檀の香りをもつ）という、完全なるさとりの境地に達した阿羅漢である如来となって、この世に生まれるのだ。智と行とをそなえた彼は、善逝であり、世間をよく知り、この上ないもので、人々をよく調御し、神と人の師であり、仏であり、世尊なのだ。その時代は快楽の満ちあふれた、すなわち喜満と名づけ、その国を心を楽しませる土地、すなわち意楽と名づけよう。彼の仏の国は平坦で、心地よくて、大地は瑠璃でつくられ、宝玉の木で飾られ、深い窪みも断崖もなく、溝も汚水のたまりもなく、なんとも美しくて、花が散り敷かれている。そこにはたくさんの声聞や菩薩が集まり、その数は無限である。彼は二十四小劫の間、この世で生きる。彼の正しい教えが伝わる正法の時代は四十小劫の間つづき、正しい教えに似た像法の時代は四十小劫つづく」

その時、世尊はその意味をさらに示して、このように偈を唱えられたのでございます。

私の弟子である摩訶目犍連は、人間としての自らの存在を捨ててから、二万と八千の汚れを離れた仏と世尊とに会うであろう。彼は仏の智慧を求めて仏を供養し、恭敬し、仏たちのもとで清らかに修行をするであろう。限りない歳月、そのすぐれた教えを保持するであろう。これらの仏たちが涅槃にはいられた時には、七宝の塔を建て、長い金色の吹き流しを立てて、花と香と伎楽によって供養しよう。彼は輪廻転生の最後の身体で、意楽国という目にも麗しく心地よい国に出現し、タマーラ樹の葉や栴檀の香りをもつという意味の、多摩羅跋栴檀香如来となるであろう。彼は二十四小劫の間、この世で生きる。その間はつねに彼は人々と神々の間で仏の道を説きつづけるであろう。六種の神通力（六通〔ろくつう〕）と三種の学識（三明〔さんみょう〕）を持った数多くの弟子（声聞）たちは、ガンジス河の砂のように無限に出現する。菩薩たちも無数にいて、志は固く、たゆむことなく精進して、仏の智慧に向かって心をひるませることなく進む。仏が入滅したのち、彼の正しい教えが伝わる正法の時代は二十小劫の間つづき、正しい教えに似た像法の時代も同じだけつづくであろう。大神通力を持ったこの五人の弟子に、私は彼らがこの上ないさとりの境地に達し「未来世においてすべて仏になるであろう」と予言をする。お前たちは彼らの行うところを、私からよく聴くのだよ。

化城喩品第七

けじょうゆほん

　仏は僧たちにお告げになりました。

「数えることも想像することもできない遠い昔、仏がおられた。大通智勝如来（だいつうちしょう）と呼ばれ、完全なるさとりを得た仏である。その国は好成（こうじょう）と呼ばれ、その時代は大相（だいそう）（偉大な形を持つ）と呼ばれている。その仏は完全なる智（ち）と行（ぎょう）とをそなえ、この上ない幸いに到達し、よく世間を知り、最高のもので、人間をよく調教し、神々にも人間にも師であり、仏であり、世尊であった。

　僧たちよ、この如来はどのくらい昔に現われたのであるか。たとえば三千大千世界のすべての大地をすりつぶし、粉にしたとしよう。そして、その人がそこから一粒の原子の塵をとりだし、東方に向かって千の国を越え、その一粒を捨てる。またその人が次の一粒をとり、千の国を越え、その一粒を捨てる。こうやってその人が東方に大地の原子の塵を残らず捨てるとすると、僧たちよ、最後の原子が幾つめになるか計算できるか」

「世尊よ、それはできません」

僧たちが答えると、世尊はこうお話しになったのです。

「僧たちよ、その原子の塵が置かれたり置かれなかったりするにせよ、数学の大家が計算しつくすこともあるいは可能であろう。だが、かの大通智勝如来が完全なる涅槃にはいられて以来の無限の時間は、計算したり推しはかったりすることはできない。しかし、私には如来の智慧があるのだから、かの如来がこの上ないさとりの境地にはいられたのを、今日か昨日のことのように思い出すことができるのである」

その時、世尊はその意味をさらに示して、このように偈（げ）（詩頌（しじゅ））を唱えられたのでございます。

私は遙かな昔に現われた仏、人間の最高者である大通智勝如来のことを思い出す。
もしある人が三千大千世界のすべての大地をすりつぶし、粉にしたとする。そこから一粒の原子の塵をとりだし、幾千の国を越えてその一粒を捨てたとする。このようにして、第二、第三の原子の塵を捨てるとする。すべてを捨てて、この世界が空っぽになったとする。この原子の塵が何個あるのかその数は知られていないのだが、それを残らず微塵としたその数を、過ぎ去った劫の数としよう。

かの仏が入滅してからどれくらいの劫が過ぎ去ったのか、数えることはできない。過ぎ去った劫はそれほど多い。かの仏がどれほど遠い過去に入滅したにせよ、私はかの仏の弟子である僧や菩薩たちのことを、私は今日か昨日のことのようにはっきりと思い出すことができる。如来の智慧とはこのようなものなのだ。

僧たちよ、知るのだよ。如来は無限の智慧を持ち、汚れのない微妙な記憶によって、無限の過去のことをさとったのだ。

仏は僧たちにお告げになりました。

「かの尊敬に値いする大通智勝如来の寿命は、五百四十万億那由他劫（数えることも不可能な期間）である。

この尊い如来はこの上ない完全なるさとりの境地に到達する前に、道場に坐して魔軍を破った。その後、自分はこの上ない完全なるさとりの境地にはいることができるだろうと考えた。しかし、諸仏の法（この上ない完全なるさとりの境地）は現われなかった。

その後、彼は菩提樹の根元のさとりの座に、一小劫から十小劫の間、身心を動かさずに結跏趺坐していたのだが、諸仏の法はなおも現われなかった。その時、須弥山の頂上にある忉利天は、彼が完全なるさとりの境地にはいるために、菩提樹の下に高さ一由旬の獅子座を用意した。

かの世尊がこの座に坐ってこの上ないさとりを得たからである。

彼がはじめてこの座に坐られた時、梵天は百由旬にわたって天の花の雨を降らせた。香りの高い風は萎んだ花を吹きとばし、新しい花を降らせた。こうして絶えることなく天の花の雨は十小劫の間降りつづいて仏を供養し、完全なるさとりの境地に到達するまで降らせた。

四天王は仏を供養するために天の鼓を撃ちつづけ、そのほかの天の神々たちは天の伎楽をなし、十小劫を過ぎる間、かの世尊がこの上ないさとりを得るまで、このように供養をつづけた。

僧たちよ、大通智勝如来は、こうして十小劫を過ぎてのち諸仏の法が現われ、この上ないさとりの境地に到達した。

この世尊がまだ太子だった頃、十六人の息子たちがいた。その長男を智積（智慧の蔵を持つもの）といった。それぞれの子たちは、一人一人が楽しくて珍しい玩具を持っていたのだが、父がこの上ないさとりの境地に至ったと知るや、玩具を捨てて仏のもとにいった。彼らは涙を流す母たちに囲まれ、転輪聖王と百人の大臣と百千万億の人々とともに、如来の道場に至った。正しいさとりを得た大通智勝如来に近づき、供養し、うやまい、尊敬することを願った。世尊の両足を頭にいただいて礼拝し、世尊のまわりをめぐり、一心に合掌し、世尊をあおぎ見て、偈をもって世尊を讃えたのだ。


偉大なる世尊は、人々を救うために、無限の歳月をかけてこの上ないさとりの境地に到達されました。世尊の願いは満たされたのです。なんと素晴らしいことでしょうか。

世尊はまったく得がたいことをなしとげられました。一度坐ると十小劫の間、身体も手足もまったく動かさず、心は静かで揺らぐこともなく、乱れることはありません。汚れを離れ、完全に平静な境地に安住しておいでです。おかげで私たちも祝福され、幸せのあまり歓喜しております。

人々はいつも苦悩し、目が見えず導き手もいないのです。苦の尽きる道を知らず、解脱（げだつ）を得るための努力もしませんでした。最悪の境遇が長い間にわたって増していき、天人たちも堕落したのです。暗闇から暗闇をさまよい歩き、長い間仏の名前さえ聞くことはありませんでした。

今、仏は最上で、安穏で、汚れのない教えを獲得され、私たちも神々も人々も、おかげ様で最高の恩寵を得ることができるのです。そのため私たちは世尊のもとに近づき、世尊に帰依（きえ）するのでございます。


その時、十六人の太子たちはまことに適切な偈でもって仏を誉め讃え、法輪（ほうりん）（教えの輪）を転じるようにと乞い願って、このように申したのでございます。

『世尊よ、どうか教えの輪を回してください。神々と人々に幸福と安楽を与え、憐れみをたれて、恩寵をお与えください』

彼らは重ねて偈を唱えたのでございます。

たぐいなき御方よ、あなたに等しきものはありません。百種の福徳ある瑞相をそなえた指導者よ、あなたが得られたこの上ない智慧を、願わくは世間のために説いてください。私たちと、この世の生きとし生けるものすべてを、どうかお救いください。そのために、如来の智慧をお示しください。私たちと、この世の生きとし生けるものすべてを、どうかこの上ないさとりの境地にお導きください。

世尊は、私たちとこの世の生きとし生けるものすべての行いと智慧を、すべてご存知です。心の底の深い願いも、前世で積んだ福徳も、信への意向も、すべてご存知です。ですからどうか、この上なくすぐれた教えの輪を回してください。

仏は僧たちにお告げになりました。

「かの大通智勝如来がこの上ない正しいさとりを得られている時、十方それぞれの方向にある五百万億の諸仏の世界は偉大なる説法を予言する瑞相として六種に震動し、大いなる光明がそれらの世界を照らしだした。世界と世界の間には暗黒で幽冥の中間の世界があり、そこは苦に満ちた悲惨な暗黒におおわれ、絶大なる力のある偉大な太陽や月でさえもそこに光を照らすこともできず、輝きによって輝かせることもできない。その時、その中間の世界に大いなる光明が出現したのだ。その中間の世界に生まれた生きとし生けるものは、ここに初めて、それぞれにお互いの姿を見た。

『この世界には、ほかの生きとし生けるものも生まれていたのだ。この世に存在するのは、自分のほかにも生まれていたのだな』

このすべての世界で、天上の宮殿や楼閣が梵天の世界に至るまですべて、六種に震動し、大いなる光明によって照らしだされたのだ。神々の威力をもってても、圧倒されてしまったのである。

その時、東方の五百万億の国の中の梵天の宮殿は大いなる光明によって輝き、激しくも燦然(さんぜん)たるきらめきを放った。僧たちよ、その時もろもろの梵天たちはこのように考えた。

『すべての梵天の宮殿は大いなる光明によって輝き、激しくも燦然たるきらめきを放った。これはなんの前兆なのか』

これら東方の五百万億の国のすべての梵天たちはお互いの宮殿を訪ね合い、話し合いを持った。その中に、救一切(くいっさい)（あらゆる衆生の救済者）という名の大梵天が、梵天の大集団に向かって偈で語りかけた。

われらのもろもろの宮殿が、激しく輝く光明に包まれた。このようなことが起こったのは、
何故なのか。われらはそのわけを尋ねよう。

このように威力のある天子が、今、お生まれになったであろうか。人間の王である仏陀（ブッダ）が、世間に出現されたのであろうか。

その前兆が、十方世界に大いなる光明として燦然ときらめいたのか。

その時、五百万億の国のもろもろの大梵天たちはみな連れ立ち、それぞれの天上の宮殿に登り、須弥山ほどの量のたくさんの天上の花を積み込み、四方をさまよいめぐって西方に向かった。彼らは正しいさとりの境地に達したかの大通智勝如来が菩提樹の下のさとりの座である獅子座に坐り、もろもろの神々、竜王、乾闥婆（けんだつば）、緊那羅（きんなら）、摩睺羅伽（まごらか）、人間、人間以外のものに囲まれて恭敬（くぎょう）され、また十六人の太子たちが教えの輪を転じるよう懇願しているのを見た。彼らは世尊に近づき、世尊の両足を頭（こうべ）にいただいて礼拝し、世尊のまわりを幾百回幾千回と右回りにめぐり、天の花を須弥山ほどにも世尊の上に降らせた。高さ十由旬の菩提樹にも天の花を降らせたのだ。それから彼らの宮殿をすべて世尊に献上したのち、こういった。

『世尊よ、どうかわれらに慈しみをくださり、これらの宮殿をお受けとりください。われらに慈しみを抱かれ、梵天の宮殿をお使いください』

大梵天たちはそれぞれの宮殿を世尊に献上してから、一心に声をそろえて偈によって世尊を讃えた。

ごく稀(まれ)にしかあらわれず、はかり知れぬ慈しみを与えてくれる仏が、この世にあらわれたのです。

あなたは神々や人々の保護者であり、師なのです。十方世界の生きとし生けるものすべてが、恩恵を受けました。

われらがやってきたのは五百万億の国からです。われらがすばらしい宮殿をすべて捨てそこからやってきたのは、仏を礼拝するためです。

われらが前世でよき行いをしたために、宮殿はこんなにも美しく飾られているのです。世尊よ、どうかわれらに恩恵をくださり、この宮殿をお納めください。どうかわれらの願いをお受けとりになり、ご自由にお使いください。


僧たちよ、大梵天たちはかの尊敬すべき大通智勝如来を適切なる偈で誉めたたえたのち、このように語った。

『世尊よ、教えの車輪を回してください。平安の境地について、お話しください。衆生をお救いください。この世に恵みを与えてください。教えの王である世尊よ、神や悪魔や梵天も住む世間のために、出家して修行するものや婆羅門を含む生きとし生けるもののために、あなたの教えをお説きください。たくさんの人々を幸福に導き、世間を慈しみ、大衆(だいしゅ)の利益と安楽とをもたらしてください』

この五百万億の大梵天たちは声をそろえ、素晴らしい偈によって語りかけた。

世尊よ、どうか教えてください。人間の最高の方よ、大慈悲の力をもって、苦悩の衆生をお救いください。

世の光である仏には、優曇華（うどんげ）の花のようにお会いするのは難しいのです。この上なく偉大な勇者であるあなたは、こうしてこの世にお姿を現わしてくださいました。如来であるあなたに教えを説いてくださるよう懇願いたします。

その時、大通智勝如来は、沈黙によって大梵天の願いを許したのだ。

僧たちよ、東南の方向の五百万億の国土のもろもろの大梵天たちは、それぞれの自分の天上の宮殿が燦然（さんぜん）と強く輝くのを見た。これはなんの前兆なのだろうかと、大梵天たちは考えた。そして、お互いの宮殿を訪れて話しあった。ここに大悲（だいひ）という大梵天が梵天たちの大集団に向かって偈によって話しかけた。

友よ、これはなんの因縁によって、いかなることの前兆が見られるのでしょうか。われわれの宮殿がこれほど光り輝くのは、昔からなかったことです。

大徳ある天子が生まれたのでしょうか。仏がこの世に出現されたのでしょうか。

かつてこれまでなかったことです。みんなで一緒に尋ねてみましょう。四方に向かって、千万億の国土を過ぎていくのであっても、光を求めてこれを尋ねてみようではありませんか。おそらくは、仏がこの世に出でて、苦悩に満ちた衆生を救おうとしておられるのでしょう。

僧たちよ、これら五百万億の大梵天たちはそれぞれの宮殿に登り、天の花を須弥山ほども持って四方を遍歴し、西北の方向に向かっていった。そこでかの大通智勝如来が菩提樹の下の獅子座に坐り、もろもろの神々、竜王、乾闥婆（けんだつば）、緊那羅（きんなら）、摩睺羅伽（まごらか）や人間や人間以外のものたちに囲まれ、恭敬され、十六人の太子たちが教えの輪を転じるよう懇願しているのを見た。大梵天たちはこの上ないさとりを得た大通智勝に近づき、その世尊の両足を頭（こうべ）に頂いて礼拝し、世尊のまわりを右めぐりに何百回何千回もまわり、須弥山ほどの天の花を世尊の上に振りかけ、菩提樹の上にも振りかけた。それからそれぞれの宮殿を奉納していった。『世尊よ、なにとぞわれわれに慈しみをいだかれて、これらの宮殿をお納めください』こうして大梵天たちはそれぞれの宮殿を世尊に奉納して、偈によって誉めたたえた。

類いなき偉大なる神の中の最高の神よ、迦陵頻伽（かりょうびんが）鳥のような妙なる声の主よ、あなたに敬（きょう）礼（らい）いたします。神々も含む世間の指導者よ、衆生の幸福を願う慈悲深い方よ、あなたに敬礼いたします。

めったなことではこの世に出現しないあなたが、長い長い時間を経て、今日ようやくこの世に出現されたのです。百八十劫の間、世間に心は存在しなかったということになるのです。人間の最高者がおられなかった間、地獄、餓鬼、畜生の三悪道が世間には充満し、天に生まれるものは少なかったのです。

今は仏がこの世に出現し、衆生のための目となり、よりどころとなり、すべてを救ってくれる父となってくれるのです。われわれの幸福を願ってくれる慈悲深い教えの王とこうしてお会いできることは、われわれの福徳の喜びなのです。

僧たちよ、大梵天たちは偈によって世尊を讃え、このように語りかけた。

『なにとぞ世尊よ、生きとし生けるものすべてを哀れと慈しんで、教えの車輪を回してください。そして、われわれをお救いください』

五百万億の大梵天たちは一斉に声をそろえ、素晴らしい偈によって語りかけたのだ。

偉大なる聖賢よ、すぐれた教えの輪を転じてください。十方に教えを説いてください。苦悩する衆生をお救いください。大いなる喜びを与えてください。

教えを聞いたすべての衆生は、さとりの境地に達しましょうし、天上の世界にいくことができるでしょう。もろもろの悪道は減少し、この上ない智慧を得るものは増加していくでしょう。

この時、僧たちよ、世尊は沈黙によって大梵天たちの言葉を承諾した。

こうして南の方角でも同じことが起こり、妙法という名の大梵天が梵天たちの大集団に向かって話しかけ、世に出現した仏をみんなで尋ね歩いた。そして、北の方角において菩提樹の根元に坐っている大通智勝如来に会い、すぐれた教えの輪を転じるようにと懇願し、承諾を得た。

こうして、南西の方角でも、西の方角でも、北西の方角でも、北東の方角でも、下の方角でも、上の方角でも同じことがあったのである。

その時、僧たちよ、かの尊敬すべき世尊の大通智勝如来は、十方のもろもろの大梵天と十六人の太子の乞い願うところを知り、十二種類の形の車輪を三回転した。この車輪は、僧によっても、婆羅門によっても、神々や悪魔や梵天によっても、ほかの誰によっても、この世で二度と回すことのできないものである。

『これが苦悩（苦(く)）であり、これが苦の原因（集(じゅう)）であり、これが苦の絶滅（滅(めつ)）であり、これが苦の絶滅に至る道（道(どう)）であるという、四つの真理（四聖諦(ししょうたい)）である』

世尊はこのように説き、縁起の過程である十二因縁(じゅうにいんねん)の真理を詳細に説き明かしたのだ。それはこのような真理だ。

『無知（無明(むみょう)）がそもそもの原因で生成のはたらき（行(ぎょう)）があり、生成のはたらきによって対象を識別するはたらき（識）が生まれ、対象を識別するはたらきによって名前と形（名色）が識別され、名前と形によって対象をとらえる六つの場（六入――色・声・香・味・触・法、すなわち心と五官）があって、対象をとらえる六つの場があるためには対象と接触すること（触）がなければならず、対象と接触するためには心のはたらき（受）がなければならない。心がはたらくためには欲望の充足を求める心（愛）がなければならない。欲望の充足を求める心のはたらきが起こるためには深く執着する心（取）がなければならず、深く執着する心が生じる原因には自分の生存（有）がなければならない。自分の生存があるのはこの世に誕生すること（生）によってであり、この世に誕生したがために老いと死（老死）と悲しみと苦しみと憂いと悩みとが発生するのだ。このようにして苦悩の大きな全体が生じるのである。それならば、無知をなくせば生成のはたらきは消え、生成のはたらきをなくせば対象を識別するはたらきも起こらず、対象を識別するはたらきがなければ名前と形も消滅し、名前と形がないなら対象をとらえる六つの場も存在しない。対象をとらえる六つの場がなければ対象と接触することもできず、対象と接触しなければ心のはたらきは起こらない。心がはたらかなければ欲望の充足を求める心も生じず、欲望の充足を求める心がなければ、深く執着する心は存在することができない。深く執着する心がなければ、自分の生存も問題とならず、自分の生存がなければこの世に誕生することはない。この世に誕生することがなければ、老いも死も悲しみも苦しみも憂いも悩みもすべて消滅してしまうのだ。こうして順々にたどっていけば、苦悩の大きな全体も消えてしまうのである』

僧たちよ、この上ないさとりを得た尊き大通智勝如来が、神々や悪魔や梵天や僧や婆羅門がいっしょに住んでいる世間で、そのすべてが集まっている前においてこの教えの輪を転じたとたん、六百万億那由他(なゆた)の人々の心は執着を離れ、迷いから解き放たれた。

僧たちよ、こうして世尊は第二、第三、第四の説法をした。ひとつの教えを説くごとに、ガンジス河の砂の数に等しい幾千万億という人々が、執着を離れて迷いから解き放たれたのだ。かくしてかの世尊には数えることもできないほどたくさんの弟子ができたのである。

あの十六人の太子たちも、みな子供であったのだが出家して沙弥(しゃみ)(出家をして一人前の僧になる以前の徒弟)となり、修行に励む生活にはいったのだ。学識があり、聡明で、能力あふれる彼らは、百千万億の仏を供養し、浄らかに修行して、この上ない完全なさとりの境地にはいることを望んだ。この十六人の沙弥たちは、かの尊き世尊にこのように申し上げた。

『世尊よ、幾千万億という多くの如来の弟子たちは、世尊の教えに導かれて完成の域に達し、偉大な神通力と威厳とを持ったこの上なく立派な人間となることができました。どうか世尊は私どもを慈しみくださり、この上ないさとりの境地に至る教えをお説きください。私どもはみなともに如来を見習って修行いたしましょう。どうか如来の智慧をお示しください。私どもが心から願っていることは、如来がよくご存知です。あらゆる人々の願いについてよくご存知のあなたは、私どもの心よりの懇願をよくご存知です』

この時、十六人の太子が出家するのを見て、転輪聖王のひきいる人々のうちの八万億人が出家を望んだ。転輪聖王はそれを許した。

この時、僧たちよ、かの尊敬すべき世尊の大通智勝如来は、彼ら沙弥たちの深い願いを知って、二万劫の時が過ぎたのち、四衆すなわち僧、尼僧、信男、信女に向かって、〝正しい教えの白蓮〟妙法蓮華、菩薩に教える法、仏が護念すべき法を詳しく説いたのだ。

この経を説き終った時、新たな修行者となった十六人の太子たちは、みなともに聡明に理解し、記憶し、尊崇し、満足した。

僧たちよ、十六人の修行者である沙弥たちに、かの世尊はこの上ないさとりの境地にお前たちは至るであろうと予言した。かの尊き如来が〝正しい教えの白蓮〟を説いた時、世尊の弟子たちと十六人の沙弥たちはそれを信じたのであるが、幾千万億のたくさんの人々は疑惑を持ったのであった。

そのためにかの尊き如来は〝正しい教えの白蓮〟という教えを八千劫の間休むことなく説いた後、僧院に引き籠って禅定にはいり、八万四千劫の歳月がたった。十六人の修行者である沙弥たちは、かの尊き如来が僧院に引き籠ったことを知り、それぞれに説法のための獅子座をもうけ、かの尊き如来に礼拝をしてから、四衆の人々に〝正しい教えの白蓮〟という教えを八万四千劫の間詳しく説き明かした。この沙弥の一人一人はみな、ガンジス河の砂の数ほどもの幾千万億の人々をこの上ないさとりの境地に至るように教え、導き、奮起させ、喜ばせ、さとりの境地にはいらせたのだ。

　こうして八万四千劫が過ぎ、かの尊き如来は新たな思いのもとに瞑想からでて、獅子座に坐った。その場にいるすべての人々を見渡してから、僧たちに向かってこうおっしゃったのだ。

『この十六人の修行者の沙弥は素晴らしい。彼らは智慧を持ち、幾千万億の仏を供養し、修行をなし、仏の智慧を会得してそれを人々に示し、人々を智慧に導きいれている。だから僧たちよ、お前たちはこの十六人の菩薩を供養しなければいけない。僧たちよ、声聞であれ、独覚であれ、菩薩であれ、この十六の菩薩の教えを拒んだり退けたりしなければ、お前たちは全員がこの上ない完全なさとりを得ることであろう。如来の智慧を達成するであろう』」

　仏はさらに僧たちにこのように告げられました。

「十六人の修行者は〝正しい教えの白蓮〟という教えをくり返し説き明かした。ガンジス河の砂の数ほどの人々は、この十六人の修行者といっしょに出家して親しく教えを聞いた。こうしてこのたくさんの衆生たちは四万億の仏たちを喜ばせ、この今も喜ばせつづけている。

　僧たちよ、私はお前たちに語ろう。教えの後継者になったこの十六人の沙弥はこの上ないさとりの境地に達し、十方国土に住んで、幾千万億の修行者や声聞たちに今も教えを説いている。東方には、歓喜国に阿閦（不動）如来と、須弥頂（須弥山の山頂）如来がいる。東南の方には、師子音（師子の吠え声）如来と、師子相（師子の旗じるし）如来がいる。

　南方には虚空住（虚空に安住する）如来と、常滅（つねにこの上ないさとりの境地にいる）

如来がいる。西南の方には、帝相（帝釈天の旗じるし）如来と、梵相（梵天の旗じるし）如来がいる。

西方には、阿弥陀（永遠の命）如来と、度一切世間苦悩（あらゆる世間の苦しみから逃がれた）如来がいる。西北の方には、多摩羅跋栴檀香神通（タマーラ樹の葉や栴檀の香りの神通を持った）如来と、須弥相（須弥山に等しきもの）如来がいる。

北方には、雲自在（雲のように自在な）如来と、雲自在王（雲自在の王）如来がいる。北東の方には、壊一切世間怖畏（あらゆる世間の恐れを消してしまうもの）如来と、釈迦牟尼如来がいる。第十六の釈迦牟尼仏こそはこの娑婆国土において、この上ないさとりの境地にはいったのである。

その頃、かの世尊である大通智勝如来の指導のもとで修行者であった私たちから、ガンジス河の砂の数ほどの人々が教えを聞き、この上ないさとりの境地に導かれていったのだ。彼らはまだ声聞の段階にいるのだが、この上ないさとりの境地にしだいにはいっていくであろう。なぜならば、如来の智慧は信じがたく、また簡単には理解できないからである。その時私が仏の教えを説いたガンジス河の砂の数ほどの人々とは、実にお前たちのことなのだ。

私が入滅した後の未来世に声聞たちがいるだろうが、彼らはこの経を説く修行者の所行に触れても、自分たちが修行者なのだとはさとることができないであろう。しかし、彼らはこの上ないさとりの境地を自覚して、やがてその境地に至るのだ。私がどんな名前でどんな世界に滞在していようと、彼らは私がいるところに必ず生まれて、如来の智慧を尋ね求めるのだ。如来たちの完全なさとりの境地はただひとつであり、第二のものはないと、彼らはそこで如来の言葉を聞く。第二のさとりの境地、第三のさとりの境地があると如来が説くのは、教えを説くための巧みな方便なのだ。

如来は自分が完全なさとりの境地にはいるべき時がきたと見きわめたなら、集まった人々の心が清浄で、信仰する気持ちが強く、空の教えを完全に理解し、深い禅定につとめているなら、如来は今が本当の教えを説く時だと知って、すべての菩薩や声聞を集め、この経の深い意味を説く。

『僧たちよ、この世においては、完全なるさとりの境地について、またその境地に至るまでの乗り物について、第二のものは存在しない。まして第三のものなど存在するはずもない』

この世のものたちが破滅におちいり、劣った教えを受け入れ、愛欲の泥の中でのたうちまわっているのを知り、如来は彼らが理解できるようにこの上ないさとりの境地について説く。それこそが如来の巧みな方便ということなのだ。

僧たちよ、たとえ話をしよう。ここに五百由旬の広さの険阻な悪路がつづく、人の姿もない、恐ろしい密林があって、そこに宝の島を探すため数多くの人々がはいっていったとしよう。その人々の道案内人は賢くて、物知りで、身体がよく動き、心が強く、密林の悪路をよく知っているとしよう。その大勢の人々は、疲れ切り、恐怖を抱き、こういうとしよう。

『道案内人よ、私たちは疲れきり、不安でたまらない。この密林はどこまでひろがっているかわからない。もう引き返そうじゃないか』

この時、巧みな方便に通じている道案内人は、人々が引き返したいと願っているのを知り、この人たちはこのままでは宝の島にいけないと考える。そこで道案内人は疲れ切った人々を憐れみ、密林の中の百由旬、二百由旬、三百由旬先に、神通力によって都城をつくるのだ。それから道案内人はこういう。

『あなたたちは恐れてはなりません。あそこに大勢が住んでいる大きな町がありますよ。あそこで休みましょう。しなければならないことがあるなら、あそこで全部できますよ。安心して、どうぞお休みください。その上で、もっと先にいきたい人はかの宝の島にいきましょう』

その時、密林に迷い込んだ人たちはいぶかしくなり、不思議な気持ちでこう思う。

『私たちは人も通らない険阻な密林を通り抜けたのだ。この町でゆっくりくつろぐことにしよう』

人々は都城にはいって、密林を通り抜けたと安心し、落ち着きを取り戻す。人々の疲れがとれると、道案内人は神通力でこしらえた幻の都城を消し、こういうのだ。

『さあ、めざす宝の島はもうすぐです。この町は、みなさんに休息をとってもらうために、私が神通力でつくったのです』

このようにこの上ないさとりの境地に到達した如来は、お前たちすべての衆生の道案内人なのだよ。如来はこのように考える。

『煩悩の密林はあまりにも大きい。この密林を通り抜けていかなければならないのに、仏の智慧はただひとつだと聞き、その智慧を得るのはあまりにも大変だと考えて、恐れて逃げだしたり、脇道にそれたり、仏から遠ざかっていくかもしれない』

如来は人の意志が薄弱なことを知り、かの道案内人のように神通力で都城をつくる。人を休ませ、元気になった頃、この都城は神通力でつくったのだと語って聞かせる。これと同じように、かの尊敬すべき如来も偉大でかつ巧みな方便により、人々に休息をとらせるため二つのさとりの境地があると示す。すなわち、声聞の境地と、独覚の境地とである。人々がそこに安住していると、如来はまたこのように説く。

『僧たちよ、お前たちはまだなすべきことをなし終えたのではない。しかし、僧たちよ、お前たちのいるところから如来の智慧はそう遠くはないのだよ。よく見て、考えるがいい。お前たちがこの上ないさとりと考えていたのは、実はそうではないのだ。三つの乗り物について説いたのも、完全なるさとりの境地に到達した如来たちの実に巧みな方便なのだよ』」

この時、この意味をさらに詳しく示そうと、次のように偈を語られたのであった。

世間の導きの大通智勝如来が、さとりの壇に坐った。だが十小劫(こう)を満たす間、この上ないさとりの境地には到達することができなかった。神々、龍王、阿修羅(あしゅら)らは、人間の指導者の仏がこの上ないさとりを得た場所に天の花を降らせ、仏を供養した。神々は天鼓を打ち鳴らし、いろいろな伎楽をなした。香風が吹いて、萎んだ花が開いてくる。その一方で、かの仏がこの上ない境地に到達するためにあまりにも長い時間がかかるので、心を痛めた。

やがて十小劫が過ぎ、かの世尊がこの上ない境地に達したので、神々、人間、龍王、阿修羅はとても喜んだ。

かの大通智勝如来の十六の太子は、徳の高い勇者で、幾千万億の人々とともにかの仏のもとに近づき、仏の足(みあし)に礼拝して、懇願した。

「人間の王の中の王よ、どうぞ教えを説いてください。私たちと世間のものたちを満足させてください。偉大な指導者よ、あなたはまことにひさかたぶりに出現されました。この十方世界に出現される前兆として、あなたは梵天たちの宮殿を震動させました」

東方の五百万億の国土は震え、高くそびえている梵天たちの宮殿は強く光り輝いた。梵天たちはこのような前兆に気がつき、かの仏に近づいていったのだ。彼らは仏に花を振りかけ、仏に宮殿を献上した。

彼らは仏に教えの輪を転じるようにとお願いし、偈を詠じて誉め讃えたのであるが、仏はいまだ時は至らずと考えて沈黙したままであった。

南の方角においても、西や北においても、天の上や下やその中間においても、同様であった。幾千万億の梵天たちが集まり、天の花を供養し、足に額を頂いて拝み、すべての宮殿を献上し、仏を讃え、再び懇願した。

「無限を見る目を持っている方よ、教えの輪を転じてください。あなたはめったに会えるものではありません。願わくは大慈悲をもって、広く甘露（不死）の門を開き、この上ない教えの輪を転じてください」

限りない智慧のある世尊は、たくさんの人の願いを受けて、いろいろな教えを説き明かした。四種の真理（四聖諦）と、縁起の法である十二因縁の真理を詳細に説き、すべてこの世のことは他のことを原因として生じると説いた。無明から老いて死ぬまで、すべての禍いはこの世に生まれることから生起し、人は死をまぬがれることができないと知るのだ。

かの世尊が限りない多くの教えを説くやいなや、数えることもできないすさまじい数の人々が、すぐに阿羅漢となった。第二の説法の時にも、ガンジス河の砂の数ほどの多くの清浄な人々が、ただちに阿羅漢となったのだ。仏の弟子の僧たちの数は数えきれるものではなく、幾千万億劫かかっても数え終るものではない。

仏の子の十六人の太子は全員出家して沙弥となり、かの仏にこう申し上げた。

「この世の指導者よ、どうか最高の教えを説いてください。世間を知る仏よ、私はあなたのようになりたいのです。あなたがお持ちの浄らかな眼を、すべての衆生に持たせてください」

かの仏は自分の息子たちの願いを知り、幾千万、幾百万の喩えをもって、この上ないさとりの境地を説き明かしたのだ。幾千もの因縁について語り、神通の智慧を自在に使い、修行に巧みな菩薩が行っているとおりの真実の修行を示した。こうして世尊は〝正しい教えの白蓮〟という大乗経典を、ガンジス河の砂の数のように多くの偈をもって説いたのだ。

かの仏はこの経典を語った後に僧房（そうぼう）にはいり、八十四劫の間同じ席で瞑想をつづけた。かの十六人の沙弥たちは仏が瞑想をやめないことを知り、汚れのない仏のありがたい教えを、幾千万人の人々に聞かせた。彼らはそれぞれに自分の坐をつくって語ったのだ。かの仏の子はそれぞれ六万人というたくさんの人々に教えを説いたので、ガンジス河の砂の数ほどもの無数の人々が導かれたのだ。

かの仏がこの上ないさとりの境地に到達してからも、彼らは修行をつづけ、幾千万の仏たちと会った。そのつど、彼らはこの教えを聞いたものたちとともに仏を供養したのだ。

こうして十六人の修行者たちはおのおのすぐれた修行をつづけ、八つの方角に二人ずつの仏となった。彼らの説法を聞いたものはすべて弟子になり、おのおのさとりの境地に近づいていったのだ。

私はその中の一人だったのである。お前たちはみな私の説法を聞いたのであるから、私の弟子ということになる。私はいろいろな方法を見つけ、お前たちすべてをさとりの境地に導く。

このように前世からの因縁があったのだから、私はお前たちに教えを説き、お前たちをこの上ないさとりの境地に導こう。こういう理由があるのだから、何も心配することはない。たとえば、人もいず、飲み水もなく、逃げたり隠れたりする場所もなく、毒獣がうろついている、恐ろしい密林があったとする。人々は早くこの密林の中の険しい道を通り過ぎたいのだが、密林はまだまだ尽きずに五百由旬もあったとする。

そこに一人の道案内人がいたとする。注意深いが決断力があり、経験が豊かで、自信にあふれ、人々の苦難を救うものである。疲れ切った人々は、その案内人にこう語る。

「私たちは疲れ果ててしまいました。ここから引き返そうと思います」

経験豊かで賢明な案内人は、こう考えるのだ。

「なんたる愚かな人々であろうか。ここで引き返せば、大いなる宝をみすみす失うことではないか」

そこで案内人は方便を用いようと考える。

「神通力によって、美しい建物が数えきれないほどある大きくて立派な都城をつくろう。城壁や城門がめぐり園林（おんりん）があり、川と池もあって、そこには男も女も充ちあふれている」

神通力によって幻の都城をつくり、案内人はみんなを慰めてからいう。

「恐れることはありませんよ。みなさんはこの都城にはいって、やるべきことをやってしまってください」

みんなは都城にはいって、心が大いに嬉しくなった。みんなは安心して、充分に休息をとった。案内人は休憩が終ったことを知り、みんなを集めていった。

「お前たちはまだ先に進まなくてはいけない。この都城は、お前たちが疲れ切って道を途中で引き返そうとしていたので、私が神通力でつくったのだ。方便によってこしらえた、幻の城なのだよ。お前たちはいっそう精進して、いっしょに宝の島にいかねばならないよ」

私もまた数限りない命あるものたちの案内人であり、指導者なのだ。密林をいく人たちと同じように、道を求めているのに、生と死と、煩悩のために、悪道を越えることができずに疲れ果てていることを知っている。それゆえに方便の力をもって、この上ないさとりという安らかな境地を得たならば疲れは回復される、と説いてやる。

「お前たちはすべての苦を滅し、なすべきことをなし終えた」

すでに安らかな涅槃の境地に到り、すべてのものが阿羅漢となったと知った時、私はみんなを集めて真実の法を説く。

仏は方便によって三種の乗り物について説いたのだが、乗り物はたった一つしかなくて、第二のものはない。そうではあるのだが、みんなを休息させるために、ほかの二つの乗り物について語ったのだ。

今、私はお前たちのために真実を説く。

「お前たちは仏の智慧である一切智者の智（一切智(いっさいち)）を得るために、ひたむきに精進をつづけなければならない。お前たちが仏の智慧と、仏のみがそなえる十種の力（十力等――衆生の性質、素質、素姓、行為などを見分けて知る力）を得ることができれば、お前たちは三十二の吉相のある仏となって真実の涅槃の境地に到達することができるであろう。仏はお前たちを休息させるために涅槃というさとりの境地について語り、お前たちが充分に休息をとったと知ったなら、お前たちに真実の涅槃を得させるために、お前たちすべてを一切を知る仏の智慧に導くのである」

五百弟子受記品第八

ごひゃくでしじゅきほん

その時、富楼那弥多羅尼子（ふるなみたらにし）（プールナ・マイトラーヤニー・プトラ）は、世尊から親身に、巧みな方便を使った深奥な教えを聞き、偉大な弟子たちの予言も聞いて、はたまた前世の因縁を聞き、世尊の威厳のある姿を見て、驚異の念とともに世俗を離れた喜びに満たされました。彼は喜びと敬意のために座から立ち上がり、世尊の足元にぬかずいて思ったのです。

「世尊よ、すばらしいことです。それぞれ素質も違う人々を調和させ、巧みな方便によって教えを説き、いろんな悪しきものにとらわれている人々を巧みな方便によってとらわれから解き放つ。この上ないさとりの境地に到達された如来は、なんとも困難なことをなしとげられるのですね。われわれには何ができるのでしょうか。私たちの望みと、前世の因縁にもとづいた修行を知っているのは、如来だけなのです」

彼は世尊の両足を頭（こうべ）につけて礼拝し、片隅に坐って瞬（まばた）きもせず敬意を払って世尊を見つめたのでした。

その時、世尊は富楼那弥多羅尼子の心の中の思いを知り、そこに集まったすべての僧たちにお話しになられたのです。

「僧たちよ、この富楼那弥多羅尼子を見なさい。彼は教えを説くことにおいては第一人者（説法第一）と私が名づけ、たくさんの徳をそなえていることで称賛し、私の導きにより正しい教えを身に着けようと専心してきた。彼は四衆を教えはげまして奮起させ、いくら教えを説いても飽きたり疲れたりしない。教えを噛み砕いてうまく解説し、まわりで修行するものを助ける。如来をのぞいて、彼をしのぐものはいない。ところでお前たちよ、彼は教えを護持するだけのものではない。遙かな昔に九億九千万の仏が出現し、そのもとで彼は正しい教えを身につけたのである。今私のもとでそうあるように、彼はずっと説法第一であり、空（くう）の真理を究めていた。彼は四つの明晰な智（ち）（四無礙智（しむげち）――教え〔法〕、意味〔義〕、地方の言語〔詞〕、弁説〔弁〕）を持ち、疑念もなく適格に清らかな教えを説き、菩薩の神通力をそなえている。彼は仏の戒（いまし）めにしたがって寿命の尽きるまで清浄に修行し、彼こそが本当の仏弟子（ぶつでし）と思われていた。彼は数えることもできないたくさんの人々に利益をもたらし、この上ないさとりの境地に導いた。彼は仏の仕事を助け、彼のいる仏国土を浄め、人々がさとりの境地に到るようにつとめた。毘婆戸（びばし）をはじめとする過去七仏の中で私は七番目なのだが、実に彼は過去七仏の時代をとおしてつねに説法第一であったのだ。

僧たちよ、現在の仏たちの中においても、彼は説法第一となり、正しい仏法を護持するものとなるであろう。彼は未来世において、はかりしれず数えることもできない仏たちの教えを護持し、はかりしれず数えることもできないほど多くの人々に利益をもたらし、この上ないさとりの境地に導くのだ。たえず彼のいる仏国土を浄め、人々がさとりの境地に到るようにとつとめるだろう。彼はこのように菩薩行をつづけ、はかりしれず数えることもできない劫の後、この上ないさとりの境地にはいるであろう。法明（教えの光明）如来という、この上ないさとりに到達した如来としてこの世に出現する。智と行とをかねそなえ、この上ない幸いに到達し、最もよく世間を知り、人々を調教し、神や人間の師で、仏で、世尊である。

僧たちよ、こうしてこの時、ガンジス河の砂の数にも等しい無限の三千大千世界は、一つの仏国土となるのだ。その仏国土は掌のように平らで、山はなく、七宝からなり、七宝づくりの楼閣がたくさんならんでいる。神々の楼閣は虚空にならび、神々は人間を見て、人間も神々を見るのだ。

僧たちよ、そこには悪道はなく、男とか女とかいうこともなくて、すべての生きとし生けるものは自然発生し、淫欲はなく、身体の内から光明をだして、空を飛ぶことも自在なのだ。意思が強く、精進と智慧があり、黄金色に輝く三十二の吉相で自分自身を飾り立てている。そこに住む人々には二種類の食べ物がある。教えの喜びの食物（法喜食）と、瞑想の喜びの食物（禅悦食）である。そこには数えることもできない幾千万億という菩薩がいて、大神通力と四無礙智を得て奥義に達しており、人々を巧みに教えさとす。そして、八解脱をめざして禅定にはげんでいる。かの仏国土ははかりしれない数多くの功徳をそなえている。その劫は宝明（宝石のきらめき）と名づけられ、その国は善浄（きわめて清浄なもの）と呼ばれる。かの仏の寿命ははかりしれない。法明如来が滅度した後も、教えはいつまでもつづき、七宝の塔がいくつも建てられるだろう。僧たちよ、かの世尊の仏国土には不思議な功徳がある」

その時、世尊はこのように語られ、なおも偈（詩頌）を語られたのでございます。

僧たちよ、よく聞くのだよ。巧みな方便を深く学んだ私の息子が、どのように修行し、どのようにしてこの上ないさとりの境地に到達したのかを。

人々が劣った教えを求めていることを知った菩薩は、声聞になったり、独覚としてそれぞれ別個のさとりの境地を示したり、無数の方便をもらい、多くの人々にさとりの道を歩かせる。

「自分たちは声聞なのだから、最高のすぐれたさとりの境地に到達することはまだ遠い」

彼らはこのようにいうこともある。そうしながら、たくさんの人々がこの修行のやり方を学び、さとりに到達するまでの境地に近づいていく。劣った教えを求めていた怠けものの彼らも、しだいに仏となっていくのだ。彼らは内に菩薩の修行をしていることを隠し、自分たちは修行が未熟な声聞であるといい、生死のことについて嫌ってみせながら、実のところ自分のいる仏国土を清浄にする。

自分が愛着（貪）と憎しみ（瞋）と迷い（痴）の毒を持っていることを見せ、人々が邪見にこだわっているのを知りながら、その邪見に頼ってみたりする。私の多くの弟子たちはこのように行い、人々を苦しみから救うのだ。もし彼らが方便としてなしたことをすべて解き明かせば、これを聞いたものは心に疑惑を持つであろう。

今、この富楼那は、仏の智慧を求めてかつて幾千万億の仏たちのもとで修行を重ね、仏の正しい教えを身につけ、護持してきた。いつでも彼は弟子の上位にいて、知識も智慧もあり、雄弁であって、自信に満ち、たえず人々を喜ばせ、衆生救済の仏の仕事を助けてきた。

大神通力を持ち、四つの明晰な智を持ち、人々が活動する範囲を知り、いつも清浄の教えを示した。このように最もすぐれたこの上ない教えを説き、幾千万億の人々を教え、その人々を大乗の法という最高の乗りものにのせた。

未来においてもまた、彼は幾千万億の仏を供養し、正しい教えを護持し、またみずからの仏国土を清らかにするであろう。

常にもろもろの方便をもって教えを説くのに畏れることなく、たくさんの人を救って仏の智慧である一切智者の智（一切智）を得させるであろう。彼はもろもろの仏を供養し、最善の教えをいつも護持して、その後に仏となるであろう。その名を法明という。彼の仏国土はきわめて清浄で、七宝によってつくられ、その時代を宝明といい、その世界は善浄と呼ばれる。

そこには神通力を使う幾千万億の菩薩があふれている。この仏には幾千万億の声聞たちが取り囲み、誰もが偉大な神通力を持ち、八種の解脱のために禅定をし、明晰な智慧とそれを人に伝える能力を持っている。

その仏国土にいる人はすべてが清浄で淫欲を自らに禁じ、自然に生まれ、黄金の色をし、三十二の吉相を持っている。そこには法喜（教えの喜び）と禅悦（瞑想の楽しみ）はあっても、食想（食べたいという思い）はない。女人もいなければ、もろもろの悪道もない。

富楼那は完全な徳をそなえているから、彼の浄土はこのようであって、たくさんの賢人が集まっている。私はそのほんの一部を語ったにすぎない。

その時、千二百人の阿羅漢で心の自在なるものは、このように考えたのでございます。

「私たちは歓喜して、いまだかつてない思いにとらわれております。世尊がこれら偉大な弟子たちに予言されたように、私たち一人一人に予言をしてくださるのならば、こんなにありがたいことはありません」

世尊は偉大な弟子たちが心の中で考えたことを察し、摩訶迦葉（マハー・カーシャパ）長老にお話しになられました。

「迦葉よ、ここに千二百人の心の自在なるものがいる。この千二百人に、私は予言を授けよう。この中にいるわが偉大なる弟子の憍陳如は、六万二千億の仏を供養したのち、普明（あまねく光を放つもの）如来となって世に出現する。彼は智と行をそなえ、この上ない幸いに到達し、世間をよく知り、人々をよく訓練する調教師であり、神々や人間の師であって、仏であり、世尊であるのだ。ここにはまた五百人の弟子がこの上ないさとりの境地に到達した五百人の如来となり、普明という名を持つようになるであろう」

ここで世尊は重ねてその意味を伝えるため、次のような偈を唱えられたのでございます。

憍陳如という私の弟子は、限りない未来において世間の保護者である如来となり、幾千万億の人々を導くであろう。数限りないたくさんの仏にまみえ、限りない未来において普明という如来になるであろう。その仏国土は清浄で、菩薩たちはみな勇敢で、みな素晴らしい天の乗り物に乗って十方の国を遊行し、清らかな行動をする。彼らはほかの仏国土も歩いて、最高の教えを聞き、たくさんの仏につかえ供養をする。しかも、一瞬のうちに自分の仏国土に帰ることができる。普明の神通力はこのようである。

その仏の寿命は六万劫で、正法はその寿命の二倍をこの世に生き、模倣の教えである像法はその三倍の期間つづき、この教えが滅びた時には神々も人間も深い憂いを持つ。

これら五百人の僧は次第に仏となり、普明という名を持ち、人間の指導者として世に現われるだろうと予言を授けられる。

「私が滅度した後、お前は仏となるであろう。その仏国土の風景も、神通力も、菩薩や声聞たちも、正しい教えも模倣の教えもすべて同じであり、正しい教えがつづく期間も同じであろう」

迦葉よ、お前は今ここで知るのだよ。自在を得た五百人の弟子たちも、私のほかの弟子たちも、このようであると知るべきなのだ。ここにいない弟子たちにも、このことを話してやるのだよ。

この時、五百人の自在を得た阿羅漢たちは、世尊から自分たちについての予言を聞き、歓喜し、踊り上がって、自分の座から立って世尊の両足にぬかずき、懺悔して申し上げたのでございます。

「世尊よ、私たちはすでに完全なるさとりの境地にはいっていると考えておりました。まったく愚かで、無知なことでございます。私たちは如来の智慧によってさとるべきでありますのに、自分のこんなにも小さな智慧で満足してしまっていたのです。

世尊よ、たとえ話をすることをお許しください。ある男が友人の家にいき、酔っぱらってしまったか、眠り込んでしまったとします。友人がこの男のためになればよいと考え、彼の衣(ころも)の裏に、値段もつけようがないほどの高価な宝石をそっと縫いつけたとします。彼はやがてでていき、ほかの土地にいって、食べ物や衣服も手にいれられないほど貧乏になりました。どんなに努力してもほんのちょっとの食べ物しか手にいれることができず、それで満足しておったのです。かの友人がその男に会い、こういいます。

『どうして君はこんなに貧乏になり、食べる物も衣服も手にいれられなくなってしまったのだ。君が幸せに暮らせるようにと、私は君の服の裏に高価な宝石を縫いつけてやっておいたのだがねえ。君はこの宝石がどうしてここにあるのか、誰がなんのためにこうしておいたのか、考えたことはないのかね。君がそんなにも貧乏して苦労しているのが、私には理解できない。君はこれからすぐ街にいって宝石を売り、金でできることはなんでもやりなさい』

世尊よ、これと同じように、私たちが菩薩の修行をしていた時、仏は私たちに一切智者としての如来の心を求めるよう教えてくださいました。しかし、私たちは理解していず、阿羅漢になったところでこの上ないさとりを得たと思ってしまったのです。私たちは貧乏な暮らしをしていたものですね。それでも私たちには仏の智慧に達しようとの願いが消えなかったので、あなたによって今教え導かれたのですね。

『お前たちよ、それをさとりの境地などと思ってはならない。お前たちの中に、かつて私が植えておいた善根があるのだよ。お前たちがさとりの境地と思っているものは、私が本当のさとりの境地にお前たちを導くためのの方便なのだよ』

このように世尊は語られ、今、私たちは目覚めることができました。私たちは完全なるさとりの境地に到達すると、世尊は予言をしてくださったのですね」

その時、阿若憍陳如をはじめ五百人の阿羅漢たちは、次の偈を唱えられたのでございます。

世尊は私たちに最高のさとりの境地に到達するのだという予言をくださり、最高の励ましの言葉をくださって、こんな喜びはありません。すべてを見ておられる仏に、私たちは敬礼いたします。

今、世尊の御前に、もろもろの誤ちを懺悔いたします。限りない仏の宝があるにもかかわらず、私たちはあまりにも無知で愚かであるため、自分自身のさとりだけで満足していたのです。

たとえばある男が、親友の家にいったとしましょう。親友は大金持ちで、男をご馳走でもてなしました。男が満腹すると、今度は親友は高価な宝石を与えます。衣の端に結び目をつくって宝石を中に縫い込み、親友は大いに満足をするのです。

その男は旅をつづけ、都市にいっておちぶれ、苦労してわずかな食物を求めるようになっています。豪華な食事のことなど考えるべくもなく、手にいれた貧しい食事で満足していきます。男は衣の中に縫い込まれた宝石のことは、まったく知らないのです。

宝石を与えた親友は、後にこの貧しい男を見てたっぷりと叱ってから、衣に縫い込んである宝石を取りだして見せたのです。その男はこれを見て、大いに喜び、最高の幸福な気分になったのです。

その宝石の威力たるやこのようなものなのです。男はたくさんの蔵を所有する大金持ちになり、眼、耳、鼻、舌、身の五根が満足する生活をします。

世尊よ、このように私たちは過去世の誓願を知らないのです。仏が過去世において長い間私たちに授けてくださった誓願なのに、私たちは無知で愚かなためこのことに気がつかなかったのです。私たちは自分だけのさとりで満足し、それ以上のことは考えもしませんでした。

仏は私たちを目覚めさせてくださいました。

「このようなものは、絶対にこの上ないさとりなどというものではない。仏たちの智慧は特別の中の特別で、この上ないさとりとは最高の平安の境地なのである」

仏はこのようにおっしゃいました。

この気高く、広く、多種多様のこの上ない予言をいただき、私たちにも順々とこの予言をいただけるということで、私たちの身心は歓喜しているのでございます。

授学無学人記品第九

◆じゅがくむがくにんきほん

その時、阿難（アーナンダ）長老と羅睺羅（ラーフラ）長老は、このように考えたのでございます。

「私たちもこのような予言を授けられることができれば、なんと快いことでしょうか」

そこで二人の長老は座から立ち上がり、世尊の足元に平伏して、このように申し上げたのでございます。

「私どもにも、どうか予言を授けてくださいませ。どうかよろしくお願いいたします。世尊は、私たちには父であり、生みの親であり、頼るべきものであって、保護者でもあります。私たちは、一切世間の神々や人間たちや阿修羅たちによく知られております。阿難は世尊の侍者となって教えの蔵を護持し、羅睺羅は仏の御子です。私たちもこの上ない完全なさとりに到達することができるであろうと予言していただけますならば、私たちの誓願は達成されるのでございます」

学んでいる最中のものも、学び終ったものも、二千人の弟子の僧たちがみな立ち上がり、左肩に上衣をかけて右肩をあらわにし、世尊の前にでて一心に合掌し、世尊をあおぎ見て、阿難と羅睺羅と同じ願いをもってたたずんでいたのです。

その時、世尊は阿難にお告げになったのでございます。

「お前は来世において、山海慧自在通王（大海のような知恵をもって遊戯する神通のある）如来になり、智と行とをかねそなえ、世間をよく知り、最高の幸いに到達し、人間の調教師であり、神々と人間の師であり、仏であり、世尊となるであろう。六十二億の諸仏を供養し、教えの蔵を護持して、この上ないさとりの境地に達するであろう。二十のガンジス河の砂の数に等しい幾千億の菩薩を教化して、この上ないさとりの境地に導くであろう。お前の仏国土は常立勝幡（垂れ下がることのない勝利の幡）と名づけ、土は清浄で、瑠璃でできている。その時代は、妙音遍満（快い音をあまねく響き渡らせる）と名づけられる。その仏の寿命は測ることもできない長さだ。計算できるようなものではない。彼が入滅したのち、正しい教え（正法）は彼の寿命の二倍つづき、模倣の教え（像法）はそのまた二倍つづくのだ。阿難よ、この如来は十方のガンジス河の砂の数にも等しい数えきれない仏に、その功徳を讃嘆されるであろう」

その時、世尊は重ねてその意味をのべようとして、次のように偈(げ)(詩頌(しじゅ))を唱えられたのでございます。

ここで私ははっきりといおう。私の教えを守る阿難は、六億の仏を供養してから、彼自身も仏になるであろう。山海慧自在通王如来と呼ばれ、その国土は清浄で常立勝幡と名づけられる。ガンジス河の砂の数ほどものたくさんの菩薩を育てるだろう。偉大な徳があって、名声は十方世界に満ちるであろう。

永遠の寿命をもって、人々に慈悲をたれつづけるであろう。かの仏が入滅したとしても、その正しい教えは彼の寿命の二倍の期間つづくであろう。その期間も、ガンジス河の砂の数ほどもの人々が、この上ないさとりの境地に至る因縁を得るであろう。

さてその時、新しく仏道にはいったばかりの八千人の菩薩がその集まりの中にいましたが、彼らはこのように考えたのでございます。

「私たちは菩薩たちに対してもこんなにすぐれた予言がなされたのを、聞いたことはありません。まして声聞(しょうもん)に対して予言をなされるのは、どんな因縁がおありなのでしょうか」

世尊は菩薩たちが心の中で考えたことを知り、こうおっしゃったのでございます。

「お前たちよ、私と阿難はまったく同じ時に、空王（教えの天空に昇った王）如来の前で、この上ない完全なさとりの境地に至ろうと決意した。阿難はいつも多くの教えを聞くことに専念し、私は精進に専念した。そのため私はいち早くこの上ない完全なさとりの境地に到達し、阿難は教えの蔵を護るものとなった。それが阿難の誓願なのだ」

阿難は世尊から自分がやがてこの上ないさとりの境地に到達することや、やがて至る仏国土のことや前世のことを聞いて、たいへんな喜びを感じました。そして、彼は幾千億の仏の正しい教えと、前生における自分の誓願とを、思い起こしたのでした。阿難は気持ちが高まって、次のように偈を唱えたのでございます。

世尊はまことに希有な御方です。この上ないさとりの境地にはいられた数えられないほどの仏たちの説法を、まるで昨日か今日聞いたかのようにして、世尊は私に思い出させてくださいました。

私には疑いがなくなりました。私は仏道の中に安住し、あらゆる巧みな方便を使って仏の侍者となり、正しい教えを護持してまいります。

そこで世尊は羅睺羅に向かっておっしゃりました。

羅睺羅よ、お前は未来において、蹈七宝華（七宝づくりの紅蓮を踏み越えていく）如来になり、この上ないさとりの境地に到達し、智と行とをかねそなえ、この上ない幸福をつかみ、世間をよく知り、人間を調教するものであり、神々と人間の師であって、仏であり、世尊と呼ばれるだろう。十方世界を砕いた微塵（みじん）にも等しい数の仏たちを敬い、供養し、ちょうど今私の長子であるように、それらの仏の長子になるであろう。寿命の長さも、仏国土の繁栄も、正法や像法がつづく期間も、山海慧自在通王如来とまったく同じであろう。お前はこの如来の長子ともなり、この上ないさとりの境地に到達するであろう。

ここで世尊は偈を唱えられたのでございます。

羅睺羅は私の長子であって、私が太子であった時の実の子供なのだ。私がさとりの境地に達した時、教えの遺産を受け継ぐ法子（ほうし）となった。

未来において彼は数えきれないほどの仏に会い、そのたびに彼はさとりを求めるので、すべての仏の長子となるであろう。

羅睺羅の修行は厳しいので人にはとてもおよぶところではない（密行第一）が、菩薩として立てた彼の誓願を私はよく知っている。現に私の長子となって、たくさんの人々に教えを示している。彼の持つ功徳は幾千万億もあって、はかることもできない。彼は正しい教えの中に立っているのだ。

その時、世尊は学修中あるいは学修を完了した二千人の弟子たちをご覧になりました。二千人の弟子たちは心が柔らかく、静かで、清浄な気持ちになり、一心に世尊を見ていたのでございます。世尊は阿難にこうおおせになりました。

「阿難よ、お前はこの二千人の声聞たちが見えるか」

「はい、見えます」

阿難が答えますと、世尊はこのようにおっしゃったのでございます。

「阿難よ、彼ら二千人の弟子たちはみな菩薩の修行を達成するであろう。五十の世界を砕いた微塵の数にも等しい数の仏たちを敬い、供養し、正しい教えを護持して、輪廻における最後の身体において、同じ時機の同じ瞬間、十方にあるそれぞれの仏国土において、この上ない完全なさとりの境地に到達するであろう。名づけて宝相（ほうそう）如来であり、智と行とをかねそなえ、この上ない幸福をつかみ、世間をよく知り、人間を調教するものであり、神々と人間の師であって、仏であり、世尊とよばれるだろう。寿命は一劫（こう）であろう。仏国土の美しさも、正法と像法のつづく長さも、それぞれにみな同じであろう」

ここで世尊は偈を唱えられたのでございます。

阿難よ、私の前にいる二千の声聞に、お前たちは未来においてみなことごとく如来になると私は予言する。微塵の数ほどもある仏を供養し、その教えの蔵を護持し、輪廻の最後の身体において、この上ない完全なさとりの境地に至るであろう。

十方にあるそれぞれの仏国土において、同じ時機の同じ瞬間、道場である菩提樹の根元に坐して無上の智慧を得て、仏となるであろう。

宝相という同じ名で、彼の仏国土も、集まってくる弟子たちも、正法も像法もすべて同じであろう。彼らは神通力をそなえて十方の人々を救い、入滅した後でも彼らの正しい教えは同じようにつづくであろう。

その時、学修中あるいは学修を完了した二千人の弟子たちは、世尊から親しく予言を聞いて歓喜し、偈を唱えたのでございます。

世尊はこの世の燈明でございます。私たちは予言を授けられる御声(みこえ)を聞きまして、心が歓喜に充満いたしますこと、まるで甘露を振りかけられたようでございます。

法師品第十

ほっしほん

その時、世尊は薬王菩薩をはじめとする八万の菩薩たちにおっしゃられました。

「薬王よ、この集まりの中に、神々、龍王、夜叉（やしゃ）、乾闥婆（けんだつば）、阿修羅（あしゅら）、迦楼羅（かるら）、緊那羅（きんなら）、摩睺羅伽（まごらか）、人間、人間以外のもの、僧、尼僧、信男（しんなん）、信女（しんにょ）、声聞（しょうもん）、独覚（どっかく）、菩薩が集まっていて、彼らが私からこの教えの法門（ほうもん）である法華経を聞いていたのを、お前は見たであろう」

薬王菩薩はお答えしたのです。

「世尊よ、私は見ております。仏よ、私は見ております」

「薬王よ、この偉大なる菩薩である彼らが、この法華経の一偈（げ）一句（く）を聞いて心が歓喜すれば、この上ないさとりの境地に到達するであろうと、私は予言する。また私が完全なる涅槃にはいったのち、良家の子供たちの誰かが、この法華経の一偈一句を聞いて心が歓喜するなら、彼らはこの上ないさとりの境地に到達するであろうと、私は予言する。良家の子供たちは千万億をこえる仏たちにつかえ、誓願を立てるであろう。法華経を一偈一句でも受持し、読誦し、解説し、書写して、この経巻を仏のように敬い、花、香、香水、抹香、塗香、焼香、傘、幢、衣、伎楽などを供養し、合掌し礼拝して、この経典を祀る人々は、なおさらこの上ないさとりの境地に到達する。これらの人はすでに昔、十万億の仏を供養し、それぞれの仏のもとでこの上ないさとりの境地にはいったのだが、人々を憐れんで、こうしてこの世にやってきて人間に生まれたのだ。

　薬王よ、こう問うてくる人があったとしよう。

「未来においてどのような人間が完全なるさとりの境地に到達した仏になれるのですか」と。その折りには、まさにこの人たちが未来において仏になると答えるのだ。何故かといえば、この法華経から一偈一句でも受持すれば如来であると見なされるべきであり、神々や世間の人々によって如来に対するように恭われるべきだからである。まして法華経を一偈一句でも受持し、読誦し、解説し、書写して、この経巻を仏のように敬い、花、香、香水、抹香、塗香、焼香、傘、幢、衣、伎楽などを供養し、合掌して礼拝して、この経典を祀る人々はなおさら、この上ないさとりの境地に到達していると知るべきである。彼らは人々を憐れみ、前世の誓願によって法華経を説くために人の間に生まれてきた、如来さながらの人なのだよ。彼らは自ら得た高貴な功徳を捨て、輝かしい仏国土に生まれることも捨てて、私が入滅したのち、人々を憐れんで法華経を説くためこの世に出現した、如来の使者なのだ。私が完全なる涅槃にはいったのち、法華経をひそかにでも、一人に対してでも、説いたり語り伝えたりするものは、如来からつかわされた使者なのだよ。

薬王よ、もし悪人があって、邪心から如来の前で如来をそしったところで、その罪は軽い。もし在家と出家とにかかわらず法華経を信奉しているものに対して、真実か真実でないかはともかくも一言でも悪言をもってそしるならば、その罪ははなはだ重い。

薬王よ、法華経を読誦するものは、如来の装身具によって飾られているということなのだ。法華経を書写して書物として肩に担いでいくものは、如来を肩にかついでいるのだよ。そのものはどこにいようと、神々や世間の人々から、花、香、香水、抹香、塗香、焼香、傘、幢、衣、食物、飲物、伎楽、乗物や、天界の素晴らしい宝石の山を献上され、恭敬(くぎょう)され、尊重され、礼讃され、供養させられるべきである。何故なら、たった一度でも法華経を人に聞かせるならば、はかることもできず数えることもできないたくさんの人々が、ただちにこの上ない完全なるさとりの境地に到達するからである」

そこで世尊は重ねてこの意味をのべようとして、偈(詩頌(しじゅ))を説いておっしゃったのでございます。

仏の世界に住みたいと願うもの、仏の智慧を望むものは、つねにつとめて法華経を受持する人を敬うべきである。

仏の世界に住みたいと願い、どうしたら少しでも早くそうなれるだろうかと望む人は、法華経を受持しなさい。また法華経を信奉する人を敬いなさい。

法華経を説く人があったならば、その人は如来の使者として人々を憐んでつかわされたのだ。意志も強く法華経を説く人は、清らかな仏国土に生まれることを捨てて、人々を憐れんでこの世界にやってきた。このような人は、生まれるところを自在に選ぶことができるから、あえてこの悪世(あくせ)に現われ、この上ない教えを広く説いている。

天の花と、天の香と、天の衣と、天の宝石とを、その人に捧げなさい。

私が入滅した後の悪世に、よく法華経を信奉する人に対し、あたかも仏を供養すると同じように、たえず合掌し礼敬(らいきょう)しなさい。かの仏の子である菩薩が一度でも法華経を説くならば、上等な飲食物と衣服とを供養として献上しなさい。

後の世に法華経を書写し、受持し、聴聞するものは、如来の仕事をなすものであって、私が人間の中につかわしたものなのだ。

もしも一劫(こう)の間、悪い心を持って顔をしかめ仏をののしったならば、その人ははかることもできない重罪を持ったことになる。この法華経を受持して人々に説いているものに向かって、そしり罵(ののし)ったならば、そのものの罪はもっと重い。

この上ない最高のさとりを求め、一劫の間私に合掌し、無数の偈をもって私を讃えたとすると、その人は喜びを生じてはかりしれない功徳を得る。法華経を讃えたならば、もっと多くの功徳を得るであろう。

八十億劫の間、天界の音声(おんじょう)、形、味、香り、感触でもって法華経とその文字を供養したのち、一度でも法華経の経文(きょうもん)を聞くならば、偉大なる利益を得たと不思議な気持ちに打たれるであろう。

薬王よ、私はお前に告げる。私はこれまで多くの経を説いてきた。それらの経の中で、法華経が第一の経である。

「薬王菩薩よ、私はお前に語って聞かせよう。お前にはたくさんの教えを語ったし、今語っておるのだし、これからも語るであろう。この法華経は世間に受け入れられていず、信じられてもいない。これは如来の内にある秘密の教えであり、如来の力によって守られ、いまだかつて人に授与されたことはない。いまだかつて語られたこともないし、示されたこともない。この教えは、如来が現に目の前にいる時でさえ、謗(そし)られてきた。如来が滅度(めつど)した後では、なおさらである。

薬王よ、如来の滅度の後、この法華経を信じ、読誦し、供養し、人のために説くものは、如来の衣(ころも)に包まれ、多くの如来たちに守られているのだ。彼らはそれぞれに信仰の力があり、善根の力があり、誓願の力があるのだ。彼らは如来とともに暮らし、如来の手で頭（こうべ）をなでられているのである。

薬王よ、どんなところであれ、この法華経が説かれ、読誦され、書写され、経巻のあるところはどこでも、七宝づくりの塔を建て、高く広く飾るべきである。如来の遺骨である舎利（しゃり）を安置する必要はない。なぜかといえば、ここにはすでに如来の全身があるからだ。この塔は、あらゆる花、香、衣、傘、旛、幢、吹流しで飾られ、伎楽や歌で供養され、讃えられなければならない。この塔を見て、礼拝し、供養したものは皆、この上ない完全なさとりに近づいているのだ。

薬王よ、在家であれ、出家であれ、菩薩の道を修行するのに、この法華経を見たり聞いたりせず、読誦もせず、書写もせず、供養もしないものがあったとするなら、彼は菩薩の道を歩いているとはいえない。この法華経をよく聞くものは、よく菩薩の道を歩いているのだ。仏道を求める人があって、法華経を見て、聞いて、よく理解し、信仰して受持すれば、この人はこの上ないさとりの境地に近づくことができたのである。

薬王よ、たとえば渇いた人が水を求め、荒地に井戸を掘っているとする。乾いた土がでてくるうちは、水はまだ遠いと知る。なお掘りつづけて湿った土を見て、しだいに泥がでてくれば、水が近いと疑うこともなくなる。菩薩もまたこのようなのである。もしこの法華経をいまだ聞かず、いまだ理解せず、いまだ学ばないならば、この修行者はこの上ない完全なさとりはまだ遠いといわなければならない。もしこの法華経をよく聞き、理解し、思惟し、学ぶならば、必ずこの上ないさとりに至るのだ。なぜかといえば、一切の菩薩のこの上ない完全なさとりは、みなこの経の中にあるからである。この経はこの上ない完全なさとりに至る門を開いて、真実を明らかにしている。この法華経の蔵ははなはだ堅固で奥が深く、人が到達することはできない。今、如来は菩薩たちをこの上ない完全なさとりに導くために、法華経の蔵を開示したのだ。

薬王よ、もし菩薩があって、彼がこの法華経を聞いて恐がり畏れたならば、彼は新しい乗り物で出立した（新発意）菩薩とみなされるべきである。もし声聞の人で、この法華経を聞いて恐がり畏れたならば、彼は声聞の道に属する思いあがったもの（増上慢者）とみなされるべきである。

薬王よ、如来である私が滅度して涅槃にはいった後、誰かが四衆のためにこの法華経を説こうとするならば、彼は如来の部屋にはいり、如来の衣を着て、如来の座に坐し、広く説くべきである。如来の部屋とは、すべての生きとし生けるもの（一切衆生）の中の大慈悲心、これである。如来の衣とは、偉大なる忍耐の心の柔らかさ（柔和忍辱）、これである。如来の座とは、あらゆる存在は空である（一切法の空）とさとること、これである。この中に安住して、ひるむことなく、菩薩や四衆のために広く法華経を説くべきである。

薬王よ、私はほかの世界にいながら、神通力によって教えを聴く人々を集め、また僧、尼僧、信男、信女たちを神通力によって出現させ、教えを聴きにいかせよう。彼らは教えを聴き、受け入れ、信仰して、説法者の言葉をしりぞけたり、謗ったりはしないであろう。もし説法者が静かな森にはいるならば、私は多くの神、竜、鬼神、乾闥婆、阿修羅などをつかわし、その説法を聴かせるようにしよう。私は異国にあったとしても、その説法者のために時どきは姿を見せよう。もしその説法者が法華経の字句を忘れるようなことがあったなら、彼が読誦する時に、私は思い出させるために再び法華経を説くであろう」

その時、世尊は重ねてこの意味をのべるために、偈を説かれたのでございました。

この経典を、どんな弱気も気おくれも振り捨てて聴きなさい。この経は聴くことも得がたく、信ずることも得がたいからである。

たとえば渇いた人が水を求め、荒地に井戸を掘りはじめたとする。乾いた土がでてくるのを見て、まだまだ水は遠いと知る。だが湿った柔らかな泥がでてくるのを見て、水に近づいたと知る。

薬王よ、お前は知るのだよ。多くの人々が法華経を聴かなければ、仏の智からは遠くにいるものだ。声聞たちの疑問をはっきり解決する、深遠なる経典の中の王であるこの法華経を一度でも聴き、一度でも思惟するならば、これらの人は仏の智慧に近づいているのだ。

この人が法華経を説く時には、如来の部屋にはいり、如来の衣を着て、如来の座に坐り、畏れることなく説くべきである。大慈悲を部屋とし、柔和忍辱を衣となし、諸法の空を座となして、法華経を説くのだよ。

もし法華経を説いている時に、人がやってきて悪口で罵られ、瓦や石が投げつけられ、刀で斬りつけられ、棒で叩かれようとも、仏を念じて耐え忍ぶのだ。

私は千万億の国土に、清らかで堅固な身を現わし、無限の歳月人々のために教えを説こう。私が入滅した後も、この法華経をよく説くもののために、神通力によって多くのものを出現させて彼のもとにつかわそう。僧、尼僧、信男、信女の四衆は、全員彼を供養するだろう。もし憎しみの脅迫や侮辱を彼に与えようとし、刀で斬りつけ棒で叩こうとし、瓦や石を彼に投げつけようとしても、神通力によって出現した人々は彼を守るであろう。

もし説法者が一人で静かなところにいき、ひっそりとして人の声もしない時、この法華経を読誦すれば、私は彼の前に清らかな光り輝く姿を現わす。もし法華経を読誦しようとして字句を忘れたら、思い出すようにしてあげよう。

もし説法者が四衆のために法華経を説き、人のいないところで法華経を読誦するならば、私の姿を見ることができよう。もし静かな森にとどまって法華経を説くならば、私は神々、竜王、夜叉、鬼神などをつかわして聴衆とする。

彼は教えをいかにも楽しく説くことや、教えをどのように説くべきかを知っている。彼はたくさんの仏に加護されているから、多くの人々を喜ばせることができる。

もしこの説法者に親近感を持てば、すみやかに菩薩の道を得て、この説法者にしたがって学ぶのなら、ガンジス河の砂の数ほどものたくさんの仏を見ることになる。

見宝塔品（けんほうとうほん）第十一

◆

その時、世尊の目の前の、集まった人々の真中に、高さ五百由旬（ゆじゅん）で幅は二百五十由旬の七宝づくりのそれは立派な塔が、地中から出現したのでございます。空中にそそり立った塔は、いろんな宝物で飾られ、五千の手摺りがあって、部屋は千万もありました。幢幡（どうばん）や吹流しが無数にたらされ、宝石の環が幾千も吊るされ、宝の鈴は万億もあって、その上に懸かっていたのです。多摩羅跋（たまらばつ）や栴檀がいい香りを放ってまわりに充満しています。傘蓋（さんがい）の列は金、銀、瑠璃、珊瑚、緑玉、赤真珠、玻璃（はり）の七宝でできていて、四天王の宮殿にまで高くつらなっているのです。三十三天は天の曼陀羅華（まんだらけ）を降らして宝塔を供養し、たくさんの神々、竜、夜叉（やしゃ）、乾闥婆（けんだつば）、阿修羅（あしゅら）、迦楼羅（かるら）、緊那羅（きんなら）、摩睺羅伽（まごらか）、人、人でないものなど千万億の衆も、すべての花、香、宝石、衣、伎楽で宝塔を供養し、うやうやしく讃えたのでございます。

その時、塔の中から大声が響いてきたのでございます。

「善いかな、善いかな。釈迦牟尼世尊よ、すべてのものに平等な限りない智慧であり、菩薩の教えであり、仏に護られた法華経を、人々のために巧みに説かれました。その通りなのです。その通りなのです。釈迦牟尼世尊が説かれるところは、みなこれ真実なのですよ」

その時、四衆はこの大宝塔が空中に浮かんでいるのを見て、また塔の中から響いてきた大音声を聞いて、歓喜を得ました。まったく得がたいことだと感心し、座から立ち上がり、合掌礼拝して、そのまま立ちつづけていたのです。

大楽説菩薩という偉大なる求法者は、すべての世間の神、人、阿修羅などが知りたいと心で願っていることを知って、世尊に語りかけたのでございます。

「世尊よ、どんな因縁があって、この美しくも巨大な宝塔が地より涌出したのでございますか。また誰が宝塔の中からあの大音声を響かせたのですか」

世尊は大楽説菩薩に向かってこのようにお答えになりました。

「大楽説よ、この巨大な宝塔の中には、如来の完全な全身が安置されているのだ。これはそのための塔であり、大音声を発したのもかの如来である。遙かな過去の世界で、東方に無量千万億という無数の世界を超えていったところに、宝浄（宝玉によって清浄なる）という世界がある。そこには多宝（多くの宝玉を持つ）という如来がおられ、この上ない完全なさとりに到達しておられた。その如来の前世の誓願はこのようであった。

『私は前世において菩薩の修行をおこなっておりましたが、菩薩のための教えであるこの法華経を聞かないうちは、この上なく完全なさとりに到達することができませんでした。しかし、私は法華経の教えを聴きましたので、この上なく完全なさとりを得て修行は完成したのです』

大楽説よ、この正しいさとりを得た多宝如来は、修行が完成して完全なる涅槃にはいるに臨み、神や人の大衆(だいしゅ)に向かってこのように告げたのだ。

『私が滅度(めつど)した後、私の全身を供養しようとするものは、一つの大塔を建設すべきなのです』

それから多宝如来はこのように祈願をしたのだ。

『十方世界のすべての仏国土で、この法華経が解き明かされる時、私の全身を祀る塔はこの経を聴くために、その前に涌現(ゆげん)するであろう。たくさんの仏によって法華経が説かれる時、私の全身を祀る塔はこの経を聴くために、人々の頭上の空中にとどまるであろう。法華経を説いている仏や世尊に向かって、私の全身の塔は、善(よ)いかな、善いかなと讃えるであろう』

このために、多宝如来の塔は法華経を説く声を聴くために、地より涌出して、善いかな善いかなと私を讃えたのだ」

この時、大楽説菩薩は、世尊にこのように申し上げました。

「世尊よ、私たちは世尊の神通力によって、多宝如来のお姿を一目だけでも見たいものです」

世尊は大楽説菩薩に次のようにお話しになったのでございます。

「大楽説よ、かの正しいさとりを得た尊敬すべき多宝如来には、まことに重大な誓願があったのだ。それはこのようなことである。

『ほかのもろもろの仏国土において、諸仏がこの法華経を説くことがあれば、私は私の全身を祀る塔とともに、法華経を聴くためにその如来のもとにいくようにしよう。もし如来が私の全身を祀る塔を開いて四衆に示そうとした時には、十方世界のそれぞれの仏国土において、私の身体からつくられた如来の分身(ふんじん)がそれぞれ別の名前で人々に教えを説いていたとしても、それらのすべてを一箇所に集め、この私の全身を祀る塔を開いて彼ら如来の分身とともに四衆に示そう』

　そのため如来の分身は数多くいて、十方世界のそれぞれの仏国土の幾千もの世界でそれぞれに教えを説いているのであるが、私の身体から神通力によってつくられた多数の如来の分身のすべてを、私はここに集めよう」

　この時、大楽説菩薩は、世尊にこのように申し上げたのでございます。

「世尊よ、私たちも願わくば、世尊の分身のすべての諸仏を見て、礼拝し供養したいものです」

　その時、世尊は眉間にある白毫(びゃくごう)から一筋の光を放たれ、東方の五百万億那由他(なゆた)のガンジス河の砂の数にも等しい国土に暮らしているすべての仏を照らしたのです。それらの仏国土は宝樹や宝衣で飾られ、無量千万億の菩薩であふれ、天の幔幕(まんまく)が張られ、七宝のついた黄金の網でおおわれていました。それらの国では如来が妙なる声で菩薩に教えを説いておられます。そして、その国では無量千万億もの菩薩があふれ、人々のために教えを説いておられるのでございます。東西南北でも、上下でも、すべての方角でこのようであったのです。

そしてその時、十方の如来たちは、おのおのの国にいる菩薩たちにおっしゃったのでございます。

「お前たちよ、今私たちは娑婆世界の釈迦牟尼如来のところにいき、多宝如来の宝塔を供養しなければならない」

こういうわけで尊き如来たちは二、三人の侍者(じしゃ)とともに娑婆世界にやってきたのです。こうして娑婆世界は瑠璃が大地となり、宝樹で飾られ、黄金の縄で区画がつくられました。神々しい宝のような香料がたかれ、曼陀羅華がまかれ、宝の幔(まく)がその上にかけてあります。集落、村、都市、王国、王都の区別もなくて、大きな山もなく、大きな海もなく、大きな川もなく、神々や人間や阿修羅の群もなく、地獄や畜生の世界もないようにていねいに整えられたのです。

この時、この娑婆世界に生まれたものたちは、この集まりにきたもの以外は、すべてほかの世界に移されました。そこで如来たちは侍者の菩薩を連れて、この娑婆世界にやってきたのです。娑婆にくると、如来たちは宝樹の下の獅子座にとどまりました。宝樹はどれも高さ五百由旬で、枝と葉はよく繁り、花が咲き、果実はたわわに実っています。その宝樹の下にはみな高さ五由旬の獅子座があって、宝石で飾られていました。そのひとつひとつに如来たちは結跏趺(けっかふ)

坐し、かくして三千大千世界のすべてに如来が遍満するようになったのでございます。

ところが釈迦牟尼如来の身体からつくられた分身だけは、どこからも着いていなかったのです。そこで釈迦牟尼如来は集まってくる如来の分身のために席をつくったのです。これによって八方にさらに二百万億那由他の仏国土が現われました。それらはすべて瑠璃でつくられ、七宝で飾られた黄金の網でおおわれ、鈴がつけてある網がかけられ、曼陀羅華がまかれ、宝の幔がその上にかけてあって、神々しい宝のような香料がたかれていました。集落、村、都市、王国、王都の区別もなく、大きな海もなく、大きな川もなく、目真鄰陀山もなく摩訶目真鄰陀山もなく、鉄囲山もなく、大鉄囲山もなく、須弥山もなく、ほかの大きな山もないのです。神々や人間や阿修羅の区別もなく、地獄や餓鬼や畜生の区別もなくて、土地は平坦で、景色は美しく、七宝づくりの樹木が彩りよく生い繁っている、整然としたひとつづきの大地なのです。そこにある宝樹の高さは五百由旬で、枝も葉もよく繁り、花が咲き、果実はたわわに実っています。そのすべての宝樹の下には宝石で飾られた高さ五由旬の獅子座があり、そのひとつひとつに如来たちが結跏趺坐をしているのでございます。

さらにその時、釈迦牟尼如来の身体からつくられた分身の如来たちは、東方の百千万億那由他のガンジス河の砂の数に等しい数の国土で教えを説いていたのですが、この娑婆世界に集まってきました。こうして十方から集まってきた如来たちは、八方に坐ったのです。この時に、四百万億那由他の仏国土が、この如来たちとともに出現しました。如来はそれぞれの宝樹の下の獅子座に坐り、それぞれの侍者を釈迦牟尼如来のもとにつかわしたのです。その時に、宝玉の花束を渡して、こう命じたのでございます。

「お前たちは霊鷲山（りょうじゅせん）にいきなさい。そこで釈迦牟尼如来にごあいさつし、ご壮健であられるか、お弟子方はみな安穏にお過ごしか、お伺いしなさい。そしてこの宝玉の花束をお渡しして、私たちの如来はこの宝塔の扉を開くことを承知なさいましたとお伝えするのだ。そのことをお伝えするために、こうして私どもを使者としてつかわしたのでございますと、申し上げなさい」

その時、釈迦牟尼如来は分身した如来がすべて集まって獅子座に坐ったのを知り、如来たちの侍者が集まり、そして如来たちが宝塔の扉を開くのに同意したことを知って、空中に立ち上がったのです。まわりの人は起立し、合掌し、一心に如来を見ました。釈迦牟尼如来は右の指で宝塔の扉を開いたのです。大きな城門の閂（かんぬき）をはずして扉を開くかのように、大きな音がしました。その時、宝塔の中にこの上ない智慧に達した多宝如来が、痩せ衰えた身体で結跏趺坐をしているのを、まわりの人は見たのです。多宝如来はこのように語ったのでございます。

「善いかな。善いかな。釈迦牟尼如来はよくぞこの法華経を説かれました。私はこの法華経を聞くために、ここにまいったのです」

その時、無量千万億劫（こう）も昔に入滅した多宝如来がこのように語るのを聞き、その場に集まった人たちは、不思議の念に打たれ、たくさんの天の宝玉を多宝如来と釈迦牟尼如来に振りかけました。すると多宝如来は宝塔の中の獅子座を半分釈迦牟尼如来に与え、こう申し上げたのです。

「釈迦牟尼如来よ、この座におつきください」

釈迦牟尼如来は宝塔の中にはいり、その半座で結跏趺坐をされました。その時、大衆は二人の如来が七宝の塔の中の獅子座で結跏趺坐をしているのを見て、こう思ったのでございます。

「如来は私たちから遠くに離れておられる。願わくは如来よ、神通力をもって私たちを空中に昇らせてください」

その時、釈迦牟尼如来は神通力をもってたくさんの四衆を空中に昇らせ、大きな声で語りかけたのでございます。

「誰かお前たちの中で、この娑婆世界で広く法華経を説くものはいないか。如来がすぐ前にいる今が、誓いを述べる時である。如来はお前たちの誰かにこの法華経を託し、完全なる涅槃にはいることを望んでいるのだ」

そこで世尊は重ねてこの意味をのべようとして、偈（詩頌）を説かれたのでございます。

教えの指導者である世尊でさえ、すでに入滅されたにもかかわらず、宝塔の中におられて教えを聞くためにこられたのだ。お前たちもどうして教えのために精進努力をしないことがあるだろうか。限りもない昔に入滅された如来が、教えを聞くためにどこにでもいくのは、その教えが得がたいからである。この如来の生存中に立てた本当の願いは、入滅した後にありとあらゆるさきざきにでかけ、いつも教えを聞くことなのだ。
また私の分身はガンジス河の砂の数ほども無数にいて、教えを聞くために、また入滅した多宝如来を一目見るために、それぞれの素晴らしい国土と、弟子と、天や人や竜神とを捨てて、ここにきたのだ。教えが長くつづき、正しい教えが守られるために、ここにやってきたのである。

これらの如来の席をつくるために、神通力をもって無数の衆生をほかに移して、国は完全に清浄となった。宝樹の下にいる如来たちは、清涼の池を蓮の花で荘厳するかのようにたくさんいる。その宝樹の下にはたくさんの獅子座があり、如来はそこに坐って光明で飾ることは、闇夜に大きな炬火(ともしび)をともすようなものなのだ。

如来の身体からは芳しい香りがでて、十方の国に広がり、人々が香りをかいで喜びにたえないことは、たとえば大風が小枝を吹くようなものなのだ。

私が入滅した後に、この法華経を護り読誦(どくじゅ)するものは、今、仏の前で誓いの言葉をいうのだ。限りもない昔に入滅した多宝如来とともに、大誓願(だいせいがん)をもったものの獅子吼(ししく)（正法(しょうぼう)を説いて外道(げどう)を恐れさせること）を聞こうではないか。

多宝如来と、私と、ここに集まった私の分身からは、その決意を聞くことができるだろう。
仏の子供たちよ、誰がよくこの教えを護るのだ。私はその決意を聞くであろう。
この法華経を護るものは、私と多宝如来を供養したことになる。多宝如来が多宝塔にいて、十方におもむくのは、この法華経のためなのだ。また集まってきた私の分身たちは、この世界を明るく彩り、光で飾っている。法華経を説き明かすことは、彼らにも供養をささげたことになる。法華経を説き明かすならば、私にも多宝如来にも会ったことになり、多くの世界から集まってきた私の分身とも会ったことになるのである。

お前たちよ、おのおの考えてみるがよい。多くの如来たちは、この世にいるすべての人々を慈しみ、きわめて困難な立場で耐えているのだ。もろもろの経典の数はガンジス河の砂の数ほどもある。これらを解き明かしたとしても、それほど困難なことではない。須弥山をとって他の無数の仏国土に投げ捨てても、それほど困難ではない。三千大千世界を足の指で動かし、遠い他国に蹴ったとしても、それほど困難ではない。宇宙の中で最も高いところにある有頂天に立ち、幾千の経典を解き明かしたとしても、それほど困難ではない。

私が入滅したそののち、この法華経を自分で書いてたもち、人に書かせるとすれば、それはなしがたいことである。もしこの大地を足の爪の上に置き、そうして梵天に昇るとしても、それほど困難ではない。私が入滅したそののち、悪世(あくせ)において一瞬でもこの法華経を読めば、それはなしがたいことである。世間が劫火で燃えている時、乾いた草を背負って中にはいって焼けなかったとしても、それほど困難ではない。私が入滅したそののち、この法華経を持って一人のためにも説くなら、それはなしがたいことである。

仏の教法(きょうぼう)の全体である八万四千の法蔵(ほうぞう)をたもち、教えられたとおり幾千万の人に演説し、弟子たちに六つの神通力を得させ、熟達させたとしても、それほど困難ではない。私が入滅したそののち、この法華経を受持し、信仰し、くり返し意味を問うなら、それはなしがたいことである。ガンジス河の砂ほどの無量無数の人々を阿羅漢の位にし、六つの神通力を得させれば、これはたいへんなことではあるが、まだそれほど困難とはいえない。

私が入滅したのち、この法華経を受持することのほうが、よほどなしがたいのである。私は数限りない多くの世界で、はじめから今に至るまで、たくさんの教えを説いてきた。その中で法華経が第一のものである。法華経を受持するものは、如来の分身を持つと同じことなのだ。

お前たちよ、如来がお前たちの前にいる間に、後の時代にも法華経を受持し、読誦するものは、自分で誓いの言葉をいいなさい。

法華経は伝えることが難しい。もしこれを一瞬でも受持するものがあったら、私は歓喜をするし、ほかの如来も同様であろう。その人は如来たちから誉めたたえられるであろう。誇り高い勇者であり、これこそが精進であり、戒律を保ち、神通力を得て、すみやかにこの上ないさとりに至るであろう。

来世にもよく法華経を受持するならば、重荷をかつぐものであり、如来の実の子であり、心を制御した平静な境地に到達したものである。

私が入滅したのち、この法華経を世によく説き明かすものは、神々や人間にとっての世間の眼(まなこ)となる。恐ろしい世間で、一瞬でもこの法華経を説くものに、すべての神々と人間は供養を捧げるべきである。

提婆達多品第十二

だいばだったほん

その時、世尊はもろもろの菩薩と神々と人々と四衆にお告げになったのでございます。

「私はかつてはかることもできない昔、法華経を求めていたのだが、疲れたり飽きたりすることはなかった。またその昔、私は国王であって、願をおこし、その上ないさとりの境地を求めた。そのことで心がひるむことはなかった。象、馬、七珍、国、城、妻子、奴隷、頭、目、脳髄、身肉、手足、命も惜しみなく布施して修行し、この上ないさとりを得ようとした。その当時、人々は長寿であった。私は教えを求めて国王の位を捨て、政治を太子にまかせ、太鼓を撃って四方を歩きまわった。そして、このように宣言した。

『誰かよく私のためにすぐれた教えを説いてくれる人があれば、私はこの身を捧げ、生涯走り使いになろう』

その時一人の仙人がやってきて、王にこのように語った。

『国王よ、ここに最もすぐれた教えを説く法華経という経典があります。もしあなたが奴隷として私につかえてくださるなら、私はその教えをお聞かせするつもりです』

その言葉を聞いて私は歓喜し、その仙人に近づいて申し上げた。

『私は奴隷としてあなたになすべきことをいたします』

こうして私は仙人にしたがい、木の実拾いをし、水を汲み、薪（たきぎ）をとり、炊事をして、門番もし、夜は寝ている仙人の寝台の脚を支えた。それでも私の身も心も疲れることはなかった。こうして千年がすぎた」

ここで世尊はその意味を伝えるため、次のような偈（げ）（詩頌（しじゅ））を唱えられたのでございます。

過ぎ去った幾劫（こう）の昔、私は法を求めて世の国王となった。愛欲のために国王になったのではない。その時に私は鐘をついて四方に告げた。

「すぐれた教えを説くものがあれば、私はそのものの奴隷になろう」

その時、法華経を説くすぐれた仙人がいて、私に語った。

「私はすぐれた教えを持っている。もしお前がその教えを望んでいるなら、お前は私の奴隷になるがよい」

私はそれを聞いて歓喜し、奴隷の仕事をしたのだ。正しい教えを聞くためだったから、どんなに働いても、身も心も疲れることはなかった。その時の私の誓願は、自分のためや愛欲のためではなく、人々のためであった。

そのゆえにこの国の王となっても、法華経を得るため、他のことをかえりみずにどんな努力でもし、十方におもむき、千年の間身も心も疲れ知らずだった。

世尊はその時、もろもろの僧たちにお告げになったのでございます。

「僧たちよ、あの時の国王は別人であったと考えるか。そうではないのだ。何故かといえば、私が国王だったからである。そして、この提婆達多（デーヴァダッタ）こそ、あの時の仙人であった。提婆達多は私のよき友で、彼のおかげで、この上ないさとりの最高の境地に至り、人々に寄り添う心と、三十二の吉相と、それにともなう八十種の仏身を荘厳する福相と、紫色をおびた黄金の皮膚と、如来としての十種の力と、四種の恐れなき自信と、衆生によい行為をさせる四種の行為と、如来の十八種のすぐれた性質と、神通力と、十方の人々を救う力と、如来の有するすべての力と特質とを、私は提婆達多のおかげで得ることができたのだ。この提婆達多ははかることもできない未来に、天王如来となり、天道と名づけられた世界において、智と行とをかねそなえ、この上ない幸いに達し、世間をよく知り、人間を調教し、神々と人の師であり、世尊となるであろう。神々の王である天王如来の寿命は二十中劫である。彼は詳しく教えを説く。

ガンジス河の砂の数ほどもの衆生がすべての煩悩をたち切って阿羅漢の位を獲得し、たくさんの衆生が独自のさとり（独覚）をめざし、この上ないさとりに向かって引きさがることなく歩むであろう。この天王如来が入滅した後、二十中劫の間、正しい教えがつづく。彼の遺体は分骨されず、完全な一体（全身舎利）のまま、七宝づくりの塔におさめられる。その塔は高さが六十由旬、幅は四十由旬であろう。すべての神々と人間たちはその塔を供養するため、花、抹香、焼香、塗香、衣服、傘、旗、幢など供え、詩頌や歌を捧るであろう。数えきれないほどの人々が阿羅漢になり、また多くのものが独覚のさとりを得るであろう。数えきれないほどの人間がこの上ないさとりの境地を求めて発心し、決して引き返すことはないであろう」

さらにまた世尊は僧たちに向かって告げられました。

「未来世にもし善男子や善女人がいて法華経の提婆達多品を聞き、清らかな心で信じて疑わなければ、地獄、餓鬼、畜生の世界に堕ちないであろう。十方世界の仏国土に生まれ、死んでまた生まれるたびに、この経を聞くであろう。もし人や天に生まれたならば、すぐれた人生を受けるのだ。もし如来の前にあったなら、蓮華の中に生まれるであろう」

そのとき、下方にある多宝如来の仏国土から、智積菩薩がやってまいりました。彼は多宝如来に申し上げたのでございます。

「私は自分の仏国土に帰ります」

すると釈迦牟尼如来はこのように申されました。

「しばらく待ちなさい。私の仏国土で教えの後継者となった文殊師利（マンジュ・シュリー）菩薩と会い、正しい教えを議論してから、自分の仏国土に帰りなさい」

そのとき文殊師利は千の花弁のある車輪ほどの大きさの蓮の花の上に坐り、ともにきた菩薩たちもまた蓮の花に坐り、大海にある娑竭羅竜宮より自然に涌き出してきました。虚空の中に住し、霊鷲山に詣でて、蓮の花から降り、二如来の両足を頭にいただいて礼拝し、充分に敬うと、智積菩薩のところにいき、お互いに挨拶を交わしあいました。智積菩薩は文殊師利にこのように問われたのです。

「あなたは竜宮にいって、どれほどの数の人々を導かれたのですか」

文殊師利はこのようにいいました。

「その数は無限で、数えることはできません。言葉で表わすこともできず、心ではかることもできません。その証拠の前兆が見られますから、しばらくお待ちください」

文殊師利がこういうやいなや、蓮の花の上に坐った無数の菩薩が海の中から涌出し、霊鷲山に詣でて、虚空にとどまったのでございます。彼らはすべて文殊師利に導かれてこの上ないさとりの境地に到達したものでありました。そのうち大乗の法によっていで立った菩薩たちは大乗の花輪である六種の完成（六波羅蜜＝布施―与えること、持戒―戒律を守ること、忍辱―苦難に堪え忍ぶこと、精進―真実の道をたゆまず実践すること、禅定―精神を統一し安定させること、智慧―真実の智慧を得ること）を讃えました。またかつて仏の弟子であった声聞たちは、虚空で声聞の道を説いたのです。その彼らのすべては、あらゆるものは空(くう)であるという真理と、大乗の功徳とをよく知っていました。

そこで文殊師利は智積菩薩にこのように申し上げたのでございます。

「私が海において教え導いたのは、かくのごときであり、その成果がここに現われているのです」

その時、智積菩薩は偈によりこう讃えました。

智慧にたけた素晴らしい御方よ、あなたが教え導かれた無数の人々がいますが、これはどのような教えの力なのですか。お尋ね申し上げます。あなたはどのような教えを説かれたのか、どのようなさとりの道を示す経典をお話しになったのか、どうかお教えください。

文殊師利は申し上げました。

「大海の中で説いたのは、ほかならぬ法華経でございます」

智積菩薩がお話しになります。

「この経典はまことに深遠で、得がたく、世の中でこれ以上のものはありません。この経典を会得し、誰かこの上ないさとりの境地に到達した人がいるのでしょうか」

文殊師利が答えました。

「そんな人ならいますよ。娑竭羅(しゃから)竜王の娘は八歳です。智慧はさとく、身体と口と心による行いは完全であり、教えを心に保つ能力にすぐれ、すべての如来の説かれる言葉とその意味をよく理解してよく受持(じゅじ)しております。精神を統一して深い瞑想にはいり、すべての真理を知り、一瞬のうちに菩提心を起こしてひるむことはありません。広大な誓願を持ち、すべての人たちに対して自分自身へと同じ愛情を抱いています。功徳を発揮し、慈しみを心に持って、口で語ることは慈しみ深く、憐れみ深く、かつ広大で、いつも微笑んでいます。心はいつも和やかで、この上ない正しいさとりの境地にはいることができます」

また智積菩薩は次のようにお話しになりました。

「私は釈迦牟尼如来を拝見しておりましたが、限りもない歳月、難行苦行し、功徳を積み重ね、ひたすら菩薩の道を求めてこられたのですが、その求道(ぐどう)の心が一度たりともくじけたことはありませんでした。あの御方が人々の幸福のために身命(しんみょう)を捨てなかった土地は、三千大千世界に芥子粒(けしつぶ)ほどもないのですよ。すべては人々のためなのです。そうして後に、自らのさとりの境地を得られたのです。そのようなことですから、この女(むすめ)が一瞬のうちに正しいさとりを得ることができたと、誰が信じましょうか」

その言葉が終らないうちに、竜王の娘が世尊の前に立っているのが見えたのでございます。彼女は世尊の両足に頭(こうべ)を押し当てて礼拝し、一方に退いて、偈を唱えて讃えました。

如来の深遠なる福徳は、十方を照らしておられます。如来は三十二の吉相と八十の福相により御身を飾り、神々や人々はあがめあおぎ、竜神も深く恭敬して、すべての生きとし生けるもので尊敬しないものはおりません。私が私自身の思いのままにさとりを達成することについて、如来こそが私の証人なのです。

私は大乗の教えを説いて、苦悩する人々を救いましょう。

その時、舎利弗尊者は、娑竭羅竜王の娘の竜女にこのように語ったのでございます。

「あなたはこの上ないさとりを達成しようとし、退くことなく精進し、はかり知れぬ理智をそなえたとしても、この上ない完全なさとりはまことに達成しがたいものです。女性がどのように精進努力を重ね、無限の間福徳を積み、六波羅蜜を完成しても、今日に至るまで仏陀の位を得たものはいないのです。女人には五つの障りがあります。梵天王、帝釈天、四天王、転輪聖王、ひるむことのない菩薩、この五つの位を得たことがないということです」

その時、竜女にはひとつの宝珠がありました。その価値は三千大千世界と同等のものです。竜女はこの宝珠を世尊に献上すると、世尊はそれをお受けになったのです。そこで竜女は智積菩薩と舎利弗尊者にこのように話しました。

「私は宝珠を世尊に献上いたしましたが、世尊はすみやかにお受けになりましたか。それともお受けになりませんでしたか」

舎利弗尊者はお答えになりました。

「すみやかにお受けになりましたよ」

竜女が申しました。

「舎利弗尊者よ、もしあなたに神通力がおありでしたら、世尊が宝珠を受け取るよりも早く、私がこの上ない完全なさとりの境地に到達していることがおわかりでしょう」

その時、竜女はすべての世間の人々が見ている前で、女性の姿が変じて、たちまち男性の姿と成って、自分が菩薩となったことを示したのです。それから南方の無垢（むく）世界にいき、七宝でできた菩提樹の下に坐って、この上ないさとりをひらきました。三十二の吉相と八十の福相をそなえ、光明により十方を照らして、教えを説いている姿が見えたのです。その時、娑婆世界の菩薩と声聞と、神々や竜などの八部衆とは、人と人以外のもののために教えを説くかの如来の姿を遙かに遠くに見て、心が大いに歓喜して遠くから敬礼（きょうらい）しました。かの如来の説法を聞いている人々はみな、この上ないさとりを求めて引き返すことがなく、やがてさとりを得るだろうという証しをいただいたのです。無垢世界と娑婆世界とは六種に震動しました。釈迦牟尼如来のもとに集まった娑婆世界の三千人の人々は、もう退くことはないという境地に到達し、この上ない完全なるさとりを得るであろうという予言を受けたのでございます。

その時、智積菩薩と、舎利弗尊者と、その場にいるすべての人々は、黙然として信受したのでございました。

勧持品第十三

かんじほん

その時、薬王(やくおう)菩薩と大楽説(だいぎょうせつ)菩薩とは、二万の菩薩とともに世尊の御前(みまえ)において誓いの言葉を申し上げたのでございます。

「ただ願わくは、世尊よ、このことについてはどうぞご心配なさらないでください。私たちは世尊がこの世を去った後でも、人々に向かってこの経典を奉持(ほうじ)し、読誦(どくじゅ)し、説いて聞かせるでありましょう。後の悪世(あくせ)に生まれた人々は、善根が少なく、高慢な輩が多くて、人々が供養するものを貪り、不善根で不信心で、この上ないさとりから遠く離れているので、教えを説くことは困難でしょう。そうではあるのですが、私たちは忍耐力を起こし、この経を読誦し、たもち、説き、書写(しょしゃ)して、いろいろに供養し、身も命も捨ててもかまいません」

その時、人々の中にいた五百人の阿羅漢（あらかん）で、学問も修行も完成した僧たちは、世尊にこのように申し上げたのでございます。

「世尊よ、私たちもまた誓いましょう。どんな世界にあろうと、広くこの経を説きましょう」

またこの上ない完全なさとりに到達すると予言された、学修の最中あるいは学修を終了した八千人の僧たちは、座より立って世尊に向かい合掌し、この誓いの言葉を申し上げたのでございます。

「世尊よ、私たちもまた、たとえ他の世界にいようと、広くこの経を説きます。何故かと申しますと、この娑婆世界にいる人たちは、悪いならわしが多く、高慢で、功徳はまことに浅薄で、他を害しようとする悪い心があり、不正直だからです」

その時、世尊の叔母、摩訶波闍波提（まかはじゃはだい）尼は、学修の最中あるいは学修を終了した六千人の尼僧たちとともに立ち上がり、一心に合掌し、世尊のお顔を見つめて目を離しませんでした。世尊はお話しになりました。

「どうしてあなたは憂い顔で私を見るのですか。あなたは心に、自分の名をあげてこの上ない完全なさとりの境地に到達すると私が予言をしなかったと、考えているのであろうか。しかしながら、私はすべての人にこの上ない完全なさとりの境地に到達するであろうと予言したのですから、あなたもともに予言を受けているのです。あなたは六万八千億の仏たちを尊敬し、供養し、礼讃し、偉大なる菩薩となり、教えを説くものとなるでしょう。あなたとともにいる六千人の尼僧たちも、あなたといっしょに、この上ない完全なさとりを得た如来のもとで偉大なる菩薩となり、教えを説くものとなるでしょう。あなたは菩薩としてさらに修行を完成し、あらゆる衆生が見ることができて喜ぶという意味の一切衆生喜見如来となって、この世に現われるであろう。あなたは智と行とをかねそなえ、この上ない幸いに到達し、世間をよく知り、人間の調教師であり、神々と人間との教師であり、仏であり、世尊と呼ばれるであろう。一切衆生喜見如来は六千人の菩薩に向かい、一人ずつ予言を与えて、すべての人がこの上ない完全なさとりの境地に到達すると、予言をするであろう」

そのとき、羅睺羅（ラーフラ）の母の耶輸陀羅尼は、心の中でこのように考えたのでございます。

「世尊はまだ私の名もあげられておられません」

世尊は耶輸陀羅の心の中の動きを知り、こう告げられました。

「耶輸陀羅よ、あなたにも告げておきましょう、あなたは百千万億の仏たちを尊敬し、供養し、礼讃し、偉大なる菩薩となり、教えを説くものとなるであろう。菩薩としてさらに修行を完成し、祝福された土地で、幾十万の輝く旗を持つものという意味の具足千万光相如来になり、智と行とをかねそなえ、この上ない幸いに到達し、世間をよく知り、人間の調教師であり、神々と人間との教師であり、仏であり、世尊と呼ばれるであろう。この如来の寿命ははかり知れないのだ」

その時、摩訶波闍波提尼と耶輸陀羅尼とそのまわりの尼僧たちは、皆大いに歓喜して、めったにあり得ないことを得て、世尊の前で偈（詩頌）を唱えたのでございます。

世尊は指導者で、人間も神々も安穏にします。私たちは今、心が満ち足りました。

尼僧たちは偈を説いてから、世尊に申し上げました。

「世尊よ、私たちもまた他の世界におりましても、この法華経を広く伝えることに努力いたします」

その時、世尊は八十万億の菩薩たちを見渡しました。このもろもろの菩薩は仏となることが定まり菩薩の位から退くことのないもので、奥深い教えを得たものたちでした。これらの菩薩たちはすぐに座から立ち上がり、世尊に向かって合掌して考えたのでございます。

「世尊が私たちにこの経をたもち広く伝えるようにお命じになるのなら、私たちは世尊の教えのごとくにいたしましょう」

それからまたこのようにも考えました。

「世尊は今、沈黙しておいでです。私たちはどのようにしたらよいでしょう」

その時、もろもろの菩薩は世尊を深く尊敬し、また彼らの前世における誓願を満たそうとして、世尊の前で獅子が咆えるように声を響き渡らせました。

「世尊よ、私たちは如来が入滅した後、十方世界のすみずみまで出向いて、すべての人々にこの経を書写させ、受持させ、読誦せしめ、その意味を解説し、正しく修行させ記憶させましょう。これはすべて世尊のご威光です。どうか世尊は、どのような世界にいらっしゃいましょうとも、私たちを遙かに守護してください」

それから、菩薩たちは声をそろえて偈を唱えたのでございます。

世尊よ、どうかご心配なさらないでください。あなたが入滅した後、恐怖(くふ)の悪世(あくせ)においても、私たちは法華経を広く説くでありましょう。たくさんの無智の人が、悪口(あっく)や罵詈(めり)などでおびやかし、刀や杖で打ちかかって迫害を加えようと、私たちはみな耐え忍びましょう。

悪世の中の僧は、悪意に満ちて心がひねくれ、いまだ得てもいないのに得たと妄想し、思い上がりの心が充満するでしょう。愚かなものたちは、静かな森林の生活をしてぼろの衣をまとっただけで、自分は真実の道をいったと考え、他人を軽んずるでしょう。

美食の楽しみに心が奪われているものが在家の人々に教えを説き、六種の神通をそなえた阿羅漢(あらかん)のように恭敬(くぎょう)されるでしょう。これらの人は邪悪な心を持ち、憎悪をたぎらせ、いつも世俗の家庭や財産のことを思い、静かに森林に住むものに名を借りて、好んで私たちを攻撃し、このように罵(ののし)るでしょう。

「彼らは利益と名誉とを人々から得るために、外道(げどう)の理論をもちい、自らこの経典を編纂(へんさん)して、世間の人をたぶらかし、名誉を求めるために、人々が集まったところで教えを説くのだ」

国王たちや、大臣たちや、波羅門たちや、家長たちや、またほかの僧たちにも、私たちを誹謗(ひぼう)し私たちの悪を説いて、「これは邪見の人で、外道の論説を説く」と攻撃するでしょうが、私たちは世尊を敬っておりますから、どんな悪にも耐えることができましょう。彼らが私たちを軽蔑し、「このものたちがみな仏になるのだ」といわれようと、このあなどりの言葉にも忍んで耐えてみせましょう。

堕落した悪世には、たくさんのすさまじい大恐慌がありましょう。悪鬼の姿をした多くの僧たちが私たちを罵倒しようとも、私たちは世尊を敬い信仰いたすことによって、忍辱(にんにく)の鎧(よろい)を身につけ、この経を説くために、多くの困難なことも忍びましょう。

私たちは身体も命も惜しみません。ただこの上ないさとりを惜しみます。私たちは来世において、世尊に託された教えを護持いたします。

世尊はご存知でしょう。濁世(じょくせ)の悪い僧は、仏が方便をもちいてそのよろしきにしたがって説く教えを知らず、悪口をいって眉をしかめ、しばしば僧を僧院から追放します。そのようなめにあおうと、私たちはみな世尊のいましめを思い、このことを堪え忍びましょう。

村であろうと、都市であろうと、この教えを求めるものがあれば、私たちはみなその場所にいき、仏に託された教えをその人に授けましょう。私たちは世尊の使いなのですから、どんな人に対しても畏(おそ)れるところはありません。願わくは、世尊よ、どうかご安心して心静かにお過ごしください。

私たちは、世尊の御前(みまえ)で、また、十方からおいでになったすべての仏に向かって、このような真実の言葉を語ります。世尊よ、どうか私たちの思いをよくご承知ください」

安楽行品第十四

あんらくぎょうほん

その時、文殊師利（マンジュ・シュリー）菩薩は、世尊にこのように申し上げたのでございます。

「世尊よ、このたくさんの菩薩たちは、まことになし難いことをなしとげようとしております。世尊を尊敬することによって、大誓願をおこしたのです。世尊が入滅された悪世において、この法華経を護持し、読誦し、説こうというのです。世尊よ、菩薩たちは後の悪世においてどのようにこの経を説いたらよいのでございますか」

世尊は文殊師利菩薩にこのように語られました。

「文殊師利よ、如来が入滅した後の悪世にこの経を説こうとするなら、四法を確立することだ。

まず第一に、菩薩たちは善き行い（行処）と正しい交際範囲（親近処）に安住したなら、よく人々のためにこの経を説くことができる。文殊師利よ、どのようなことを善き行いと名づけるのであるか。もし菩薩が忍辱の地に住み、心がよく制御され、心が恐れおののかず、嫉妬の心がなければ、善き行ないができる。菩薩はどのようなものにもとらわれず、ものの独自の相をありのままに観察する時がそれなのだ。疑惑を抱いて思いめぐらしたり、自分の分別を加えたりしなければ、菩薩の行処ということができる。

菩薩の正しい交際範囲とは何か。菩薩は国王、王子、大臣、官長に親しく近づいてはならない。異教徒、苦行僧、世俗の詩文をつくるもの、呪文の信奉者、遊芸人、詐欺師、格闘家たちに近づいてはならない。娯楽の場所や色街に足を踏みいれてはならず、彼らのほうで近づいてくるなら、その時どきで教えを説き、何ものにもとらわれずに教えを説くほかに、彼らと親しくなってはいけない。

声聞の道を求める僧、尼僧、男女の信者にも近づいてはならない。彼らと親しくなってもいけない。彼らのほうで近づいてくるなら、その時どきで教えを説き、何ものにもとらわれずに教えを説くほかには、部屋の中であれ、経行の場所であれ、講堂の中であれ、彼らと会合の場所を持たないならばこれが菩薩の正しい交際範囲なのである。

文殊師利よ、菩薩は女性にとりいるような動機を持って教えを説いてはいけないし、女性に会いたいという気持を抱いてもいけない。他人の家を訪問して少女や娘や若妻と言葉を交わそうとしてもいけないのだし、彼らとは挨拶もしないのだ。

男でも女でもないもの（不男）に教えを説いてはならず、親しくしても、挨拶もしてはならない。一人で他人の家にはいってはならない。もし因縁があって一人で他人の家にはいらねばならない時には、一心に仏を念じなさい。もし女性のために教えを説く時には、歯を見せて笑ってはならない。胸の内を見せてはならない。見習いの僧や尼僧、少年少女に興味を持ってはならないし、彼らと親しくしてはならず、言葉を交わしてもいけない。また彼らと師を同じくすることを願ってもいけない。つねに坐禅を好み、静かなるところにいて、その心を制御することをならいなさい。

文殊師利よ、これが菩薩の第一の交際範囲なのだ。

さらに菩薩は、この世にあるすべては空であると知る。正しく確立され、逆にならず、動ぜず、転せず、虚空のようなもので、すべての言葉の表現も解釈も越えて、生まれず、存在もせず、移り変わりもせず、名前もなく、執着を離れ、すべてはさえぎるものもなくて際限がないと知りなさい。そうではあるのだがすべては因縁によってあるのだから、知覚の転倒によって生じたと見るべきなのだ。菩薩はこの世にあるすべてをこのように見て暮らすのである。こうしていれば、菩薩は正しい交際範囲の中に安住しているということなのである。文殊師利よ、これが菩薩の第二の交際範囲なのだ」

その時、世尊はこのことをさらに詳しく説こうとして、偈（詩頌）をお説きになったのでございます。

菩薩があって、如来が入滅した後の悪世にあってこの法華経を説かんとするならば、よい行いと正しい交際範囲を守るべきである。

国王や王子たちと親しくなってはいけない。大臣、官長、異教徒たちと付き合ってはならない。高慢な心を持ち、小乗（しょうじょう）の三蔵（さんぞう）（仏の教説である経蔵、教団の生活規則である律蔵、仏の教説をさらに論議し解釈した論蔵）に固執する学者や、破戒の僧や、自分を阿羅漢（あらかん）であると思いなす僧や、浮かれておしゃべり好きな尼僧に近づいてはならない。俗悪なことを好む在家の女や、現世において安穏を求める女の信者たちと親しくなってはいけない。これが菩薩のよい行いといわれるものだ。

もしこれらの人のうちで最高のさとりの境地を求めて菩薩のところにきて、教えを問うものがあれば、どんなことをも恐れず、なにものにもとらわれずに、つねに教えを説くべきである。

婦人や、男でも女でもないものとは付き合わず、家にあっては若い妻女や娘たちは避けなさい。享楽のために生きものを殺すものに親近してはならない。淫売宿の主人、遊女、芸人、詐欺師、格闘家、そのほか享楽をなりわいとする人たちとの交際は断つべきである。一人で女の部屋にはいって教えを説いてはならないし、教えを説く時にはみだりに笑顔をつくってはならない。

村にはいって托鉢をする時には、もう一人の僧を連れていきなさい。もし僧がいなければ、一心に仏を念じなさい。

これが第一のよい行いと正しい交際範囲なのだ。この法華経を信奉する智慧をそなえた人々は、このことを守って暮らすべきなのである。

劣ったもの、すぐれたもの、中くらいのもの、つくられたもの、つくられることのないもの、真実でないもの、それらに煩わされず、問題としてはならない。相手が女であってもそれにとらわれず、男であるからといって分別してはならない。この世のものはすべて生じないことが本質なのだから、それは見ようとしても見ることはできない、これらが菩薩のよき行いのすべてなのである。

この世のすべては実在するものではなく、あらわれたものでもなく、生まれたものでもなく、空で、動きもないのだが、つねに存在している。それが智者の正しい交際範囲というものである。意識の転倒により、すべてが実在しないのに実在するとし、あらわれも生まれもしないのにあらわれ生じたとしたり、実際に起こったものだと倒錯して考えられていた。

菩薩は心を一点に集中させて瞑想にはいり、須弥山のようにつねに動かず、このような境地に安住して、すべてのものを虚空として見るべきなのである。すべてのものはこの虚空と同じで、内実はなく、動くこともなく、幻想を離れ、しかもつねに存在する。このようなあり方が、智者の正しい交際範囲というものである。

私が入滅した後、私のよき行いを守る僧たちは、世間にこの経を広めるべきである。しかも、いささかも心が弱くなりひるんではいけない。智者は静かな部屋にはいって心を正しく整え、ひるまずにこの経を説くのだ。瞑想から立ち上がって、国王、王子、臣民、婆羅門のために法華経を説くならば、その心は穏やかで充ち足り、心が臆することはなくなるであろう。

文殊師利よ、これが菩薩が安楽の境地にはいる初めの法であって、この境地にはいったものが、後の世においてよく法華経を説くのである。

「文殊師利よ、如来が入滅した後の末法(まっぽう)の世の中でこの法華経を説こうとするものは、安楽な境地にいるのである。体得した教えを説く時にも、経を読む時にも、欠点をあげつらうことはない。僧を軽ろんじない。他人の悪口をいわず、欠点や善悪をいわず、声聞の道にいる僧の名をわざわざあげて咎(とが)めたりしないが、またそのよきことを讃歎もしない。彼らを敵視もしない。よく安楽の心をたもっているから、教えを聴きたいと集まってくる人を迎え、親しみ深く教えを説く。質問してくるものがあっても、小乗の教えをもっては答えない。ただ大乗の教えをもって、如来の智慧をさとるようにと願って答えるのだ」

その時、世尊は偈をもってお答えになったのでございます。

菩薩はつねに人々が安穏な境地にはいることを願って教えを説きなさい。清らかな地に高い座をもうけ、塵(ちり)や穢(けが)れを洗って香油を身体に塗り、よく洗った清潔な衣を着て、法座にゆったりと坐り、質問にしたがって教えを説きなさい。

僧、尼僧、信男(しんなん)、信女(しんにょ)、国王、王子、群臣、民衆がくれば、柔和な表情で内容の豊かな話をしてやりなさい。質問を受けたら、彼らにふさわしい方法で答えてやりなさい。因縁やたとえをもちい、すべてを説いて聞かせ、方便によって、だんだんに皆をこの上ないさとりの境地に導いていきなさい。

なまけ心を捨て、退屈な思いを起こさず、不満の気持を払い、人々に慈しみの力をふりそそぎなさい。もろもろの因縁と数限りないたとえを使って、昼も夜もこの上ない教えを説いて、人々を喜ばせ満足させなさい。そして、彼らからは何も求めてはならない。衣服、寝具、飲みものや食料、医薬品などを、彼らに望んではならない。そんなことではなくて、「私もここに集まった人々も仏になりたいのだ。だから私は世間の人々の幸福のために、安楽をもたらす法華経を説こう」ということだけを、いつも願いつづけるのである。

私が入滅した後、この法華経を説くものがあれば、心には嫉妬も怒りもなく、苦悩も障害もなく、憂いも悲しみもなく、ののしるものもなく、恐れもなく、刀杖(とうじょう)を加えられることなく、追放されることはない。彼は忍耐の力を確かなものとしているからである。

智者はこのようによくその心を制御し、私が説くように暮らすものには、幾百千万の数えられない功徳がある。これはどんな計算やたとえをもちいようと、語りつくすことはできないのだ。

「文殊師利よ、如来が入滅した後に末法の世の、正しい教えがまさに滅びようとする時、この法華経を受持し読誦するものは、嫉妬したり、へつらったり、欺（あざむ）いたりする心はない。仏道を学ぶものを軽ろんじたりののしったり、短所をいいつのったりしない。僧、尼僧、信男、信女のうち、声聞の乗り物にいるもの、あるいは独覚の乗り物にいるもの、あるいは菩薩の乗りものにいるもののいずれに対しても、心を混乱させることはない。

『お前たちはこの上ない完全なさとりから遠く離れている。お前たちはこの上ない完全なさとりに到達することはないであろう。お前たちは放逸の人であり、道を求める心において怠惰であるからだ』

このように語って、菩薩の乗り物に乗っているものの心を乱すようなことはしない。教えについての議論のための議論をせず、争ったり競ったりしない。すべての人々に対して大悲の思いを起こし、すべての如来は慈父であると思いなし、すべての求法者を自分の師と思うのである。十方世界にいるすべての菩薩に対して深い心で恭敬し、礼拝する。すべての人々に平等に教えを説くのだ。教えにしたがい、教えを減じもせず増しもせずに説くのだ。たとえ教えを深く愛するものに対してであっても、そのためことさら好意を抱いてはいけない。

文殊師利よ、この第三の安楽行（あんらくぎょう）をそなえた菩薩が、如来が入滅した後の末法の世で教えが滅ぼうとしている時代に、この法華経を説き広めるならば、彼は人々と楽しく触れ合うことができ、危害を加えられることもなく教えを広めることができるであろう。彼が教えを広める際には同学のものが現われ、彼の教えを聞くたくさんの人が現われるであろう。彼らはこの教えを聞き、信じ、その言葉を頼りにし、心にとどめ、理解し、書き写し、経巻を供養し、恭敬し、尊重し、讃歎するであろう」

その時、世尊は重ねてこの意味をのべようとして、偈によって語られたのでございます。


もしこの法華経を説こうと望むなら、妬み、怒り、傲（おご）り、へつらい、欺（あざむ）き、偽りの心を捨てて、つねに心を率直にたもたなければならない。人を軽蔑せず、異なった見解を立てて論争してはならない。あなたは仏のこの上ない智慧を得ることはないといって、人の心を乱してはいけない。

この仏の子が教えを説く時には、心はつねに柔和で忍耐強く、すべてを慈しみ、怠惰な心を生じることはない。

世間を遊行する十方の菩薩たちは、世の人々をあわれんでいる。これらの菩薩たちは私の師であると考え、智者は彼らに尊敬の念を抱くべきである。もろもろの如来、世尊をこの上ない父と思いなし、思い上がった心をことごとく断ち切り、教えを説く際の障害を捨て去りなさい。

このような第三のあり方を聞いた時には、智者はそれを守るべきである。安楽な境地を得るために心を集中させるなら、教えきれない人々に敬われるであろう。

「文殊師利よ、如来が入滅した後の末法の世の、正しい教えがまさに滅ぼうとする時、この法華経を受持するものは、在家や出家の人々から遠く離れて暮らし、しかも慈しみをもって暮らすべきである。まだその境地に到っていないものに対しては慈悲の心を持ち、彼はこのように考えるべきである。

『これらの人は大いなるあやまちをしていて、如来が巧妙な手段をもって語る深い意味の込められた説法を聞かず、知らず、さとらず、問わず、信じず、理解もしない。さらにこれらの人はこの法華経を問わず、信ぜず、理解せずといっても、私はこの上ないさとりを得た時、その人がどこにいようと、私は神通力と智慧力とによってその人の心を回し、この教えの中にいれて成熟させよう』

文殊師利よ、この第四の特性を成就した菩薩は、如来が入滅した後、この法華経を説く時には誰からも邪魔されることはない。つねに僧、尼僧、信男、信女、国王、王子、大臣、庶民、婆羅門、長者等に供養され、恭敬され、讃歎されるであろう。虚空にあるたくさんの神々は、篤い信仰を抱いて教えを聞くためにつねに彼のあとをついていくであろう。村にいようと、僧院にいようと、林にいようと、人がきていろいろと質問をするだろうが、たくさんの神々は昼でも夜でも彼を守護し、彼の説法を聞いてみんな歓喜することだろう。それは何故かといえば、この法華経はすべての過去、未来、現在のこの上ないさとりを得た多くの如来によって加護されているからである。

　文殊師利よ、この法華経は無限の国の中で名を聞くこともなく、ましてこの経を見たり受持したり読誦したりすることはごく稀なのである。

　文殊師利よ、たとえば軍隊を統率することによって覇王となった王（転輪聖王（てんりんじょうおう））がおり、武力によって諸国を降伏させようとして、しかもたくさんの小王が王の命令に従わなければ、転輪王は兵を起こして敵と戦う。王は戦いに功績のある兵士たちを見れば大いに喜び、その戦士たちに恩賞を授ける。あるいは村や領地を与え、都市や城を与え、あるいは衣服や装身具を与え、あるいはいろいろな珍宝や金や銀や瑠璃や螺貝や碼碯（めのう）や珊瑚や琥珀（こはく）や、象や馬の乗り物、奴隷を与えるのだが、王の額を飾る髪の根元の髻（もとどり）の明珠（みょうじゅ）だけは絶対に与えない。それは何故かといえば、この髻の明珠ばかりは、王の額を飾る王であることのたった一つのものだからだ。もし王がそれほどに大切な髻の明珠を与えたなら、王の四つの軍隊の兵士たちはそのことに大いに驚き、怪しく思うであろう。

　文殊師利よ、如来もまたこのようなのだ。瞑想と智慧の力により教えの国を得て、三界を治める。ところがもろもろの魔王はこれにしたがわず、如来の聖なる戦士たちがこれと戦う。教えの王である如来は聖なる戦士たちがよく戦うのを見て、集まっている四衆を喜ばせるためさまざまな小乗の教えを説いたのだが、大乗の教えである法華経についてはついに説かなかったのだ。

文殊師利よ、軍隊を統率することによって覇王となった王が、戦士たちがよく戦うのを見て喜び、自分の財産のすべてを与え、髻の明珠も与えてしまったので、世間の人々は驚きあきれたのだが、髻の明珠を与えるのは、如来も同じなのである。如来は三界の大法王であるから、教えによってすべての人々を導くのだ。教えの王者の如来が正しい教えによって三界を治めている時、声聞や菩薩が人間にいろいろと誤った考えをさせる物質的精神的なあらゆる要素や、煩悩や、死と戦い、貪り憎しみ愚かさの三毒を滅し、三界の束縛から脱出してすべての魔を滅ぼすのを見て、如来は大いなる喜びを覚え、如来はそれらの聖なる戦士たちに対し、人々にこの上ない智慧をもたらすにもかかわらず、すべての世間の人々に歓迎されず信じられず、したがっていまだに説かれていない法華経を説いたのだ。つまり、如来は法華経の教えという髻の明珠をすべての人々に贈ったのである。

文殊師利よ、この法華経は如来の最高の説法で、最終段階の説法である。すべての経典の中で最も深遠で、世間では受け入れがたく、最後に与えるものなのだ。軍隊を統率することによって覇王となった王が、長いこと大切にしていた髻の明珠を頭からはずして戦士たちに与えたようなことなのだよ。文殊師利よ、この法華経は如来の秘伝の教えで、もろもろの教えの中の最高のもので、長いこと大切にしてきてみだりに語らないできたのだが、今日はじめてお前たちのために説いたのである」

その時、世尊は重ねてこの意味をのべようとして、偈によって語られたのでございます。

つねに忍辱を行じ、生きとし生けるものすべてを憐れんで、仏たちが説かれた経典をひろめなさい。如来が入滅した後の世に法華経をよく護持するものは、在家であれ出家であれ、また菩薩であろうとなかろうと、すべてのものに慈悲の心をおこしなさい。

これらのものは、この法華経を聞かず信じないのは、大きな誤りなのだ。私が仏道を得たならば、いろいろな方便を用いてこの法華経を説き、その中に安住させよう。

たとえば軍隊を統率することによって覇王となった王が戦いに功績のある戦士たちに、ほうびを与えたとする。象、馬、車、身を飾る道具、田、家、村、城などを、また衣服、金、銀、真珠、宝珠、螺貝、水晶、珊瑚や奴隷などを与えるとする。ことに輝かしい武勲を立てた戦士には、王は髻の明珠をはずして与える。

これと同じように、教えの王である如来は忍辱の大きな力を持ち、智慧の宝蔵を所有して、大慈悲心により教えをもって世を統治する。すべての人のもろもろの苦悩を受けて、苦しみから逃がれる道を示す。もろもろの魔と戦うのを見ては、この人のために教えを説き、方便をもって経を説く。すでに人々は煩悩を滅して清らかになったことを知り、最終段階としてこの法華経を説くのは、王が髻の明珠を解いて最後にこれを与えるのと同じことである。この法華経はすべての経の中の最高の尊いものであり、私はこれをつねに守護していたずらに開示してこなかった。今こそ、この法華経を説こう。お前たち、聞くのだよ。

私が入滅した後、仏道を求めるものがあって、心穏やかにこの法華経に触れたいと願うなら、身・口・意・誓願の四安楽行を守らなければならない。この経を読むものは、憂いも悩みもなく、病気の苦しみもなく、顔色がよくて元気である。人々は如来を慕うようにそのものにお会いしたいと願い、天の童子たちがつねにつかえている。彼の身体には刀も杖も当たらず、毒もきかず、彼をののしるものがあればそのものの口は鎖されるであろう。遊行すれば、智慧の光明は日が照らすかのようであろう。

夢の中でも、美しいものしか見ない。たくさんの如来が獅子座に坐して、たくさんの人々に囲まれ説法している姿を、夢に見るであろう。

ガンジス河の砂の数ほどの竜神や阿修羅が恭敬して合掌しているのを夢に見て、彼らに教えを説こう。

諸仏は身体を金色にして、無量の光明を放ってすべてを照らし、気持ちのよい声で教えを説く。仏は人々のためにこの上ない教えを説き、彼は人々の中に立って合掌して仏を讃える。彼は教えを聞いて喜び、供養し、引き返すことのない智慧に到達して、夢の中で人々に教えを説くために得るべき記憶力を獲得する。仏は彼の望みを知り、彼が仏になるであろうと予言する。

彼は来世にこの上ない仏の大道を得るであろう。その国土は清らかでたとえるものもないほどに広く、たくさんの人々が合掌して、どうか教えを説いてくださいと願うであろう。そのような夢を見るのだ。

彼は山の中にいて、よき教えを習い修め、いろいろなものの実相をさとり、深い瞑想にはいって、十方の仏に会うという夢を見るであろう。

身体は金色で、百の福徳のある相を持った仏を夢の中に見て、彼は教えを聞くであろう。また、こんな夢を見るであろう。王国や宮殿や親族やすべてを捨て、またすべての快楽を捨てて修行をし、菩提樹の下の獅子座に坐り、道を求めて七日間が過ぎ、仏の智慧を得て、この上ないさとりの境地に至った。その獅子座から立って、教えの車輪を回した。限りない時間、限りない人々に汚れのない教えを説いて、数限りない人々を救い、この上ないさとりを完成して油の尽きた燈火のように消える。彼はこんな夢を見る。

もしこの悪世（あくせ）に、私が説き起こした最高の教えであるこの法華経を説いて世に広めるものは、多くの賞讃を受けるであろう。

従地涌出品第十五

◆じゅうじゆじゅつほん

その時、ほかの国土からやってきた菩薩たちのうち、八つのガンジス河の砂の数ほどのものが大衆(だいしゅ)の中から起立(きりゅう)し、合掌し、礼拝して、このように申し上げたのでございます。

「世尊よ、世尊が入滅した後、この娑婆世界でつとめて精進してこの法華経を護持(ごじ)し、読誦(どくじゅ)し、書写(しょしゃ)し、供養することをお許しください。そうすれば私たちはこの国で法華経をよく広めましょう」

すると仏はその菩薩たちにこのようにおっしゃったのでございます。

「お前たちよ、その必要はない。よその国のお前たちが法華経をこの国で護持する必要はない。何故かといえば、わが娑婆世界に六万のガンジス河の砂の数に等しい菩薩がいて、菩薩の一人一人にはそれぞれ随行者がついている。彼らは私が入滅した後、法華経を護持し、読誦して、広く説くからである」

仏がこのように説かれた時、娑婆世界の三千大千国の地面が裂け、その中から無量千万億の菩薩が涌き出してきたのでございます。これらの菩薩はみな、身体が金色で、偉大な三十二の吉相をそなえていました。彼らはずっと前から娑婆世界の下にある虚空の中にとどまっていて、釈迦牟尼仏の声を聞き、地中から現われてきたのです。これらの菩薩の一人一人が、六万のガンジス河の砂の数に等しいに随行者を連れており、いずれもたくさんの弟子を持つ指導者でありました。

五万、四万、三万、二万、一万のガンジス河の砂の数に等しい随行者を連れたものもおりました。ガンジス河の砂ひとつ分、半分、四分の一、無限の数から億万、千万、百万、一万、一千、百、十、五、四、三、二、一の弟子をひきいたものや、自分一人だけの菩薩もいて、それは様々でした。大地の割れ目からでてきた菩薩はあまりにも多く、無量無辺で、計算することも譬喩で表現することもできません。

これらの菩薩は地より出ずるとそれぞれが空中にとどまり、かの尊き多宝如来と釈迦牟尼如来とがいっしょに獅子座に坐っている大宝塔に近づきました。二世尊に向かい、足に頭をあてて恭敬し、礼拝をしました。釈迦牟尼如来がおつくりになった分身で、あまねく十方の異なった世界から参集し、宝樹の下にある獅子座に坐っている如来たちにも礼拝しました。これらすべての如来に礼拝し、右めぐりに何百何千回と回り、菩薩への讃辞をのべ、今度は片隅に坐って合掌して釈迦牟尼如来と多宝如来とをあおぎ見ました。

こうしている間に五十小劫(こう)がたちました。この間、釈迦牟尼如来は黙って坐っておられたのです。ここに集まっていた四衆も、五十小劫の間黙って坐っていたのですが、仏が神通力をかけていましたので、わずかに半日としか感じませんでした。その時四衆は仏の神通力のため、無量百千万億の国土の虚空にたくさんの菩薩が充満しているのを見ました。

これらのたくさんの菩薩衆の中に、四大菩薩がいました。上行(じょうぎょう)菩薩、無辺行(むへんぎょう)菩薩、浄行(じょうぎょう)菩薩、安立行(あんりゅうぎょう)菩薩の四人でございます。四菩薩は大衆に中にあって上首で、大衆の先頭で釈迦牟尼仏に向かって合掌してこのように申し上げました。

「世尊におかれましては病気もなくご無事で、安楽にお暮らしでしょうか。人々は教えを受けとめているでしょうか。世尊を疲れさせることはありませんでしょうか」

その時、四人の菩薩は偈(げ)(詩頌(しじゅ))によってこのように語ったのでございます。

世尊は安楽にお暮らしでしょうか。病気もなく、ご無事でしょうか。

人々を教えさとすことに、お疲れではありませんか。

人々は教えを受けとめているでしょうか。あなたにご心労をおかけすることはありませんか。

その時、世尊は菩薩の大集団の上座の四菩薩に、次のように話しかけられたのでございます。

「そのとおりである。そのとおりである。私は安楽で、病気もなく、無事である。人々は教えを率直に受け入れるので、私に疲れはない。私は心労を感じない。それは何故かといえば、これらの人々は前世においてすでに仏のもとで教えを受け、善根を植えていたので、はじめて私を見ただけで、はじめて私の教えを聞いただけで、それを受け入れ、如来の智慧を理解し、教えの中にはいっていくからである。先に小乗（しょうじょう）の教えを学んできた者には私は今この法華経を聞かせて、最高の真理を説き聞かせるのである」

その時、この菩薩たちは偈によって申し上げたのでございます。

素晴らしい、なんと素晴らしいことでございましょう。偉大な勇者よ。

人々は気持ちが率直で、教えをよく聞き、よく受けとめると聞いて、私たちもたいそう喜んでおります。彼らはあなたの深遠な智慧を聞き、受けいれ、その中にはいっていくからです。私たちもお喜び申し上げます。

このように申し上げますと、世尊は上座の四菩薩を讃えられたのでございます。

「素晴らしい。まことに素晴らしい。お前たちが如来を讃えるのは」

その時、弥勒菩薩と八つのガンジス河の砂の数に等しい幾千万億の菩薩たちは、このように思いました。

「私たちは昔からこのかた、こんなにたくさんの菩薩たちが地中から涌き出して、世尊の前に現われ、合掌し、供養して、如来にご機嫌を伺っている光景を見たこともなければ、聞いたこともない」

この時、弥勒菩薩は八つのガンジス河の砂の数ほどの菩薩たちの心の思うところを知り、自分の疑問も解決しようとして、合掌して、仏に向かって偈によって問うて申し上げました。


無量千万億のこんなにたくさんの菩薩を、これまで見たことがありません。願わくは両世尊よ、お教え願いたいのです。彼らはどんな因縁があって集まったのですか。

彼らは浄身であり、智慧は深くて意思は固く、どんな苦難にも耐え、見た目も美しいのです。彼らは何処からきたのですか。

これらたくさんの菩薩たち一人一人に、ガンジス河の砂の数ほどの随行者がいます。ことに徳の高い大菩薩には、六万のガンジス河の砂の数ほどの随行者があふれています。彼らはすべて、一心に仏道を求めているのです。

これらの菩薩たちの随行者は、これも六万のガンジス河の砂の数ほどあり、五万、四万、三万、二万、一万のガンジス河の砂の数ほどの随行者を連れた菩薩はさらに多いのです。一人一人の菩薩には四、三、二、一のガンジス河の砂の数ほどの随行者がいて、彼らはすべて弟子であり友人であります。

随行者の数がガンジス河の砂の数の半分、三分の一、十分の一、二十分の一、それから千万の随行者、百万、五十万、二十万、十万、五万、四万、三万、二万、一万のガンジス河の砂の数と、数えていったらどんなに時間があっても足りるものではありません。独りで歩く菩薩まで数えるとしたら、どんなことをしても数えられません。

高潔なる心を持ち、たえず精進をつづける菩薩たちに、誰が教えを説き、誰がさとりを求めて歩ませたのですか。彼らはどんな経典を受持し、行じ、どのような教えを貴くと思うのですか。

彼らは四方の大地の裂け目から涌出してきたのです。世尊よ、私たちはいまだかつてこんなことは見たことがありません。どうか彼らが生まれた国の名をお教えください。

どうか彼らが涌出してきた因縁をお教えください。

ここにいる幾百万幾千万の菩薩たちは、心からそれを知りたいと願っているのです。

その時、釈迦牟尼如来の分身（ふんじん）として無量千万億の他の国土で教えを説きそこからやってきた如来たちは、八方にある宝樹の下の獅子座に、結跏趺坐（けっかふざ）をしていたのでございます。これらの如来の一人一人の随行者たちも、数えきれないほどの菩薩が三千大千世界の四方で、地から涌（ゆ）

出（じゅつ）して虚空（こくう）にひろがるのを見て不思議に思い、それぞれがつかえる如来に申し上げました。

「この数えることもできない菩薩たちは、何処からきたのですか」

如来たちはそれぞれの随行者に伝えたのでございます。

「しばらく待つのだよ。尊き釈迦牟尼如来がご自身の後につづいてこの上ない完全なるさとりの境地に到達すると予言された偉大なる弥勒菩薩が、その訳を尋ねられた。お前たちはそれを聞くがよい」

その時、釈迦牟尼如来は弥勒菩薩にお告げになりました。

「善（よ）いかな、善いかな。阿逸多（あいった）（弥勒の別名）よ、よくぞお前はそのように大事なことを尋ねてくれた。お前たちは心を集中させ、信念を持って精進するがよい。如来は今、如来の智慧、神通力をもって説き示そう」

その時、世尊は重ねてこの意味をのべようとして、偈によって語られたのでございます。


お前たちは心を集中させて精進しなさい。私は真実を説こう。疑念を持ってはいけない。如来の智慧はすべてを超越しているのだ。

お前たちよ、今信仰心によって、心を安穏に保ちなさい。お前たちはかつて聞いたことのない教えを、これから聴くであろう。

決して疑いを持ってはいけない。如来にはいつわりの言葉はなく、智慧ははかることはできない。如来がさとった教えはあまりにも深く、その深さを語ることはできない。その教えを、今説こう。お前たちは心を集中して聴くのだよ。

世尊はこの偈を唱えてから、弥勒菩薩に告げたのでございます。

「私は今、この大衆(だいしゅ)に告げよう。阿逸多よ、この数えることもできない数の地より涌出した菩薩たちは、お前がいまだかつて見たこともないものたちである。私はこの娑婆世界において、この上ない完全なさとりの境地に到達するように説き、教導し、心を勇み立たせて道を求める心を起こさせた。このたくさんの菩薩は、この娑婆世界の下や、この娑婆世界の虚空に住み、多くの経典を読み理解し、正しく考えてきた。阿逸多よ、彼らは多くの人と交わることを願わず、つねに静かなところを好み、努力し精進して、安逸をむさぼらず、神々や人間のそばに住まず、どんな障害もなく仏の教えを楽しみ、この上ない深い智慧を求めている」

その時、世尊は重ねてこの意味をのべようと、偈によって語られたのでございます。

阿逸多よ、まさにお前は知らなければならない。これらの菩薩たちは、幾千万億劫の間、仏の智慧を得ようと修行してきたのだ。私は彼らのすべてをこの上ないさとりの境地に導いたのである。彼らは私の息子である。彼らは私の国に住んでいる。

彼らは私の修行にならって、衣食住への欲望を断った清浄なる修行をし、静かなところを求めて大衆の雑踏を避け、世間から離れたところにいる。彼らはこの上ない境地に至ろうとして、昼も夜も怠けることなく精進し、娑婆世界の下のほうの虚空に住んでいる。彼らは思慮深く、はかりしれぬ智慧の力を身につけており、いろいろな教えを説いて自信にみなぎっているのだ。

私は伽耶城の菩提樹の下に坐り、そこでこの上ない最高のさとりを得て、この上ない教えを説いて、すべての人にこの最高のさとりの境地にはいるよう成熟させたのだ。

私は今、汚れのない真実の言葉を語ろう。お前たちは信じるのだよ。私がこの上ない境地に達したのは遙か昔のことであり、それ以来ずっと私はたくさんの人々に教えを説いてきたのだ。

その時、弥勒菩薩とそのほかの数えることもできない菩薩たちは、心に疑惑を生じ、これは不思議なことだと怪しんで、こう思ったのでございます。

「どのようにして世尊は少ない時間でこんなにもたくさんの菩薩たちに教えを与え、この上ないさとりの境地に住まわせたのでしょうか」

そこで弥勒菩薩は世尊に申し上げたのでございます。

「世尊よ、あなたは太子として生まれながら釈迦族の宮殿を出られ、伽耶城から遠くないさとりの座に坐られて、この上ないさとりの境地に至られました。その時から今までで四十年です。

世尊よ、どのようにしてこの短い期間で、こんなにもたくさんの菩薩に教えを与え、この上ないさとりの境地に導いたのでございますか。この菩薩の大集団は幾千万億劫の間数えても、数えつくすことはできません。彼らは数えきれない如来のもとで、長い間善根を植え、菩薩の道を完成させ、いつも純潔な生活を守って修行してきたのですよ。

世尊よ、私には信じられないことがあるのです。たとえば肌艶がよく髪の黒い二十五歳の若者が、百歳の人を指して、これは我が子ですというとします。その百歳の人もまた、年少の人をさして、これが私の父で私を育ててくれましたというとします。これは信じられないことなのですが、世尊もこのようにおっしゃっているのですよ。世間の人は信じることができません。

世尊は最近、この上なく完全なさとりの境地に到達しました。しかるにこのたくさんの菩薩たちは、幾千万億劫の間純潔を守って修行し、長いこと精進して偉大なる神通力を得て、その神通力を磨いてさとりに至ることが確定し、如来の教えを巧みに語り、問答もうまく、人間の宝としてすべての世間で稀有な存在です。世尊とこの菩薩たちの関係は、二十五歳の父と百歳の息子との関係と同じです。

世尊は彼らをはじめて発心(ほっしん)させ、教えさとし、この上ないさとりの境地に導いたとおっしゃいます。世尊がこの上ないさとりの境地にはいって間もないのに、どうしてそのような貴いことができるのですか。如来は間違ったことを語る御方ではございませんから私たちは信じるのですが、新たに大乗(だいじょう)の教えの乗物に乗った菩薩たちは疑惑を持ちます。世尊が入滅した後にこの言葉を聞いても信用せず、教えを破ることになるでしょう。世尊よ、私たちがこの教えに疑問を持たず、未来世に菩薩の乗物に乗るものたちが疑惑を抱かないように、どうかそのわけをお教え願いたいのでございます」

その時、弥勒菩薩は重ねてこの意味をのべようと、偈によって語ったのでございます。

あなたはその昔、釈迦族の宮殿を出られ、伽耶の近くの菩提樹の下に坐られました。それ以来、わずかな時間でございます。

その一方、あなたの子供たちは数えることもできないほどたくさんいます。彼らは長いこと厳しい修行をして、すぐれた神通力と智慧を得ています。よく菩薩の道を学んで、世間の汚れに染まらないことは、睡蓮の花が泥の中に生きながら泥に染まらない美しい花を咲かせるようです。その睡蓮の花のように汚れることなく、大地の中より涌き出して、あなたの前に恭敬(くぎょう)の心を起こし、堂々と坐っています。

この菩薩たちは、どうやってあなたのおっしゃる不思議を信じることができましょう。あなたがこの上ないさとりの境地にはいられたのはごく最近で、なしとげられたことはあまりにもたくさんあります。どうか人々の疑念を晴らし、その意味をありのままにお話しください。

たとえばここに二十五歳の若者がいるとしましょう。髪が白くて顔が皺だらけの百歳の人を指さして、これは私の子ですといったとします。百歳の人も二十五歳の人を指して、これは私の父ですといったとするのです。父は年が若く、子が老いていれば、世間では父子といっても誰も信じないでしょう。

これと同じようなことなのですよ。世尊は道を得てからそれほど時間がたっていないのに、これらの菩薩たちは意志が強く、気遅れすることもなく、深い智慧を持って、幾千万億劫の無限の歳月を修行してきたものです。菩薩の道をいき、教えについて難解な議論も巧みに話し、心はいつもまっすぐです。迫害にあっても屈せず、端正で気品があり、十方の如来たちにも賞讃されています。

人間がたくさん群れているところにいず、静かに森に住み、いつも瞑想をしています。仏道を求めて、地の下の虚空界で執着もなく精進努力しているのです。

世尊よ、お願いですから未来のもののためにお話しください。この数えることもできないほどたくさんの菩薩たちを、どのようにして短期間のうちに教化(きょうけ)し発心させ、そこから一歩たりと退がらない境地に導いていったのでございますか。

如来寿量品第十六

◆にょらいじゅりょうほん

その時、世尊はすべての菩薩にお告げになったのでございます。

「私を信じなさい。真実の言葉を語る如来を信じるのだよ」

さらに再び、世尊はすべての菩薩にお告げになったのでございます。

「私を信じなさい。真実の言葉を語る如来を信じるのだよ」

さらに三たび、世尊はすべての菩薩にお告げになったのでございます。

「私を信じなさい。真実の言葉を語る如来を信じるのだよ」

この時、たくさんの菩薩たちは弥勒(みろく)（マイトレーヤ）菩薩を先頭にし、合掌して世尊に申し上げたのでございます。

「世尊よ、願わくはどうぞお話しください。われわれは如来のお言葉を信じます」

さらに再び、さらに三たび、菩薩たちは世尊に申し上げたのでございます。

「世尊よ、願わくはどうぞお話しください。われわれは如来のお言葉を信じます」

世尊は菩薩たちが三たびも心からの願いを示したことを知り、お話をはじめられたのでございます。

「お前たち、よく聴くのだよ。如来の秘密と、神通力とを。すべての世間の神と人と阿修羅は、今の釈迦牟尼如来は釈迦族の宮殿から出家され、伽耶城で修行の道場に坐して、この上ないさとりの境地にはいったと思っている。お前たちよ、そうではなくて、私がさとってすでに幾千万億劫という想像することも計算することもできない遠大なる時間がたっている。それは五百千万億の三千大千世界にある大地の微粒子の数と同じなのだ。この世に生まれたある人が、その微塵の一粒を手にし、東方の五百千万億の無数の世界を超えていってその一粒を捨てる。こうやって幾千万億劫の間捨てつづけ、この微塵を地上よりなくしてしまうようなものなのだ。お前たち、どう思うか。この大地の微塵の微粒子の数を、想像したり計算したり、また比較したり、そんなことができると考えるか」

世尊がこのように語られた時、弥勒菩薩たちはこのように申し上げたのでございます。

「世尊よ、このもろもろの世界の大地の微塵の数は際限もなく、数えることもできず、心の力のおよぶ範囲を越えています。すべての声聞や独覚たちでさえ、その神聖な智慧をもってしても、どのように思惟してもその数を知ることはできません。私たちは仏になることが決まっていて再び凡夫には戻りませんが、このことについては心の働きがおよばないのです。世尊よ、このようにもろもろの世界ははかり知れないのです」

　この時、世尊は菩薩たちにお告げになったのでございます。

「お前たちによくわかるように、私は今語ってあげよう。かの男が微粒子を運んで捨てた世界にせよ、捨てなかった世界にせよ、それらの世界にどれほどたくさんの微塵があったにしても、その数は私がさとりを得てからの幾千万億劫より多くはない。さとりを得てより、私はつねに娑婆世界にあって人々に教えを説き、教化してきた。また幾千万億の国でも、人々を導いて制してきた。お前たちよ、その間の私は燃燈如来として正しいさとりを得た尊敬さるべき如来たちを讃え、それらの如来たちが完全な涅槃にはいるであろうと説いた。それらは皆、巧みな方便をもって教えを説くためであった。お前たちよ、次から次に人々が私のもとにやってくるのだが、彼らには能力と精神に優劣があり、私はそれぞれどのような違いがあるか見究める。煩悩を制するのにどの程度の力があるかも知って、それぞれの世界においてそれぞれ異なる名をのべる。それぞれの世界においてその人が完全なる涅槃にはいるであろうと告げ、それぞれに巧みな方便をもってそれぞれにあった教説を説き、それぞれの人に歓喜の心を起こさせたのだ。そのうちで善根に乏しく、煩悩が多く、それぞれに異なる意向を持っている人には、こう語る。『僧たちよ、私は生まれてからまだ年少であったが、私は出家した。私がこの上ない正しいさとりの境地にはいってから、それほど時はたってはいない』
私が遙か遠い時代にさとりの境地に達したと説くのも、最近さとりを得たと説くのも、方便によって人々に正しい教えを説き、仏道にはいらせるためである。お前たちよ、如来が語るすべての経典は、みな人々を救うためにある。如来は自分自身のことを説き、他のもののことを説き、自分自身の姿を示したり、他のものの姿を示したり、さまざまな言葉を語るのだが、これらはすべて真実であり、偽りではない。

なぜかといえば、如来は衆生が生死（しょうじ）の流転をくり返す迷いの世界、すなわち三界（さんがい）（欲界＝欲望のある者の世界、色界（しき）＝物質の世界、無色界（むしき）＝物質を超越した世界）をそこに在るものとしてありのままに見る。三界とは、生まれず、死なず、消滅せず、生（しょう）ぜず、流転せず、完成せず、真実でなく、真実でなくもなく、存在せず、存在しないでもなく、このような在り方でもなく、別の在り方でもなく、偽りでなく、偽りでないものでもなく、別のものではない。如来はこの世のことを明らかに見て、誤りはない。如来がある言葉を語るとそれはすべて真理であって、偽りでもなく、誤りでもない。もろもろの衆生には、善根の改め難い種種の性（しょう）があり、願うところが異なる種種の欲があり、過去に行った種種の行（ぎょう）があり、過去の縁が思うようにならないことを振り返る種種の憶想（おもい）がある。そのために、如来はそれぞれに善根を生じさせようとして、それぞれの因縁やたとえの言葉をもって、さまざまに教えを説き、如来が実行しなければならないことを実行するのだ。

如来は遠い昔にさとりをひらき、はかり知れぬ寿命を持ち、滅することなくこの世に存在する。如来は入滅することはないのだが、人々を教え導くため涅槃をして完全なさとりの境地にはいってみせたのだ。しかも、私は菩薩としての前世の修行は完成していない。私の寿命も尽きてはいない。私の寿命が尽きるまで、まだ幾千万億劫の二倍もある。私は入滅することなく、完全なる涅槃にはいると告げる。なぜかといえば、人々を成熟(じょうじゅく)させたいからである。私が実に長い間この世にいるとわかると、人々は私とたえず会って私を頼りきり、善根を育てず、福徳を失い、貧しくなり、愛欲にふけり、誤った見解の網にからめとられるかもしれない。如来はここにいると思えば、如来に会うことは困難ではないと考えるであろう。そう思い込ませないようにとの配慮によってである。如来がそばにいると考えると、三界から脱出することをおこたり、如来に頼ろうとしてしまう。

このために如来は方便を持ち、こう語るのである。

『僧たちよ、如来がこの世に現われるのはまことに困難なのだと知るべきである』

それはなぜであるか。もろもろの徳の薄い人々は、幾千万億劫という長い期間を過ぎても、如来を見るものがあったり、見られなかったりするからだ。こうして私は、如来を見るのは簡単ではないと語るのである。このような言葉を聞いた人々は、如来に会いたいと心に恋慕をいだき、渇仰(かつごう)して如来の教えを心にとどめ、心に善根を植えるであろう。こうして如来は彼らの安心になり、彼らの幸せになるのだ。だからこそ如来は実際には滅度(めつど)しなくとも、人々を教え導くために、完全なるさとりの境地である涅槃にはいったと告げる。如来の方法はこのようである。人々を救おうとするためであるから、如来の言葉は偽りということではない。

お前たち、ここに名医がいたとする。智慧があり、学識がそなわり、知性豊かで、薬の知識もあり、よくいろいろの病気を治す。その人には息子が多く、十人、二十人、あるいは百人もいたとする。この医師が外国にいった留守に息子たちはみな毒にあてられたとする。息子たちは毒に悶え苦しみ、地面を転げまわっていた。この時に、父親が外国から帰ってきたのだ。子供たちの何人かは本心を失い、何人かは失っていなかった。彼らは遠くから父親の姿を見て、みな大いに歓喜し、ひざまずいてたずねた。

『お父さん、ご無事でお帰りなさい。私たちは愚かで、誤って毒薬を飲んでしまいました。お願いですから毒を消して、私たちの命をお救いください』

父は息子たちが苦しんでいるのを見て、よい薬草を処方し、色も香りも味もよくて効き目のある薬を石臼でひいて調合し、飲ませるためにこういった。

『この良薬は、色も香りも味も申し分ない。お前たちよ、これを飲みなさい。すぐに毒は消えて、病気は治るからね』

その息子たちのうちで心を失っていないものは、この良薬の色と香りがよいのを見てただちに服用し、ただちに病気は癒えた。心を失った息子たちは父がやってきたのを喜び、病気を治してくれるように求めたけれど、薬を与えられても服用しなかった。なぜかといえば、毒気が深くはいって本心を失っていたので、色はよく香りもよいのに味が悪いと思っていたからだ。

そこで父は息子たちに薬を飲ませようとしてこう考える。

『この子供たちは可哀相だ。毒にあてられて、心が転倒している。彼らは私を見て喜び救いを求めているのに、このような良薬を与えても飲もうとしない。私は今方便を使って、この薬を服用するようにさせよう』

そこで医師は巧妙な方便を使ってこのようにいうのだ。

『お前たちよ、どうか知っておくれ。私は今、老いて衰え、死の時が近づいた。この良薬をここに置いておく。お前たちよ、ここにきて取って服用しなさい。効かないのではないかと、疑ってはなりませんよ』

このように教えておいて、他国にいき、使いをだしてこう告げさせる。

『お前たちの父はすでに死んだ』

この時、たくさんの子供たちは父が死んだと聞いて、非常に嘆き悲しみ、こう思ったのだった。

『もし父がおられるのなら、私たちを慈(いつく)しんでいろいろ助けてくれるでしょう。今、私たちを捨てて遠い他国でみまかられました』

彼らは頼むものもない自分自身をかえりみて、つねに悲しみをいだき、転倒していた心がついに目覚めたのだ。この薬の色も香りも味もよいことを知って、服用した。その薬の力によって彼らは苦しみから完全に解き放たれたのだ。そうしておいて、医者が姿を現わすのである。
このことをお前たちはどう考えるか。かの医者が巧みに方便を使ったことを、嘘つきであると非難しようか」

「非難することなどあり得ません」

菩薩たちがいうと、世尊は次のようにおっしゃったのです。

「私もまたかくあるのである。私がこの上ないさとりの境地に達してから、はかり知れず数えることもできない幾千万億劫がたつ。その時以来、人々のために巧みな方便をもって入滅すると説いたのだが、それは人々を教え導くためであって、私の言葉に偽りはまったくないのだ」

そこで世尊は重ねてこの意味をのべようとして、偈（詩頌）によって語られたのでございます。

私がこの上ないさとりの境地に達してから、過ごしてきた歳月ははかることも数えることもできない幾千万億劫の昔であるのだが、それ以来はかることも数えることもできない人々に教えを説いてきた。幾千万億劫の間、幾千万億の人々を、さとりの智慧の境地に安住させた。

人々を救うために、巧みな方便により涅槃を現わしたのだが、実際には入滅せず、いつもここにあって真理を説いている。私はここにいるのだが、いろいろな神通力を使っているので、心が転倒した愚かな人々には、私の姿を見ることはできないのだ。

人々は私が完全に滅したと考えて、広く舎利(しゃり)を供養し、恋慕の心をいだき、渇仰の心を生じる。人々の心が正しくなり、愛欲を離れ、穏やかになって、心から私に会いたいと欲し、身体も命も惜しまないのなら、私は弟子たちとともに霊鷲山(りょうじゅせん)に姿を現わすであろう。そして、私は人々にこのように語ろう。

「あの時、この場所にいて、私は入滅したのではない。僧たちよ、私は涅槃にはいって入滅したと見えたのは、私の巧みな方便であって、私はこの世に何度でも現われる。この国で恭(く)敬(ぎょう)し信じるものがあれば、私はそのもののためにこの上ない真理の教えを説こう」

お前たちはこのことを聞かないで、私がただ入滅したと思った。私が人々を見るところによると、みんな苦海に沈んでいる。その時には姿を現わさない。私に会いたいという渇仰心を起こし、心から恋慕するならば、私はこの姿を現わして教えを説くであろう。

神通力はこのようなのだ。はかることも数えることもできない幾千万億劫の間、私はいつも霊鷲山か、もしくはほかの私のさまざまな住居におるであろう。

人々がこの世界は劫火(ごうか)によって焼かれていると見える時も、私の仏国土は安穏であり、神々や人間で満ちているのだ。庭園やさまざまの堂閣は色とりどりの宝をもって荘厳(しょうごん)され、宝樹には花も果実も多く、人々は遊楽している。神々は天空で鼓(つづみ)を打ち、多くの楽器を奏で、曼陀羅華(まんだらけ)の雨を降らせて、私や弟子たちの上にそそぐ。

私の仏国土はいつもこのようであるのに、人々は私の仏国土が燃えていて、憂いや恐怖や苦悩が充満していると見ている。幾千万劫が過ぎても、如来である私の名を聞かず、教えを信じて修行する僧たちの名も聞かない。悪業の因縁とはこのようなものなのだ。心が柔和で率直な人々は、生まれるとすぐ、清らかな因縁により、ここにあって教えを説いている私を見るのだ。

ある時は私は人々のために私の命は無限だと説き、久しぶりに私に会うものには、仏にはめったに会うことはできないのだと説く。私の智慧はこのように光りに輝き、無限である。私の寿命が無限なのは、昔修行をしてこの境地に達したからなのだ。

お前たちよ、このことを疑ってはいけない。疑惑は断たなければならない。私の言葉はいつでも真実なのだ。かの医者がよく方便をもち、意識の転倒した息子たちを治すために自分が生きているにもかかわらず死んだといっても、賢い人はその医者を嘘つきといって非難することはない。それと同じことなのだ。

私は世の父であり、もろもろの苦しみを救うものであって、医者でもある。人々の意識が転倒しているのを見て、判断力がなくなっているのを知り、実際にはここに存在しているのに入滅したと見せたのだ。

それは何故であるか。いつも私を見ていると、愚かで無知な人々は奢りの心を生じ、私をあてにして愛欲に狂い、思慮を失い、悪道に堕ちるであろう。

私はつねに人々が修行をしているかしていないかを知り、彼らにふさわしいやり方で道を説く。どのようにして彼らをさとりの境地に導こうか、どのようにして彼らに仏の教えを得させようかと考え、私は人々に語りかける。

分別功徳品第十七

ふんべつくどくほん

◆

如来の寿命の長さは永遠であるという教えが説かれている間に、数えきれないほどの人々がはかるほどもできない大いなる利益を得たのでございます。

時に世尊は弥勒（マイトレーヤ）菩薩にお告げになりました。

「阿逸多（弥勒）よ、如来の寿命の長さは永遠であるという教えが説かれている間に、六百八十万億のガンジス河の砂の数に等しい幾千万億の菩薩たちが、存在するものは生せず滅せずという真理を得た。またその千倍の菩薩たちが、他を教え導くことのできる心と智慧の記憶力を得て、教えを巧みに自在に説くことができるようになった。

さらにまた、一千世界の大地の微塵な数ほどに等しい菩薩たちは、この教えを聞いて、教えを巧みに語る力を得た。

さらにまた、二千世界の大地の微塵の数ほどに等しい菩薩たちは、この教えを聞いて、幾千万億回を回転して煩悩を分離させる精神力を得た。

さらにまた、三千世界の大地の微塵の数ほどに等しい菩薩たちは、この教えを聞いて、人々を導く教えの車輪を回した。

さらにまた、中くらいの世界の微塵の数ほどに等しい菩薩たちは、この教えを聞いて、汚れのない教えの車輪を回した。

さらにまた、小さな世界の微塵の数ほどに等しい菩薩たちは、この教えを聞いて、八度生まれ変わったのち、この上ない完全なさとりの境地に到達した。

さらにまた、四大洲、すなわち須弥山（しゅみせん）の四方の四大海にある四つの島の微塵の数ほどに等しい菩薩たちは、この教えを聞いて、四度生まれ変わったのち、この上ない完全なさとりの境地に到達した。

さらにまた、三つの四大洲の微塵の数に等しい菩薩たちは、この教えを聞いて、三度生まれ変わったのち、この上ない完全なさとりの境地に到達した。

さらにまた、二つの四大洲の微塵の数に等しい菩薩たちは、この教えを聞いて、二度生まれ変わったのち、この上ない完全なさとりの境地に到達した。

さらにまた、一つの四大洲の微塵の数に等しい菩薩たちは、この教えを聞いて、一度生まれ変わったのち、この上ない完全なさとりの境地に到達した。

さらにまた、八つの三千大千世界の微塵の数に等しい菩薩たちは、この上ない完全なさとりの境地に到達したいという心を起こした」

世尊がこれらの菩薩たちに教えを理解する道を示すやいなや、虚空の中から曼陀羅華と摩訶曼陀羅華の雨が降ってきたのでございます。幾千万億の世界の宝樹のもとの獅子座に幾千万億の仏たちが坐っておられたのですが、その上にも花の雨は降りそそぎました。この上ないさとりの境地にはいって七宝の塔の中の獅子座の上の釈迦牟尼仏の上にも、この上ないさとりの境地にはいってのちに滅度された多宝如来の上にも、花の雨は降りそそぎました。またすべての菩薩の上にも、四種の人々の上にも、花の雨は降りそそいだのです。栴檀や沈香の粉が天から降ってきましたし、天の鼓の妙なる音が響いていました。千種類の天衣が降ってきましたし、真珠の首飾りや宝石の首飾りが、頭上高い空中のあらゆるところに浮かびました。数えきれないほどの香炉には香がたかれました。空中では菩薩たちが一人一人の如来の宝石の傘蓋をさしかけ、それが梵天の世界に到るまで空高く列をなしていたのです。菩薩たちはそれぞれに如来を讃える詩頌を歌いました。

その時、弥勒菩薩は座より立ち、右の肩をはだぬぎ合掌して、世尊に向かって偈をのべられたのでございます。

仏は希有な教えを説かれました。私たちはこれまで聞いたこともない教えです。世尊はなんと偉大な方でしょう。世尊の寿命は無限です。

世尊の子である無数の人々は、世尊によって直接教えを授けられ、全身に喜びが満ちあふれています。あるものは引き返すことのない最高のさとりの境地に到達し、あるものはたぐいなき記憶力を得て、あるものは雄弁に語る力を持ち、あるものは念力を獲得いたしました。

大千世界の大地の微塵の数ほどに等しい菩薩たちは、この教えを聞いて、人々を導く教えの車輪を回しました。中千世界の大地の微塵の数ほどに等しい菩薩たちは、この教えを聞いて、汚れのない教えの車輪を回しました。小千世界の微塵の数ほどに等しい菩薩たちは、この教えを聞いて、八度生まれ変わったのち、この上ない完全なさとりの境地に到達しました。

あるものは四度、三度、二度生まれ変わって、この最高の教えを聞き、この上ない最高の境地に到達するでしょう。あるものは一回生まれ変わり、次の生ではすべてを知る仏となるでありましょう。仏の寿命の長さを知り、汚れのない果報を得るのです。

この教えを聞いてこの上ないさとりの境地に至ろうとした人々は、八つの国土の微塵の数のように数えても数えられないほどです。仏の行ったことは限りもなく、虚空のようにはかり知れません。数多くの天子たちは曼陀羅華や摩訶曼陀羅華を雨と降らせ、帝釈天と梵天はガンジス河の砂の数のように多くて、無数の仏国土よりやってきたのです。天子たちは天より栴檀や沈香の粉を降らせ、鳥のように空を飛び、諸仏に供えるのです。

天の鼓の妙なる音が響いてくるのです。千種類の天衣が降ってきて、首飾りや真珠の首飾りや宝石の首飾りが、頭上高い空中のあらゆるところに浮かびます。数えきれないほどの香炉には香がたかれました。空中では菩薩たちが一人一人の如来に宝石の傘蓋(さんがい)をさしかけ、それが梵天の世界に到るまで空高く列をなしていたのです。菩薩たちはそれぞれに如来を讃える詩頌を歌いました。

このようなことは昔から今までなかったことで、仏の寿命が無限であることを聞いて、みなは喜びました。仏の声は十方に聞こえて、人々に大いなる利益をもたらしました。仏の巧妙な手段にすべての人々は満足し、この上ない完全なさとりの境地に到達したいという心を起こしました。

その時、世尊は弥勒菩薩に告げておっしゃいました。

「阿逸多よ、如来の寿命の長さは永遠であるという教えが説かれている間に、人々が一度でもさとりを求める心を持ち、それを達成しようと強い気持ちになり、信仰心を起こすとしよう。その人々はどれほど福徳を得るであろうか。このことをよく聞くのだよ。誰かが最高のさとりの完成の状態を得るために、八千万億劫の間、五種の完成、すなわち、布施(ふせ)、持戒(じかい)、忍辱(にんにく)、精進(しょうじん)、禅定(ぜんじょう)の修行をしたとしよう。この場合智慧は除いてある。その人々が如来の寿命の長さは永遠であるという教えを聞き、この上ないさとりの境地に至ろうとする強い気持ちを持ち、信仰心を起こしたとしよう。こうして得られる福徳は、八千万億劫の間五種の完成の修行によって得られる福徳にくらべ、千倍、十万倍、百万倍、一千万倍、一億倍すぐれ、お互いに比較することもできないものなのだ。このような福徳を得た人々は、この上ない完全なるさとりの境地から後もどりするということはないのだよ」

この時、世尊は偈によって語られたのでございます。

もしある人がこの上ない仏の智慧を求めて八千万億劫の間五波羅蜜(はらみつ)を行じる(ぎょう)としよう。仏や弟子たちに布施をつづけ、硬い食べもの、柔らかい食べもの、飲物、衣服、寝具、座具によって満足させ、栴檀で住居や僧院を建て、美しい園林(おんりん)も布施し供養するとしよう。このようなものを、幾千万億劫の間布施しつづけて、さとりの境地に到らんとしよう。

仏の智慧を得るために、完全なるさとりの境地に到達したものが示し、賢者たちに讃えられた、清らかな戒律をたえず守るとしよう。また忍辱(にんにく)を行じ、心を制御した境地にしっかりと身を立て、どんなに罵詈(ばり)雑言(ぞうごん)をあびせかけられようと耐え、心が動じることがないとしよう。自分は真理を体得したと考え、自惚れて(うぬぼ)いる増上慢(ぞうじょうまん)たちの非難や軽蔑を、仏の智慧を得るために耐えしのぶとしよう。

またつとめて精進し、修行する志が堅固ならば、幾千万劫の間、ほかに心を惑わせることがないようにするとしよう。幾千万劫の間、静かな森に住み、坐禅や経行(きんひん)をして睡気を払い、つねに心をおさめるとしよう。禅定をして大瞑想家となり、八千億劫の間安住して心が乱れないようにするとしよう。この禅定により、自分を一切を知るものとして最高のさとりを願い求め、禅定の完成に到達するとしよう。

これらの行（ぎょう）を幾千万億劫の間実践したならば多くの功徳があるのだが、女であれ男であれ如来の寿命の長さは永遠であるという教えを聞いて信じるならば、その功徳のほうが無限に大きい。疑問、動揺、不安などを捨て、ほんの一瞬でもさとりを求めるならば、その人は福徳を得るのだ。

幾千万劫の間修行した菩薩たちは、私の寿命が永遠だと聞いても、おそれるということはないであろう。彼らは頭（こうべ）を下げて礼拝し、こう考えるであろう。

「未来世において私もこのようなものとなり、幾千万もの命あるものを救おう。釈迦族の獅子、偉大なる釈迦牟尼のようにさとりの壇に坐り、獅子の吼え声（獅子吼（ししく））をとどろかせよう。私もまた未来世に、すべてのものたちに尊敬され、さとりの壇に坐り、永遠の寿命について説こう」

深い願いのあるものは、仏に聞いたことを心に強くとどめ、深い意味の言葉を、清らかな心で率直に受持（じゅじ）し、疑うことがない。

「さらに阿逸多よ、如来の寿命の長さは永遠であるという教えを聞き、その言葉の趣（おもむき）を理解するものがあるなら、仏の智慧を得るための福徳の蓄積を得るであろう。これらの教えを聴き、説いて聞かせ、読誦し、受持し、書写し、その経巻を花や香や布や旗や吹流しで飾り、香油の燈火や乳酪の燈火でもって供養するものは、仏の智慧を得るための福徳の蓄積をいっそう強く得るであろう。

さらに阿逸多よ、如来の寿命の長さは永遠であるという教えを聞き、深い願いによって信仰心を起こすなら、その深い願いは次のように現れる。その人は私が霊鷲山で菩薩たちに囲まれ、僧の中で教えを説いている姿を見るであろう。瑠璃からなり、平坦で、金の糸が碁盤の目のように張られ、宝樹が繁った美しい、私の仏国土を見るであろう。ここに建つ楼閣の塔に、菩薩たちが坐っているのを見るであろう。

さらに阿逸多よ、如来である私の滅後、この法華経を聞いてそしらず、心からの喜びを起こしたものを、強い意志によって深い願いを示した人と私はいう。ましてこの経を受持し、読誦するものはいうまでもない。この人は私を肩にのせているのだ。阿逸多よ、これらの人々は私のために塔や寺を建てたり、僧院をつくったり、僧たちの集まりに衣服や寝具や飲食物や薬を寄附する必要はない。何故かといえば、善人にしてこの経を受持し読誦するものは、私のために塔を建て僧坊を造立し、衆僧を供養するのと同じだからだ。彼らはすでに私の遺骨の供養を行ったことになる。高さは梵天の世界に至り、吹流しや鈴に飾られた、七宝づくりの供養塔を建てたことになる。花や香料や布などを供養し、妙なる楽器を鳴らして妙なる声で歌い、楽しい舞いを舞い、はかることもできない幾千万億劫の間、礼拝を行ったことになるからである。

私が完全なる涅槃にはいった後、この法華経を受持し、読誦し、書写し、人々に語るならば、彼は赤い栴檀によって壮大な寺院を建てたと同じことになる。その寺院は八階建てで、三十二の高楼があり、幾千人もの僧が暮らしている。美しい園林や花壇があり、散歩にふさわしい森があって、寝台や座具が置かれ、いろいろな食べものや飲みものがあり、薬も豊富で、生活をするのになんの不足もない。そんな寺院は百千万億もの無限の数がある。それらすべてが私に供養され、私が受け取ったと考えてよい。

私はこのように説くのだ。

『私が完全な涅槃にはいった後、この法華経を受持し、読誦し、書写し、人々に語るならば、もはや私の供養のために塔や寺を建てたり、僧の集団へ供養する必要はないのだ』

ましてこの法華経を受けとめ、布施、持戒、精進、禅定によって修行を完成させ、智慧を得るならば、その徳ははかり知れないほどに貴いのである。東西南北へ、上下へ、虚空（こくう）が無限であるように、その功徳ははかり知れないのだ。

その人は如来の塔を建て、それをまつることに専念するであろう。如来の弟子である声聞（しょうもん）たちを讃えるであろう。菩薩たちの幾千万億もある徳を讃えるであろう。その徳を人々に語るであろう。忍辱によって修行を完成させるであろう。清らかに戒律をたもち、心が柔和なよき性格のものとともに住み、心に瞋（いか）りはなく、意志は強くて坐禅を貴び、思慮深く、精進努力し、智慧は深くて、どんな難問にも答えることができるであろう。

　阿逸多よ、もし私が完全な涅槃にはいった後、法華経を受持し読誦するならば、このようにたくさんのよい功徳があるのだよ。その人は自分で道場に向かったものであり、この上ないさとりの境地を得るために菩提樹の下に向かおうとしているのだと、お前は知るべきなのだよ。阿逸多よ、その人が立ったり、坐ったり、思考して歩行するところには、如来のための塔が建てられるべきなのだよ。そして、神々をふくむ人々によって、『これは如来の遺骨をまつる塔だ』と讃えられるべきなのだ。

　世尊はこのようにおっしゃり、偈によって語られたのでございます。


　私が完全なる涅槃にはいった後、この法華経を受持するものがあるなら、その人の福徳は無限である。私はこのようにくり返し説いた。

　その人は私を供養したことになる。私の遺骨をまつる塔を建てたことになるのだ。その塔は七宝で飾られ、輝かしくて、少しずつ細くなりながら梵天の世界に至る。千万億の鈴が、風が吹くたびに妙音で鳴る。花や香や衣や音楽や舞いが供養され、燈明があかあかと灯されているのだ。

　悪世（あくせ）末法（まっぽう）の時代にこの法華経をよく受持し、人に説くものは、私に対して限りない供養をささげてくれたことになる。栴檀づくりの、八階建ての、三十二の高楼を持った、素晴らしい僧院をつくり上げたと同じことになる。そこには寝具や座具が置かれ、もろもろの食物が用意され、花壇に花の咲く庭園や散歩道がつくられ、色もよく形もよいさまざまなものが供養されている。

もし信仰心があって、この法華経を受持し、読誦し、書写して、人にも書写させて、花や香によって供養するとする。薫りのよい油で燈明（とうみょう）を灯すとする。このような供養をするものは、限りない福徳を得るであろう。

虚空に限りがないように、その福徳も際限はない。ましてこの法華経をよくたもち、布施し、自戒し、忍辱に耐え、禅定をして、瞋（いか）らず、他人の悪口をいわないものはどうであろうか。如来をまつる塔を敬い、他の僧に対しては謙虚で、高慢な心を持たず、いつも智慧によって深く思惟（しゆい）し、どんな質問をされても瞋らず、やさしくていねいに解説してやる。このような人がこの法華経を護持すれば、得る福徳ははかり知れない。

このような人を見たならば、敬うべきである。天の花々を降らせ、天衣（てんね）でその身を、包むべきである。頭（こうべ）を足に触らせて礼拝し、この人は如来なのだと思うべきなのである。この人は時を置かずに菩提樹の下に向かわれ、人間のためにまた神々のために、この上なく幸福なさとりの境地に到るであろう。

そして、まさにこのように考えよう、時を置かずに道場に至り、立ったところであれ坐ったところであれ、また横になったところであっても、世尊のために美しい塔を建てるべきである、そして、そこで素晴らしい供養をするべきであると。

仏の子がその地にいれば、私は訪ねていって、そこに坐り、そこで散歩をし、そこに横になろう。

随喜功徳品第十八

ずいきくどくほん

その時、弥勒菩薩（マイトレーヤ）は、世尊に向かって申し上げました。

「世尊よ、もしこの法華経を聞いて心から帰依するならば、どのような福徳を得ることができるのでしょうか」

このとき、世尊は弥勒菩薩に向かっておっしゃったのでございます。

「阿逸多よ、私が完全なる涅槃の境地にはいり、この法華経が説かれ、僧、尼僧、信男、信女、大人、少年少女など誰であれ、この経を聞いて帰依したとしよう。その人は教えを聞いたのち、立ち上がってどこかに出かけるとしよう。寺院に、森に、都に、街や村や田舎で、教えを聴いたまま、理解したままに、自分の能力に応じて他人に語り聞かせるとする。父母、親類、友人、知人はその経を聞いて帰依し、また誰かに語り伝えるとする。その人はまた他の人に語って聞かせ、聞いた人は帰依する。そうやって五十人にまでなったとする。五十番目の人も帰依するとする。阿逸多よ、福徳に福徳が重なるということを、私は説明しよう。お前はしっかり聞くのだよ。

阿逸多よ、それはこういうことだ。四百万億阿僧祇（あそうぎ）（数えることのできないほど大きな数）の世界に生存し、地獄、餓鬼、畜生、修羅（しゅら）、人間、天上の六趣（ろくしゅ）（六道（ろくどう））に生きる四生（ししょう）のもの、つまり、卵生（らんしょう）のもの、胎生（たいしょう）のもの、湿生（しっしょう）のもの、化生（けしょう）のもの、そのほかに有形（うぎょう）のもの、無形（むぎょう）のもの、意識活動があるものも、意識活動がないものも、蛇やみみずのように足がないものも、二足なるものも、四足なるものも、多足なるものも、ありとあらゆるものがこの世界にいっしょに集まったとしよう。

一人の男が、その世界に生まれてきたとしよう。彼は生きとし生けるすべての衆生が幸福になることを願い、彼らが望む娯楽の道具を与えようとする。一人一人の快楽のために、我々の住む世界に満ちるほどの金、銀、瑠璃、螺貝、碼碯（めのう）、珊瑚、琥珀（こはく）などの珍宝、象や馬の車、七宝でできた宮殿や楼閣を与えようとする。その男は八十年間も宝を贈りつづけて、ついにこう思う。

『私はすでに衆生に娯楽の道を思う存分にほどこしてきた。それなのにこの衆生は八十歳を過ぎてみな老い衰え、顔は皺だらけになって髪は白く、間もなく死ぬであろう。ここで私は仏法により教え導こう』

その男は衆生を集めて教え導き、その衆生たちは一瞬のうちに、流れにはいったもの（須陀洹）になり、一度だけ戻るもの（斯陀含）になり、二度と戻らぬもの（阿那含）となって、汚れが尽き、深い瞑想によって自在になり、欲ばりな執着心を捨てるため心を集中させる八種の修行をして、すべての執着心を棄てた汚れのない阿羅漢となるであろう。阿逸多よ、お前はどう思う。この男は衆生に施すものとして、はかり知れないほどの多くの福徳を生むだろうか」

世尊にこのようにいわれ、弥勒菩薩は申し上げたのでございます。

「世尊よ、そのとおりであります。その人の功徳ははなはだ多くて、はかれるものではありません。衆生に安楽を与える道具を施しただけでも、功徳は無限大なのですよ。まして阿羅漢にしたのですから」

世尊は弥勒菩薩にお告げになりました。

「阿逸多よ、私はお前にわからせてあげよう。この人がすべての娯楽の道具をもって、四百万億阿僧祇の世界の、地獄、餓鬼、畜生、修羅、人間、天上のすべての衆生に施し、全員を阿羅漢にしたところで、その功徳は、この五十番目の人が法華経のひとつの偈を聞いて、心から法華経に帰依するという気持ちになることのほうが遙かに大きい。百分の一、千分の一、百千万億分の一にもおよばない。計算することも、たとえることもできない。阿逸多よ、このように法華経を聞いてめぐりめぐって五十番目になった人の、心から帰依するという功徳は、はかり知ることも数えることもできないほどに大きい。まして私の前で法華経の説法を最初に聞き、心から帰依する人の福徳は、ほかのどんなものともくらべることができないほどにすぐれている。

また阿逸多よ、ある人がこの法華経のために、家を出て僧院にいくとしよう。あるものは坐し、あるものは立って、どんなにわずかな一瞬でも法華経を聞けば、その功徳によって、新しく生まれる時には、美しく珍しい象の車、馬の車、宝物で飾られた乗り物を手にいれ、天宮にも昇っていくであろう。その人が教えをわずかな時間でも聞き、他人を連れてきてその席に坐らせたり、その席を他人にゆずったならば、その人の功徳は来世において、帝釈の座、梵天王の座、転輪聖王の座を得ることができるだろう。

阿逸多よ、誰かがほかのものにこういったとする。

『友よ、法華経という教えを聞きなさい』

その人がほんの一瞬でも法華経の教えを聞くなら、その人は善根を積んだことにより、陀羅尼を得た菩薩と会うことができるであろう。彼は賢くて智慧があり、百千万回生まれ変わったとしても、口臭はなく、舌も口も病気にならないであろう。歯や唇や鼻の病気にもならない。歯も鼻も眉も額も品がよく、顔は丸くて全体に気品が漂うであろう。彼ら教えを与えてくれる如来の導きにより、尊き仏に会うことができる。阿逸多よ、お前はしばらくこれを見るのだ。一人をすすめて法華経の教えを聞かせる功徳は、こんなにも大きいのだ。ましてこの法華経を心して聞き、心して読誦し、心して教え、心して説くものには、限りない功徳があるのだ」

この時、世尊は重ねてその意味をのべようとして、偈を説かれたのでございます。


教えの集いにおいて、順番に教えを説いていき、五十番目の人が法華経の偈のひとつでも聞いて、これに帰依して平安な心になるのなら、その福徳はどれほどのものであろうか。数えることもできないほどの多くの人々に八十年間も宝を贈り満足させつづけた男が、まわりの人が老い衰え、髪は白く、顔が皺だらけになり、歯はすいて姿形が枯れて死が近くなってきたのを見て、こう思ったとする。ああ、すべては失われる、私は彼らに今こそ教えを説き、その後にこの上ないさとりの境地について説こう。

「この世のすべては確かなものではなく、水のしぶきか泡か陽炎（かげろう）のようなものなのです」

こうしてすべての人がこの教えを聞き、たちまちこの世の汚れが尽き、輪廻における最後の身体である阿羅漢になったとしよう。

この最後の五十番目の偈を聞いて心から喜ぶ人の福徳はなおはかり知れないのだ。ましてや、はじめて聞いた人の喜びはどれほどであろうか。

もし一人に法華経を聞くことをすすめ、この経は深妙で幾千万億劫の間遇（あ）うことはできないのだといってすすめるとする。すすめられた人も、しばらくの間聞くとする。そのよきむくいを聞いてみたらよい。

その人は口の病気にはかからない。歯が抜けたり、黄色や黒になったりもしない。唇が部厚くなったり、悪い相になったりはしない。舌は乾かず、黒くもならず、短くもならない。鼻は高く、形がよくなる。額は広くて端正で、顔つきもよく整っている。人は彼の顔を見たくなる。口臭はなくて、息は青蓮華（しょうれんげ）の香りがする。

ある人が僧坊にいって法華経を聞きたいと願い、一瞬でも聞いたとするなら、その人の心の満足を聞いたらよい。

後に天人の中に生まれて、美しい象や馬の車や、珍しい宝で飾られた車を得て、天の宮殿にのぼるようになるであろう。教えを説くところで、人にすすめて坐らせ法華経を聞かせるならば、その福徳の因縁によって帝釈の座、梵天王の座、転輪聖王の座を得るであろう。

まして一心に法華経を聞き、その意味を解説し、教えのとおりに修行するなら、その福徳ははかり知れない。

法師功徳品第十九

◆ほっしくどくほん

その時、世尊は常精進（つねに努力する）菩薩に向かってお話しになりました。

「この法華経を受持し、もしくは読み、もしくは誦し、もしくは人に解説し、もしくは書写したならば、この人は八百の眼の功徳、千二百の耳の功徳、八百の鼻の功徳、千二百の舌の功徳、八百の身の功徳、千二百の意の功徳を得るであろう。この功徳によって、眼耳鼻舌身意の六根はとりわけ清浄になるであろう。この人は眼の感覚が実に清浄であるので、父母から授った自然な眼によって、山や林や河や海のある三千大千世界を、下は阿鼻地獄から上は最高の存在界である有頂天まで、すべてを見ることができる。またそこに生存するすべての衆生を見て、彼らの善悪の行為がどのような因縁によって果報をもたらすかを知ることになるのだよ」

その時、世尊は重ねてその意味をのべようとして、偈（詩頌）を説かれたのでございます。

人が大勢集まっている中で、恐れることなくこの法華経を説くものがあったのなら、お前はその人の功徳をこのようなものとして聞くのだよ。

その人の眼には八百の功徳があり、その眼は濁っていず実に清浄であるので、父母から授けられた眼によって、すべての三千世界、弥楼山や須弥山や鉄囲山も見るし、またすべての山も林も大海も大河をも見るであろう。下は阿鼻地獄から上は有頂天に至るまで、その中にいるすべての衆生を見るであろう。

まだ天眼を得てはいないが、肉眼の力はこのように偉大なのである。

「さらにまた常精進よ、この法華経を受持し、もしくは読み、もしくは誦し、もしくは人に解説し、もしくは書写したならば、この人は千二百の耳の功徳を得るであろう。この清浄な耳によって、下は阿鼻地獄に至り、上は有頂天に至る、三千大千世界の中の内と外とを問わぬありとあらゆる音声を聞くことになるであろう。

すなわち、象や馬や駱駝や牛や山羊の鳴き声、人が泣き叫ぶ声、悲しみの声、法螺貝の音、鼓の音、鐘の音、鈴の音、笑う声、語る声、男の声、女の声、童子の声、童女の声、信心の声、不信心の声、苦しみの声、楽しみの声、凡夫の声、聖人の声、喜ぶ声、喜ばない声、天の声、竜の声、夜叉の声、乾闥婆の声、阿修羅の声、迦楼羅の声、緊那羅の声、摩睺羅伽の声、火の声、水の声、風の声、地獄の声、畜生の声、餓鬼の声、僧の声、尼僧の声、声聞の声、独覚の声、菩薩の声、如来の声を聞くであろう。

三千大千世界の内や外に生じるかぎりのすべての音声を、たとえどんな声であっても、その人は自然のままの完全に清浄な耳で聞く。まだ天耳を得てはいないが、父母から授けられたままの耳で、ありとあらゆる音声を聞くのだ。これらすべての音声を聞き分けても、聴覚が圧倒されてしまうことはない」

その時、世尊は重ねてその意味をのべようとして、偈を説かれたのでございます。

　この人が父母から授けられた自然のままの耳は、清浄で穢れなく、つねにこの耳によって三千世界の声を聞く。

　象や馬や車や牛の音声、鐘や鈴や法螺貝や鼓の音、琴や簫や笛の音、清らかで麗しい歌声、これらの音を聞いてもこの人は聞き誤るということはない。

　もろもろの天の声も、微妙な歌声も、男女の声も、童子や童女の声も、山や川や険しい谷にいる迦陵頻伽の声も、さまざまな鳥の声も、すべての声を聞くことができる。

　地獄に堕ちた人の痛み苦しみの叫び声も、餓鬼が飢えと渇きに迫られて飲食を求める声も、大海のほとりに住んでいる阿修羅が大声で話すのも、この説法者はここにいて遙かに遠いすべての声を聞き分け、しかもそれらの声に圧倒されることはない。

十方世界のうちの畜生道にいて、鳥や獣がお互いに鳴きあって叫ぶ声も、この説法者はこの世にいながら聞くことができる。梵天王の世界の神々の話し声、光音天たちが住む有頂天で語り合う声も、この法師はこの世にいながらすべて聞くことができる。

すべての僧、すべての尼僧が、法華経を読誦し、他人のために説く声を、この法師はこの世にいながらすべて聞くことができる。またもろもろの菩薩がいて、法華経を読誦し、他人のために説き、集まってその意義を語り合うさまざまな声も、この法師はこの世にいながらすべて聞くことができる。

人々をよく調教する尊き如来たちが、人々にすぐれた教えを説き、大勢の中で語りかけている時も、この法華経をたもつものは、皆ことごとくこれを聞くことができるのだ。

三千大千界の内と外とのすべての音声、下は阿鼻地獄に至り上は有頂天に至るありとあらゆる音声を聞いても、かの人の聴覚は圧倒されてしまうことはない。その耳はまことに聡明で、すべての衆生の声を区別して聞くことができる。このように法華経をたもつものは、まだ天耳を得ておらず生まれたままの自然な耳だというのに、このような功徳があるのだ。

「さらにまた常精進よ、この法華経を受持し、もしくは読み、もしくは誦し、もしくは人に解説し、もしくは書写したならば、この人は八百の鼻の功徳を得るであろう。この清浄な鼻根によって、三千大千世界の上から下まで、内も外も、すべての香りをかぐであろう。
須曼那華、闍提華、茉莉華、瞻蔔華、波羅羅華などの花の香りにせよ、赤蓮華や青蓮華や白蓮華の香りにせよ、これらを嗅ぎ分けることができる。花の咲く樹の香り、果実をつける樹の香りも嗅ぐことができる。栴檀や沈水（沈香）、多摩羅跋、多伽羅の香りや、千万種の混合された香や、すったり丸めたり塗ったりした香りを、この法華経をたもつものは、この場所にとどまってすべて区別することができる。

また、人々の香り、象や馬や牛や羊の香り、男の香り、女の香り、童子の香り、童女の香り、草木や森の香り、もしくは近くもしくは遠く、ありとあらゆる香りをわきまえ知り、嗅ぎ分けることができて、しかも間違えることはない。

この法華経をたもつものは、この場所にいながら、すべての天の香りを嗅ぐことができる。波利質多羅樹の花、拘鞞陀羅樹の花、および曼陀羅華の香り、摩訶曼陀羅華の香り、曼殊沙華の香り、摩訶曼殊沙華の香り、栴檀や沈水などいろいろな抹香、これら天の香りがまじりあった香り、これらすべてを嗅ぎ分けることができる。

また、もろもろの天子たちの身体の香り（身香）を嗅ぎ分けることができる。神々の王である帝釈天がすぐれた宮殿で遊びたわむれ、楽しみにふけっている時の香りも、妙法堂で三十三天神のために説法をしている時の香りも、また園林で遊んでいる時の香りも、嗅ぎ分けることができるのだ。天の男や女の香りも、遙か遠くにいながら区別することができる。

このようにしてこの人は梵天王のもとに至り、上は有頂天に至り、もろもろの諸天の香りを嗅ぎ、諸天がたく香の香りも嗅ぐ。声聞（しょうもん）、独覚（どっかく）、菩薩、如来の香りを嗅ぐことができ、遙か遠くにいながら、その居る場所を知ることができる。この香りを嗅いだとしても、嗅覚が圧倒されることはないのだ。

もし人に求められたとすれば、これらの香りを区別して説明することができ、記憶して誤ることはない」

その時、世尊は重ねてその意味をのべようとして、偈を説かれたのでございます。

この人の鼻は清浄で、この世界にあるさまざまなにおい、香（かんば）しいものや臭いものを、すべて嗅ぎ分けることができる。

須曼那華、闍提華、茉莉華、多摩羅跋、旃檀、沈水、および桂、これらすべての香りを嗅ぎ分けることができる。いろいろな花の香り、果実の香り、および人々の香り、男の香り、女の香りも知っている。この法華経を説くものは、遙か遠くに離れていても、この香りによってそれらのものの居場所がわかる。

四州の支配者の転輪聖王（てんりんじょうおう）や、王や王子や大臣や、後宮や、香りによって彼らのいる場所を知ることができる。身に着けた宝石や飾りも、地下にある鉱物も、転輪聖王の宝物である女性も、香りによって所在を知ることができる。

人々が身を飾るもの、衣服、首飾りや髪飾り、肌に塗るもの、それらの香りによってすべてを知ることができる。このすぐれた法華経を受持するものは、諸天が歩んでいるか、坐っているか、横になっているか、遊びたわむれているか、神通力をそなえているか、すべて香りによって知るのである。

もろもろの花と果実の芳香と、香りのよい油の香気を、この法華経をたもつものはここにいながら、その香りのある場所を知る。深くて険しい山にいき、栴檀の花が咲いているところで、そこに住むもののすべてを香りによって知る。鉄囲山（てっちせん）と大海と地中に住むすべてのものを、この法華経を受持するものは香りをかいでその所在地を知る。阿修羅（あしゅら）の男女やその巻属（けんぞく）たちが、争ったり遊び戯れたりしているのも、香りをかぐことによってすべてを知る。

荒野の険しく狭いところにいようと、獅子、象、虎、狼、野牛、水牛などのいる場所を、香りによって知る。もし妊娠した女がいれば、胎児が男であるか女であるか、生きているか死んでいるか、香りをかぐことによってすべてを知ってしまう。その女が妊娠したことを知り、無事に出産できるかできないか、安楽にしてよい子を出産できるかどうかも、香りをかぐ力によって知ることができる。この香りをかぐ力で、男女が思うところ、即ち愛欲や悪意や偽善の心を知り、また善良な人の心を知る。

地中に埋蔵していたり銅器に隠されていたりする金や銀やそのほかの宝は、香りによって存在を知ることができる。いろいろな宝石の、その価値を知らなくても、香りによってその値いを知り、出どころや所在を知ることができる。

天上に咲くもろもろの花、曼陀羅華と、曼珠沙華と、波利質多樹とが咲いているところを、香りによって知る。天上のもろもろの宮殿には上中下の差別があって、いろんな宝石やら花々によって飾り立てているのを、香りをかいでよく知ることができる。

天にある園林や、美しい御殿、高楼、妙法堂などの中にいて、天人たちが楽しんでいるのを、香りによって知るのだ。天人たちが法を聞き、娯楽に興じ、行ったり来たりし、立ったり坐ったり横になったりするのを、香りをかいでよく知るのである。立派な衣を着て、その衣に花の香りをつけた天女たちが、どこにいっているか、どこで遊び戯れているか、香りによって知ることができる。宇宙の頂に登り、虚空に自由自在に車を走らせる神々、梵天たちが、禅定にはいったか、そこから立ち上がったか、地上にいるまま香りによって知ることができる。天人たちが光音天にきたり、そこで生まれたり死んだりするのを、香りをかぐことによって知っている。

もろもろの僧たちは、仏の教えにしたがって精進をおこたらず、もしくは坐し、もしくは遊行し、もしくは経典を読誦して、あるいは樹木の下でもっぱら坐禅するのを、この経を受持するものは香りによって知る。

菩薩の志が堅固で、坐禅したり読経したり、あるいは人のために説法するのを、香りをかいでよく知ることができる。

世尊がどこにいようと、僧たちのただ中にいて敬われつつ教えを説いていても、香りによってすべてを知ることができる。仏の御前（みまえ）にあって教えを聞く人々が、皆歓喜し、教えのとおりに修行するのを、ここに坐ったまま香りをかいで知ることができる。

かの菩薩の鼻の力はこのようである。彼の鼻はまだ天上のものではないが、この法華経を受持するものの鼻は、汚れなき天上の鼻に先行するのだ。

「さらにまた常精進よ、この法華経を受持し、もしくは読み、もしくは誦し、もしくは人に解説し、もしくは書写したならば、この人は千二百の舌の功徳を得るであろう。もしくは好（よ）き、もしくは醜（あし）き、もしくはうまき、もしくはうまかざる、また苦きものも渋きものも、その舌の上に置くならば、皆上味（じょうみ）となる。天上の甘露のようで、まずいものはない。

もしその舌によって人々の中で演説をするならば、美しい声をだして心の中に染み入り、皆喜んで心が満足するであろう。もろもろの天人、天女、帝釈、梵天やもろもろの神々たちは、この美しい声の演説を聞いて、皆集まってくるであろう。竜、竜の娘たち、夜叉、夜叉の娘たち、乾闥婆（けんだつば）、乾闥婆の娘たち、阿修羅、阿修羅の娘たち、迦楼羅（かるら）、迦楼羅の娘たち、緊那羅（きんなら）、緊那羅の娘たち、摩睺羅伽（まごらか）、摩睺羅伽の娘たちは、教えを聞くために親しく近づき、恭敬（くぎょう）し供養するであろう。

僧、尼僧、信男（しんなん）、信女（しんにょ）、国王、王子、群臣、小転輪王、大転輪王、その妻子たちは、こぞって宮殿にのぼり、教えを聞くことを望むであろう。この菩薩はよく説法をするので、婆羅門や長者や大衆(だいしゅ)は寿命がつきるまで、よくしたがうであろう。もろもろの声聞、独覚、菩薩、諸如来は、その菩薩に会いたがるであろう。どんなところにいようと、如来はそのほうを向いて教えを説かれるから、彼はすべての教えを受持するのである。このように、いたるところに彼の教えを説く、耳に心地よい声が響き渡るであろう」

その時、世尊は重ねてその意味をのべようとして、偈を説かれたのでございます。

この人の舌は清らかで、悪味(あくみ)を味わうことはないであろう。何かを味わおうとすれば、ことごとく甘露(かんろ)となる。

清らかで穏やかな声で人々に教えを説く時、もろもろの因縁話やたとえ話によって心を引きつけるので、皆は最高の喜びを得て、はかり知れない供養をする。

神々も竜も夜叉も阿修羅も、みな恭(うやうや)しい心でもって教えを聞く。この説法の人は美しくて強い声により、三千界に届かせようと思えば意志のとおりに届かせることができる。

大小の転輪王たちは妻子とともに合掌し、恭敬の心によりいつも集まってきて教えを聞く。もろもろの神々も竜も夜叉も、羅刹(らせつ)（空中を飛来し、人の血肉を喰らう鬼）も、毘舎闍(びしゃじゃ)（人の精気や血肉を喰らう鬼）も、みな心からの喜びをもって集まり、供養するであろう。

梵天も、魔王も、自在天も、大自在天も、ほかのたくさんの天人や天女たちが、いつも彼のところに近づいてくる。
如来やその弟子たちは、その説法の声を聞いて彼を守護しようと念じ、そのために時には姿を現わす。

「さらにまた常精進よ、この法華経を受持し、もしくは読み、もしくは誦し、もしくは人に解説し、もしくは書写したならば、この人は八百の身の功徳を得るであろう。身は清浄で、肌は美しい瑠璃のようで、人々は彼を見たいと願うであろう。その身は清らかであるがゆえに、三千大千世界の人々の、生まれる時と死ぬ時と、すぐれたものと劣るものと、美しきものと醜きものと、善きところに生まれるのと悪いところに生まれるのと、すべてがそこに現われるのだ。鉄囲山(てっちせん)や大鉄囲山や弥楼山(みるせん)や摩訶(まか)弥楼山に住む王からすべての人々まで、すべてが彼の身に現われるのだ。下は阿鼻(あび)地獄から上は有頂(うちょう)に至る間に住むあらゆるものあらゆる人々を、すべて彼の身の内に見るであろう。この全宇宙に住む声聞、独覚、菩薩、如来の説法は、すべて彼の身に形を現わし、実現するであろう」
その時、世尊は重ねてその意味をのべようとして、偈を説かれたのでございます。

もしこの法華経を受持するならば、その身ははなはだ清浄で、澄んだ瑠璃のようであり、人々はみな彼を見たいと願うであろう。

あたかも清明な鏡に写るかのように、この世界のすべては彼の身体に写る。菩薩の身に清らかで、この世界のすべてのことを自ら見るが、他のものは見ることができない。

三千世界のすべての衆生たち、神々、人間、阿修羅、地獄、鬼、畜生、これらのものの姿は皆、身の中に現われる。

天の宮殿や、宇宙の頂や、鉄囲山や弥楼山や摩訶弥楼山の全貌も、大海も、この大宇宙に存在するすべてのものを、彼の身体に見ることができる。

弟子を連れた如来、菩薩、声聞、独覚、仏の子供たちを、彼は自分の身体に見るのである。一人でいたり、集団に教えを説いている、仏の子供である菩薩を、自分の身の中に見る。

彼の清浄身とはこのようなものである。ここではすべての宇宙が見られるものの、彼はまだ天上の身を得てはいない。彼の身は生まれたままなのである。

「さらにまた常精進よ、この法華経を受持し、もしくは読み、もしくは誦し、もしくは人に解説し、もしくは書写したならば、この人は千二百の心の功徳を得るであろう。彼は完全に清浄な心により、一偈一句を聞いただけで、限りない意義をさとるであろう。この一偈一句の意義をさとることによって、一ヵ月でも、四ヵ月でも、一年でも教えを説くであろう。どんな教えを説いても、記憶し、忘れることがない。世俗的なことを語ろうと、たとえ呪文であろうと、教えの道理と一致させるであろう。三千大千世界に住むもので、六種の境涯におかれ、輪廻という生と死の苦しみの中におちいろうと、彼はこのすべての衆生の心理と行動とを知るのだ。不安や動揺や妄想を知り、これを見分けるだろう。彼はまだ完全に汚れのない智慧を得てはいないのだが、心はこのように完全に清浄なのだ。この人は思惟(しゆい)してあれこれと解釈し、教えを説くのだが、すべて正しいであろう。これらは如来の語られたすべてであり、過去の仏が説いた経典の中の所説なのだ」

その時、世尊は重ねてその意味をのべようとして、偈を説かれたのでございます。

この人の心は清浄で、明るく輝き、穢(けが)れがない。このすぐれた心によって、劣った教え、よくも悪くもない中くらいの教え、すぐれた教えを区別する。一偈(げ)を聞いただけで、多くの意義を理解する。そして、四ヵ月でも一年でも正しい教えを説くことができる。

この世界の内と外とに住むものたち、神々、人間、竜、夜叉、鬼神など、また天、人間、修羅、畜生、餓鬼、地獄の六趣(ろくしゅ)にあるもの、これらあらゆるものの心の動きと行動とを彼は知る。

法華経を受持するものには、このような功徳がある。

十方世界の無数の仏が、百種の福徳の瑞相(ずいそう)を持って、あらゆる人々に教えを説くその声を聞き、彼はその仏の声を得るのである。彼は限りない意義を深く考え、説法することも数限りないのだが、この法華経をよくたもっているから、誤ることはない。

彼はすべてお互いの関係や、特異な点や、意味や、解釈を知り、わきまえ、知ったとおりに堂々と語る。すべては先仏の教えであり、先仏が長い歳月を語ってきた真理であるから、たくさんの人に向かって恐れることなく説くのだ。

法華経を受持するものの心とは、このようである。彼はまだ完全に汚れのない智慧を得てはいないのだが、この法華経を受持するなら、ほかにはない高い境地に安住し、すべての人々に喜ばれ、師となることができる。千万種の解釈に巧みになり、人々に教えを説くことができるのである。

常不軽菩薩品第二十

◆

じょうふきょうぼさつほん

その時、世尊は大勢至（だいせいし）菩薩に話しかけられたのでございます。

「大勢至よ、お前は知りなさい。僧、尼僧、信男（しんなん）、信女（しんにょ）で法華経を受持（じゅじ）するものに対して、悪意に満ちた言葉でののしり、悪口をいい、そしるならば、恐ろしい報いが振りかかることは、前に説いたとおりである。この法華経を受持し、もしくは読み、もしくは誦（ず）し、もしくは人に解説し、もしくは書写したならば、私が先に述べたように限りない功徳を得るであろう。眼、耳、鼻、舌、身、意の六根は、完全に清浄となるのだ。

大勢至よ、数えることもできない遥かな昔のことであり、それよりももっと遠い過去世に、恐ろしく響く声の王という意味の、正しいさとりを得た尊敬さるべき如来、威音王（いおんおう）如来が、この世に出現された。如来は智と行とをかねそなえ、世間をよく知り、この上ない幸いに達し、人々をよく教えさとし、神々にとっても人間にとっても師であり、仏であり、世尊であった。その時代は離衰（享楽から遠い）と呼ばれ、その国は大成（偉大なる生成）と呼ばれた。

さてこの威音王如来は、神々や人間や阿修羅のために教えを説いた。声聞のためには、四諦（四聖諦）の教えを説いた。すなわち、人生は苦であり（苦）、その原因は欲望があるからで（集）、その欲望を完全に滅すれば苦しみは克服でき（滅）、その実践としては正しく見て正しく考える八種の実践（道）がある。生・老・病・死の苦しみを脱し、この上ないさとりの境地に達するために、十二因縁の教えを説いた。無明（無知）、行（潜在的形成力）、識（識別作用）、名色（名前と形）、六処（心作用の成立する、眼・耳・鼻・舌・身・意）、触（感覚器官と対象との接触）、受（感受作用）、愛（妄執）、有（生まれること）、老、死の十二の因縁をひとつずつ克服していけばよいと説いた。また求法者たちのためには、六波羅蜜の教えを説き、この上ない境地に至るための実践すべき徳目を説いた。すなわち、布施（与えること）、持戒（戒律を守ること）、忍辱（苦難を忍ぶこと）、精進（真実の道を実践すること）、禅定（精神を統一し安定させること）、智慧（真実の智慧を得ること）である。

大勢至よ、この威音王如来の寿命は、四十万億のガンジス河の砂の数にも等しい劫である。この如来が入滅した後に正しい教え（正法）がつづいたのは、一閻浮提に存在する微塵の数ほどの劫であった。正しい教えに似た教え（像法）がつづいたのは、四大洲に存在する微塵の数ほどの劫であった。

　この威音王如来が入滅して正法と像法が消滅した後、別の威音王如来がこの世に出現した。その如来は智と行とをかねそなえ、世間をよく知り、この上ない幸いに達し、人々をよく教えさとし、神々にとっても人間にとっても師であり、仏であり、世尊であった。こうして同じ名前の如来が二万億この世に出現した。

　最初の威音王如来がすでに入滅し、正法が滅して後、像法の時代に高慢な増上慢（ぞうじょうまん）の僧たちが力を持っていた。その時、常不軽（じょうふきょう）という名の求法者（ぐほうしゃ）がいた。どんな理由で常不軽（常に軽蔑された男）と名づけるのであるか。この求法者は、僧であれ、尼僧であれ、信男（しんなん）であれ、信女（しんにょ）であれ、誰でも見かけたら近づいてこういうのであった。

『私はあなたがたを軽蔑いたしません。あなたがたは軽蔑されてはいません。それは何故でありましょう。あなたがたはすべて菩薩としての修行を行いなさい。そうなさるなら、いつか正しいさとりを得た如来となることができるからです』

　この求法者は経典を読誦（どくじゅ）することもなく、誰を見ても、どんなに遠くにいても、礼拝してこういうだけなのである。誰にでも近づいていって礼拝し、声をかけ、こういうだけなのだ。

『私はあなたたちを軽蔑しませんよ。あなたたちはみなやがては如来となるからです』

　この求法者は誰にでもこのように声をかけたのである。声をかけられたものはみな怒り、彼に対して悪い感情を持ち、悪口をいってののしった。

『この無智の求法者は、どこからきたのであろうか。自分から私はあなたがたを軽蔑しないという。何故ならば、われわれはいつかは正しいさとりを得た如来となることができるからだと、予言をする。われわれはこのような虚妄(こもう)の予言などは必要はない』

このようにののしられながら、多くの歳月がたった。しかし、彼は誰にも怒らず、悪意も持たずに、いつもこういった。

『あなたは必ず如来となるでしょう』

この言葉を聞くと、多くの人は杖で打ちかかり、石や土を投げつけた。彼はそれを避け、遠くに去ってから立ち止まり、大声でいうのだ。

『私はあなたがたを軽蔑いたしません。あなたがたは必ず如来となるからです』

いつもこの言葉をいうために、高慢な増上慢たる僧、尼僧、信男、信女たちは、彼に常不軽という名をつけたのだ。

この求法者は寿命がつき、まさに命が終わろうとする時に、虚空(こくう)において法華経の二十千万億の偈(げ)（詩頌(しじゅ)）を聞いた。威音王(いおんおう)如来が説いたのである。求法者常不軽はまさに死なんとしているにもかかわらず、眼(げん)・耳(に)・鼻(び)・舌(ぜつ)・身(しん)・意(い)の六根の清浄を得て、さらに寿命をのばすこと二百万億歳であり、多くの人のために法華経を説いた。増上慢の僧、尼僧、信男、信女たちで、彼をいやしめて常不軽という名をつけたものは、彼の神通力と、説得する雄弁力と、智慧力とを知り、彼の説くところを聞いて、みな彼を信じてしたがうようになったのだ。

この求法者はまた、千万億の人々をこの上ないさとりの境地に導いたのである。生まれ変わって後、二千億の日月燈明（にちがつとうみょう）という同じ名前の如来たちに法華経を説き明かし、彼らを喜ばせた。この因縁によって、また二千億の雲自在燈王（うんじざいとうおう）というこの上ないさとりの境地に達した同じ名前の如来たちを喜ばせ、そのすべての場合にこの法華経を得て、僧、尼僧、信男、信女の四衆のために法華経を説いた。そのすべての場合に、眼の清浄と、耳・鼻・舌・身・意の諸根の清浄を得ていたので、心が恐れることもなかった。

この偉大な常不軽菩薩はこのように多くの仏たちを供養し、恭敬し、尊重し、讃歎して、そのすべてに法華経を説いて聞かせ、喜ばせた。そのことによって過去の善根が完全に成熟して、この上ないさとりの境地に到達したのである。

さて大勢至よ、お前はどのように考える。その時の常不軽菩薩は、まったく別の人物であろうか。すなわち彼は私なのだ。もし私が過去世において、法華経を受持し読誦して他人のために説くということをしなければ、こんなに早くこの上ないさとりの境地に至るということはなかった。私が過去世の正しいさとりを得た如来のもとで、この経を受持し読誦して人々のために説いたからこそ、早くこの上ないさとりの境地に至ることができたのである。

その時の四衆である僧、尼僧、信男、信女たちは、悪意の心によって私を軽んじいやしめたために、二百億劫の間如来に会うこともできず、教えを聞かず、僧を見ることもなく、千劫の間阿鼻（あび）地獄で大いなる苦しみを受けた。この罪を受けることが終って、また常不軽菩薩がこの上ないさとりの境地に到達するよう教えている姿に出会うことができるのである。

大勢至よ、その時に、この常不軽菩薩を軽んじた僧、尼僧、信男、信女の四衆は誰であったかと、疑念を持っているかもしれない。それはこの集会の中にいる跋陀婆羅（賢護菩薩）をはじめとする五百人の菩薩たち、獅子月をはじめとする五百の尼僧たち、思仏（この上ない幸いを得た仏を思う女）をはじめとする五百の信女たちなど、この上ないさとりに向かって引き返すことのないものたちである。

大勢至よ、お前は知るのだよ。この法華経はもろもろの菩薩たちを、この上ないさとりの境地に連れていくものなのだよ。そのゆえに、もろもろの菩薩たちは如来が入滅した後も、いつもこの法華経を受持し、読誦し、解説し、書写すべきなのだよ」

その時、世尊は重ねてその意味をのべようとして、偈を説かれたのでございます。

過去世に仏がおられ、威音王といわれていた。偉大なる神通力をもって、神々や人間や竜神から供養され、一切のものにとっての指導者であった。この仏が入滅すると、正しい教えも滅んでいった。

その時、一人の菩薩があって、名を常不軽といった。その頃、僧、尼僧、信男、信女の四衆はよこしまな教えにとらわれていた。常不軽は彼のところに近づいて、こう語りかけた。

『私はあなたがたを軽蔑はしません。あなたがたは修行をして、みな如来になるからです』

多くの人はそれを聞いて、軽んじ、そしり、ののしったけれど、常不軽はよくこれを耐えていた。

寿命がつきようとしている時、彼はこの法華経を聞くことができて、六根は清浄となった。神通力を得て寿命をのばすことができ、人々のために広くこの法華経を説いた。よこしまな教えにまどわされていた人々はすべて、彼によってこの上ないさとりの境地にいくことができた。

常不軽は命が終り、生まれ変わって、無数の仏たちを喜ばせた。この法華経を説くがゆえに、限りない福徳を得て、その功徳によりこの上ないさとりの境地にいくことができたのだ。

その時の常不軽こそ、この私である。

その時によこしまな教えに執着していた、僧、尼僧、信男、信女の四衆についてすべて『あなたはやがて如来になる』と常不軽は予言したのであるから、その因縁をもって、彼は無数の仏を見たのである。

ここに集まっている五百の菩薩や四衆たちこそ、その時の人々なのだ。私は前世において最高の教えである法華経を説き聞かせ、この上ないさとりの境地に住まわせている。

私が入滅した後も、これらの人々は最高の教えである法華経を受持しつづけるのである。億億万劫という長い間、このような教えが説かれたことはない。どんなに多くの仏がいても、彼らはこの法華経を世に説かなかった。

だからこそお前たちは私が入滅した後も、この法華経を聞いて疑惑を生じさせてはいけない。一心に広くこの法華経を説いて、どのような世でもくり返し仏に会って喜ばせ、この法華経を世にひろめるのだ。

如来神力品第二十一

◆にょらいじんりきほん

その時、三千大千世界の微塵の数にも等しい、地から涌出した菩薩たちは、世尊の前で一心に合掌し、お顔をあおぎ見て、こう申し上げたのでございます。

「世尊よ、われわれは如来が完全なる平安な境地にはいられた後、いかなる仏国土のどこであろうと、如来が完全なる平安な境地にはいられたすべての場所で、この法華経を説くでありましょう。それは何故であるか。われわれもまたこの上ない教えを得て、法華経を受持し、読誦し、解説し、書写し、これを供養したいと願うからでございます」

その時、世尊は文殊師利（マンジュ・シュリー）など数えきれない百千万億の娑婆世界に住んでいる菩薩、僧、尼僧、信男、信女、神、竜、夜叉、乾闥婆、阿修羅、迦楼羅、緊那羅、摩睺羅伽、人間、鬼霊、すべての衆生の前で大神力をあらわされたのでございます。口から長い長い舌をだしたのです。上は梵世（梵天世界）に届き、すべての毛穴からあらゆる種類の光を放って、それらの光は広く強くて、十方世界を照らしました。

それぞれの宝樹の下の師子座にいる諸仏もまた、同じように口から長い長い舌を出して、限りない光を放ったのです。釈迦牟尼仏と宝樹の下にいた諸仏は、神力を現わしたままで、百千年を過ごしました。そしてもとに帰って、舌をひっこめて同時に咳をし、指をはじかれたのです。この大きな咳と指はじきの音は十方の諸仏の世界にとどき、六種の大地震が起こりました。そのおかげでそのすべての仏国土にいたすべての衆生は、仏の神力によって、この娑婆世界の無数の百千万億の宝樹の下の師子座の諸仏を見ることができました。釈迦牟尼仏と多宝如来がともに宝塔の中の師子座にお坐りになっている姿と、それを囲む無限の千万億の菩薩や四衆を見ることができたのでございます。それを見たことで、皆大いに喜びました。虚空からはこのような高らかな声が響いてきました。

「この無量無辺百千万億という測ることも数えることもできない世界を過ぎたところに国があり、娑婆と呼ばれている。この中に仏がおられ、釈迦牟尼と呼ばれている。彼は今、もろもろの菩薩のために、白い蓮の花の教えを説いている。お前たちはそれを喜んで心から受け入れるのだ。また、釈迦牟尼を礼拝して供養すべし」

このすべての人々は、虚空から響いてきた声を聞いて合掌し、娑婆世界に向かって次のように唱えたのでございます。

「南無釈迦牟尼仏、南無釈迦牟尼仏（釈迦牟尼如来に礼拝します）」

その人々はいろいろな種類の花や香や飾りものや旗や傘蓋（さんがい）、それに身を飾るものや珍宝を投げると、それらはすべて遙かな娑婆世界に届きました。これらのものが空を飛んでくる様子は、たとえば雲が集まってくるかのようでした。そして、この宝物はいたるところに坐っておられる全員の頭上に、ひとつの大きな花の傘蓋となって覆ったのです。

その時、世尊は上行（じょうぎょう）菩薩など数多くの菩薩に向かってお告げになったのです。

「このように正しいさとりを得た如来たちの力は、考えられないほど不思議で強いのだ。この無量無辺百千万億という測ることも数えることもできない歳月、私はここに説かれている教えや、その教えから受ける恩恵について説こうとしているのだが、それでも語りつくすことはできないであろう。私はこの教えの中に、如来のすべての教え、如来のすべての自在の神通力、如来のすべての秘密、如来のすべての深遠な立場について、簡潔に説いた。そうであるからお前たちよ、如来が入滅した後、この法華経を受持し、読誦し、解説し、書写して、この教えのとおりに修行するのだ。この国のいたるところに、この法華経を受持し、読誦し、解説し、書写して、この教えのとおりに修行するものがあるとしよう。その場所が、遊園であれ、村の中であれ、樹下であれ、僧坊であれ、普通の家であれ、殿堂であれ、山や谷や曠野（こうや）であれ、そこに塔を建てて供養しなさい。その理由はといえば、その場所はすべて道場であって、すべての如来はここでこの上ないさとりの境地にはいったのである。すべての如来はここで教えの輪を回し、すべての如来はここで完全な平安の境地にはいったからなのだよ」

その時、世尊は重ねてその意味をのべようとして、偈（詩頌）を説かれたのでございます。

すべての如来・救世者は、大神通力を持っている。人々を喜ばせるために、限りない神通力を示されるのだ。

舌はのばせば梵天の世界まで届き、身体からは無数の光を放つ。如来の咳と指はじきの音は十方の諸仏の世界にとどき、六種の大地震が起こった。

如来が入滅した後、よくこの法華経をたもてば如来たちはみな歓喜し、限りない神通力を現わされる。この法華経を受持するものを誉め讃えることは、どんなにしてもそれで充分だということはない。その人の功徳は、十方の虚空のように限りがない。

よく法華経をたもつものは、私を見る事ができるし、多宝如来と、もろもろの分身と、今日まで私が教化したたくさんの菩薩を見ることができる。よく法華経をたもつものは、私と私の分身、滅度した多宝如来と、一切すべての如来たちを歓喜させる。また十方にいる現在の如来たちと、過去と未来の如来たちを、すべて見て、すべて供養し、すべてを歓喜させるであろう。

もろもろの如来が道場に坐して得た神秘の智を、この法華経をたもつものは、久しからずに得るであろう。よくこの法華経をたもつものは、風が空中でさまたげられないように、もろもろの経典の教えの意義と解釈とを知り、如来が入滅した後に、このことを雄弁に語ることができるであろう。

彼は太陽のように、月のように、もろもろの暗闇を除く。彼は世間を歩き、人々の闇を滅し、いたるところでたくさんの菩薩を励ます。

このゆえに賢明な菩薩たちよ、この功徳の利益を聞いて、私が入滅した後、この法華経を受持するのだ。そうすれば、その人は仏道において、必ずさとりの境地に到達するであろう。

嘱累品第二十二

◆ ぞくるいほん

その時、釈迦牟尼仏は教えの座から立ち、大神通力を現わした右手でたくさんの菩薩の頭を撫でて、このように語られたのでございます。

「私は無量百千万億という測ることも数えることもできない歳月をかけ、この上ないさとりを得ることができた。その教えを、今、お前たちに委ねる。お前たちはこの法華経が世に広まるよう、努力するのだよ」

こうして三度もろもろの菩薩たちの頭を撫でて、このように語られたのでございます。

「私は無量百千万億という測ることも数えることもできない歳月をかけ、この上ないさとりを得ることができた。その教えを、今、お前たちに委ねる。お前たちはこの法華経を受持し読誦して、広くこの教えを伝え、すべての人々に聞かせ知らせるのだ。それはどうしてなのか。如来には大慈悲があり、物おしみしないし、恐れることもない。人々によく、仏の智慧（一切智＝空を照らす智）、如来の智慧（道種智＝差別を照らす智）、自然の智慧（一切種智＝空有を並べ照らす智）を与えるからである。如来はすべての人々にとっては大施主である。お前たちもまた、如来の教えを学ぶべきなのだよ。物おしみしてはいけない。未来世において、もし善男子や善女人が如来の智慧を信ずるなら、この法華経を語って聞かせ、尊い教えを知られるのだ。その人に仏の智慧を得させるためである。もしもこの法華経を信じない人々があるなら、如来である私の深い教えを示して、彼らに利益を与え喜ばせてあげよう。お前たちよ、このようにすれば、諸仏に恩を返すことができるのだよ」

もろもろの菩薩は仏がこのようにお話しになったのを聞き、みな大いなる歓喜を身にあふれさせ、ますます尊敬して身を曲げ、頭をたれて、仏に向かって合掌して申し上げたのでございます。

「世尊のいましめのとおりに、私たちはすべての如来たちを尊び、したがいます。はい、世尊よ。どうぞ御心配なされませんように」

もろもろの菩薩はこのように三度声をだして申し上げました。

その時、釈迦牟尼如来は十方世界からこられた自分の分身でもあるもろもろの如来を、それぞれの国に帰ってもらおうとして、こうお話しになったのでございます。

「もろもろの如来は、それぞれの国で安らかにお暮らしください。多宝如来の塔は、もとの場所に再建いたしましょう」

この言葉を聞いた時、十方世界の数えることもできない数の分身の如来、宝玉でできた菩提樹の下の獅子座に坐っている多くの如来たち、多宝如来、上行をはじめ無限の数の菩薩たち、また舎利弗(しゃりほつ)などの声聞(しょうもん)、また独覚(どっかく)、信男(しんなん)、信女(しんにょ)、それにすべての世間の神々、人間、阿修羅(あしゅら)等は、みな大いに歓喜したのでございます。

薬王菩薩本事品第二十三

やくおうぼさつほんじほん

その時、星宿（せいしゅく）の王者である月によって神通力を獲得したものという意味の宿王華（しゅくおうけ）菩薩は、世尊にこのように申し上げました。

「世尊よ、薬王菩薩は、どうしてこの娑婆世界に遊んでいるのですか。世尊よ、この薬王菩薩には、幾千万億という困難な仕事があるのですよ。どうか世尊よ、その理由の一つでもお聞かせください。もろもろの神々、竜神、夜叉、乾闥婆（けんだつば）、阿修羅（あしゅら）、迦楼羅（かるら）、緊那羅（きんなら）、摩睺羅伽（まごらか）、人間、鬼霊や、ほかの世界からやってきたもろもろの菩薩たちと声聞（しょうもん）たちは、このことを聞いて皆歓喜いたしましょう」

その時、世尊は宿王華菩薩にお話しになりました。

「遠い昔、ガンジス河の砂の数に等しい劫の過去世に、仏がおられた。日月浄明徳（太陽と月の汚れなき光明により吉祥なもの）如来が、この世に出現された。完全なる智と行とをかねそなえ、この上ない幸いに達し、世間をよく知り、人間をよく調教し、神々や人間の師で、仏であり、世尊であった。この仏に八十億の菩薩たちと、七十二のガンジス河の砂の数に等しい声聞たちが、したがっていた。この仏の寿命は、四万二千劫で、菩薩たちの寿命も同じである。彼の説法の座には女の姿はなく、地獄、餓鬼、畜生、阿修羅の類も存在せず、災害も起こらなかった。土地は掌のように平らで、瑠璃でできていた。その土地は宝の樹で飾られ、宝の網で覆われて、いたるところ宝の華の旗で飾られ、宝石づくりの香炉で国中に香がたかれていた。矢が届く範囲には必ず、宝樹の下に七宝でつくられた高楼が建てられていた。これらの宝樹の下には必ず、菩薩や声聞が坐っていた。そのすべての高楼には百億の天使たちが坐り、天の伎楽をなし、仏を讃える歌を歌って、供養をしていた。その時に仏は、一切衆生喜見（あらゆる衆生がまみえて喜ぶ）菩薩やもろもろの声聞のために、この法華経を説かれたのだ。この一切衆生喜見菩薩は、仏の教説にしたがい困難な修行をした。精進し、各地を遊行し、一心に仏を求めて一万二千年がたち、現一切色身三昧というあらゆる姿形をあらわし出す境地を得た。そして、心が大いに歓喜して、こう思ったのである。

『私が現一切色身三昧という境地を得たのは、皆これ法華経を聞いて得た力なのだ。私は今、日月浄明徳仏と、法華経とを、供養しよう』

彼があらゆる姿形をあらわし出す境地にはいるや、虚空（こくう）の中から曼陀羅華（まんだらけ）の大きな花の雨が降ってきた。細かくて堅くて黒い栴檀の雲ができて、雨となって降ってきた。この香はわずかな分量でも、この娑婆世界に相当するほど高価なのだ。

彼は思いも新たに固い決意をして立ち上がり、このように考えた。

『私は神通力によって世尊に供養したのだが、この身をもって供養するには遠くおよばない』

彼は栴檀や薫陸（くんろく）や兜楼婆（とろば）や畢力迦（ひつりきか）や沈水（じんすい）や膠香（きょうか）等の香を食べ、瞻蔔（せんぼく）の香油を飲んで、千二百年がたった。彼は自分の身体に香油を塗り、日月浄明徳仏の御前（みまえ）で天の衣を身にまとった。もろもろの香油を身にそそぎ、日月浄明徳仏を供養するために、また法華経を供養するために、自らの身体に火を放ったのだ。この光は八十億のガンジス河の砂の数に等しい世界を照らした。その中のもろもろの仏は、同時に彼を賞讃した。

『善（よ）いかな、善いかな。これこそ真の精進努力である。教えへの真の供養であり、如来への真の供養だ。花、香、飾りもの、旗、傘蓋（さんがい）、栴檀の香、このようないろいろなもので供養しようとも、およぶところではない。たとえ国や城や妻子を布施しても、およぶところではない。これを第一の布施と名づける。もろもろの布施の中で、最も尊くて、最上のものである。自分を捨てるということが、教えに対する最高の供養であり、最良の供養であり、絶妙の供養である』

尊き如来たちは、こう語ってから沈黙した。その身が燃えること千二百年間で、それが過ぎると身は尽きた。一切衆生喜見菩薩はこのように教えと如来への供養をなし、命が終るとまた日月浄明徳仏の国に生まれ、日月浄明徳仏の家に忽然と結跏趺坐をして現われ、自分の父のために偈（詩頌）を説かれたのである。

　最勝なる王よ、ここは私の遊行し修行した場所です。私はここで一切現諸身三昧を得ました。確固とした精進努力を行い、愛しい我が身を捨て、大いなる禁戒に従事したのです。

この偈をのべてから、自分の父にこのように申し上げたのだ。

『父上、日月浄明徳如来は、今この世におられ、教えを説いておられます。私はかの如来に供養し、すべての人々の言語を理解する陀羅尼を得て、この法華経の八百千万億那由他の何千万倍というすさまじい数の偈により、親しく聴いたのです。父上、私はかの世尊に再びお会いして供養したいのでございます』

　一切衆生喜見菩薩はこのように申し上げ、七宝づくりの台座に坐して、虚空に昇り、かの仏のもとにいって仏の両足を頭にあてて礼拝し、十本の指の爪をあわせて偈によって仏を讃えたのである。

汚れのない美しいお顔の人よ、あなたの輝きは十分にとどいています。私は昔供養をおこないましたが、今再び親しくお会いするためにやってまいりました。


こうして一切衆生喜見菩薩はこの偈を説いてから、仏に申し上げた。

『世尊よ、あなたは今もこの世におられるのですね』

その時、日月浄明徳如来は一切衆生喜見菩薩にお告げになったのだ。

『私は完全に平安な境地（涅槃（ねはん））にはいるべき時がやってきた。寝床を用意してくれ。私は今夜完全に平安な境地にはいろう』

そしてまた、一切衆生喜見菩薩をいましめられたのだ。

『お前にこの教えをゆだねよう。偉大な志を持つ菩薩たち、それらの弟子たち、ならびに仏のさとりをも、お前にゆだねよう。三千大千世界の七宝づくりの高楼を、これらの宝樹を、宝台を、私につかえる天子たちを、すべてお前にゆだねよう。私が入滅した後、私の舎利（しゃり）もお前にゆだねよう。舎利は広く分配して供養をするべきである。そこには幾千もの塔を建てて供養をするべきであるのだ』

このように日月浄明徳如来は一切衆生喜見菩薩に教示され、その夜が更けてから、煩悩の残りのない完全なるさとりの境地にはいったのである。

その時、一切衆生喜見菩薩は如来が入滅されるのを見て、悲しみ悩み、仏を恋慕し、海此岸（かいしがん）

の栴檀を積んで薪となし、如来の身体を焼いた。火葬がすみ火がおさまったのを見て、舎利を集め、八万四千の七宝づくりの瓶をつくって納め、八万四千の七宝づくりの塔を建てて供養した。この塔は梵天の世界に届くほどに高かった。塔は傘蓋の列で飾られ、吹きながしや旗がたらされ、宝の鈴が懸けられている。

その時、一切衆生喜見菩薩はまた自らこのよう思った。

『私はこの供養をしたけれども、まだ足らない。私はさらに舎利を供養すべきなのだ』

偉大な志を持つ菩薩たち、それらの弟子たち、神々、竜、夜叉などのすべての大衆(だいしゅ)に語りかけた。

『お前たちよ、まさに心をひとつに合わせて念ずるべきである。私は今、日月浄明徳仏の舎利を供養申し上げよう』

こう語ってから、八万四千の塔の前で、百の瑞相で飾られた自分の腕を燃やした。そうして七万二千年燃えつづけ、如来を供養した。そうしながら、無数の仏の教えを聞こうとする無数の声聞(しょうもん)たちと、幾千万億という膨大な数の人々を、この上ないさとりの境地に導き、すべての人を現一切色身三昧(げんいっさいしきしんざんまい)という境地に導いた。

その時、もろもろの菩薩や神々や人々や阿修羅たちは、一切衆生喜見菩薩の臂(ひじ)が燃えつきてなくなっているのを見て、憂い悩み悲しんで、こういったのだ。

『この一切衆生喜見菩薩は、私たちの師です。私たちに教えをくださった方です。その方が、今臂（ひじ）を焼いてしまわれた』

そこで一切衆生喜見菩薩は、大衆の中で誓いを立てていった。

『私が如来への供養のためにこの両方の臂を喜捨したとき、私の身体は仏のように黄金色になるでしょう。もしこの喜捨が真実であるなら、私の二つの臂を元のように戻してください』

この誓いをなした時、臂は自然に元のように戻った。この菩薩が福徳の力と智慧の力をそなえていたからだ。そしてその時、三千大千世界は六通りに震動し、天から花の雨が降り、すべての神々や人々はめったにあり得ないような光景に立ち合ったのだ」

その時、世尊は宿王華（しゅくおうけ）菩薩にお話しになりました。

「お前はどのように考える。一切衆生喜見菩薩は、他の別のものだと疑念を持つかもしれない。宿王華よ、お前はそのように考えてはならないのだ。彼こそ今の薬王菩薩なのだよ。その身を捨てて供養するということは、このようにさとりの境地を得たいと思うものがあるなら、よく手の指や足の指を燈明にして仏塔を供養しなさい。国、城、妻子、および三千大千国土の山、林、川、池やどんなに珍しい宝物を供養しようとも、身を燃やすことに勝るものはない。

またこの三千大千世界を七宝で満たし、如来や菩薩や声聞（しょうもん）や独覚（どっかく）たちに供養したとして、この人が得る功徳は、この法華経の四句からなる偈の一つでも受持する福徳のほうがよほど大きい。

宿王華よ、たとえばすべての川や泉や沼や湖の中で、海が第一のものであるようなものなのだ。この法華経もまた、数多くの如来が説いた教えの中で、最も深遠ですぐれているのだよ。また、黒山（こくせん）、小鉄囲山（しょうてっちせん）や大鉄囲山などの山々のうち、須弥山（しゅみせん）が山の王として第一であると同じなのだ。法華経はいろいろな教えの中で最高のものである。すべての星の中で月が最高の光を放つように、法華経は幾千万億の経典の中で最高の輝きを持つものなのである。

太陽がすべての闇を除くように、法華経はすべての不善の闇を破るのだ。王が数多くいる中に、転輪聖王（てんりんじょうおう）が最高の王であるように、経典がたくさんある中で法華経が最高の経典なのである。帝釈天が三十三神の中の王であるように、梵天がすべての衆生の父であるように、智慧を持ったもの、智慧を持たないもの、学習の途中にあるもの、学習を終えたもの、声聞や独覚や菩薩たちのすべての父が、この法華経なのだ。

教えの流れにはいったもの、もう一度だけこの世に戻ってくるもの、二度とこの世に戻らぬもの、阿羅漢（あらかん）、独覚がすべての人間の中で第一であるように、この法華経はすべての如来の語った教えの中で、第一のものであると知るべきである。そして、この法華経を受持するものは、すべての人々の中で第一である。すべての声聞や独覚の中で、菩薩は第一である。この法華経もそのようであり、経典の中の第一なのだ。如来は教えの中の王であるように、法華経はすべての経典の王である。

宿王華よ、法華経はすべての人々を救うものである。すべての人々を、さまざまな苦悩から解き放つ。この法華経がすべての人々の願いを満たすことは、寒さに凍えるものが火を得たようで、裸のものが衣を得たようで、商人たちが隊商の隊長を得たようで、子供たちが母を得たようで、川や海を渡ろうとする人が船を得たようで、病人が医者を得たようで、暗闇に燈火が点いたようで、貧乏なものが宝を得たようで、民が王を得たようで、商人が交易をする海を得たようで、かがり火が暗闇を除くように、この法華経はまた、人々を苦しみから解き放ち、人々を病気から救い、輪廻という生と死の恐ろしい流転から抜けだすことができるのだよ。

もし人がこの法華経を聞き、自分でも書写し、人に書写させれば、その人が得る福徳の功徳をはかることは、仏の智慧をもってしても不可能なのである。この法華経を書写し、花、香、花環、焼香、抹香、塗香、吹き流し、傘蓋などを供え、衣服を香でたき込め、香りのよいさまざまな油で燈火をともして供養すれば、得られる功徳ははかることもできないほどに大きい。

宿王華よ、もしこの薬王菩薩本事品を聞く人があれば、限りない功徳を得るであろう。もしこの薬王菩薩本事品を聞いてよく受持する女人があるなら、女性として最後の生涯となるであろう。如来が入滅した後の五百年のうちで、この法華経を聞いて教えのとおりに修行する女人がいたなら、命が終ると、安楽世界の阿弥陀仏の偉大な志を持つ菩薩たちに囲まれ、睡蓮の花の中の宝座に生まれるであろう。愛欲、憎悪、愚痴、憍慢、嫉妬などの穢れに悩まされず、菩薩の神通力と、すべてのものは本来生ずることがないと認知する知（無生法忍）を得るであろう。この真理を得て、清らかな視覚となるだろう。この完全に清らかな視覚によって、七百万二千億のガンジス河の砂の数に等しい如来を見るであろう。この時この数多くの如来たちは遙かにこの人を賞讃してこのようにいうのだ。
『善(よ)いかな、善いかな。お前はよく釈迦牟尼仏の教えの中において、この法華経を受持し読誦し思索して、他の人々のために説いた。お前が得た福徳は限りない。その福徳は火に焼くこともできず、水に流し去ることもできない。千の仏たちによっても説きつくすことはできない。お前はすでに魔という賊(ぞく)を破り、生死(しょうじ)という敵軍を崩し、すべての敵をみなことごとく打ち滅ぼした。百千の仏は神通力によってお前を守護している。すべての世間の神々や人々の間で、お前と等しいものはいない。如来を除いて、声聞であれ、独覚であれ、菩薩であれ、智慧のことについて、禅定(ぜんじょう)のことについて、お前と同じ境地にいるものはいないのである』

　宿王華よ、この菩薩はこのような功徳と智慧とを得たのだ。もし人があって、この薬王菩薩本事品を聞き、喜んで讃辞を送るなら、この人は口の中から青い睡蓮の花の香りがし、全身の毛穴から栴檀の香りがするであろう。このような功徳が得られるのだよ。だからこそ、私はこの薬王菩薩本事品をお前にたくすのだ。私が入滅して後の五百年、この閻浮提(えんぶだい)に広く流布(るふ)し、消滅しないようにしておくれ。悪魔やその仲間たち、神々、竜、夜叉(やしゃ)、鳩槃荼(くばんだ)などが、つけこんでこないようにしておくれ。宿王華よ、お前は神通力によってこの法華経を守護するのだよ。何故かといえば、この法華経は閻浮提の人々の病いの良薬なのだ。病人がこの法華経が説かれているのを聞くならば、病いはただちに消滅して不老不死になるであろう。宿王華よ、お前がこの法華経を受持するものを見たならば、青い睡蓮の花と抹香をその人に振りかけて供えるべきなのだよ。撒いてから、このように考えるのだ。

『この人はそう遠くない日に、さとりの座につくであろう。草をとり、さとりの座に草を敷きつめるであろう。この人は悪魔の軍隊を破るであろう。教えの法螺貝を吹き鳴らし、教えの鼓を打ち鳴らして、すべての人々に生老病死の海を渡らせるであろう』

このようであるから、仏道を求めるものは、この法華経を受持する人を見かけたなら、以上の恭敬(くぎょう)の心をおこすべきなのである」

世尊がこの薬王菩薩本事品を説かれている間に、八万四千の菩薩たちはすべての人々の言語を理解する陀羅尼(だらに)を獲得したのでございます。宝塔の中にいる多宝如来は、宿王華菩薩を賞讃してこうおっしゃりました。

「善(よ)いかな、善いかな、宿王華よ。お前は考えもおよばぬ功徳をなしとげ、釈迦牟尼仏によくこのようなことを問い、数えきれないほどの人々に利益を与えた」

妙音菩薩品第二十四

◆ みょうおんぼさつほん

その時、釈迦牟尼(しゃかむに)仏は三十二の吉相の一つである肉髻(にくけい)から光明を放ち、また三十二の吉相の一つである眉間の白毫相(びゃくごう)から光を放射しました。東方の百八万億那由他のガンジス河の砂の数に等しい仏国土を、その光によって照らしだしました。無量百千万億の仏国土のその向こうに浄光荘厳(じょうこうしょうごん)（太陽の光によって映える）と名づけられた国があったのです。そこには浄華宿王智(じょうけしゅくおうち)（睡蓮の花台のように浄らかで、星宿(せいしゅく)の王によって神通力を持つ）という名の如来がおられ、そこで長い時を過ごしておられ、数えきれないほどの菩薩に囲まれて教えを説いておいでになりました。釈迦牟尼仏の白毫から放たれた光は、その国をすみずみまで照らしたのでございます。

その浄光荘厳国に一人の菩薩があり、名を妙音（みょうおん）といいました。彼はいろいろな善根を得て、無量百千万億の仏を供養し、親しく近づき、ガンジス河の砂の数にも等しい百千万億の深い智慧を得ていたのでございます。釈迦牟尼仏の光がその身を照らした時、浄華宿王智仏に申し上げました。

「世尊よ、私は娑婆世界に行き、釈迦牟尼仏を礼拝し、親しくお目にかかって供養し、文殊師利（もんじゅしり）法王子（ほうおうじ）菩薩、薬王（やくおう）菩薩、勇施（ゆせ）菩薩、宿王華（しゅくおうけ）菩薩、上行意（じょうぎょうい）菩薩、荘厳王（しょうごんおう）菩薩、薬上（やくじょう）菩薩たちとお目にかかるでありましょう」

その時、浄華宿王智仏は妙音菩薩にお告げになりました。

「お前は娑婆世界にいった時に、その世界が劣っているとの思いを生じてはならない。娑婆世界は高いところと低いところとあり、泥土よりなり、山々があって、穢（けが）れや悪が充満している。かの釈迦牟尼如来は背が低く、もろもろの菩薩たちもまた背が低い。ところがお前の背丈は四万二千由旬（ゆじゅん）あり、私の背丈は六百八十万由旬ある。お前の顔も姿も美しくて、百千万の福徳に輝いている。そうであるから、お前は娑婆世界にいってその国を軽んじ、如来や菩薩たちや彼らの仏国土をさげすむような気持ちを起こしてはならない」

妙音菩薩はかの浄華宿王智如来にこのように申し上げました。

「世尊よ、私がこれから娑婆世界にまいるのは、みな世尊のご加護によってです。如来が神通力を自由に使われる（神通遊戯（じんづうゆけ））によってであり、如来の荘厳によってであり、如来のすぐれた智慧によってであります」

ここで妙音菩薩はその席を立たないままで、身体も動揺させず、三昧(さんまい)にはいりました。するとこの娑婆世界において、霊鷲山(りょうじゅせん)の如来の教えの座に、八万四千の蓮の花が咲いたのでございます。蓮の茎が黄金ででき、葉は銀でできて、めしべは金剛で、花は赤く咲いていました。その時、文殊師利法王子はこの花を見て、釈迦牟尼如来にこう申し上げたのでございます。

「世尊よ、こんなにもめでたい蓮の花が咲きましたのは、なにかが起こる前兆なのでございましょうか」

その時、釈迦牟尼仏は文殊師利にこのようにお話しになりました。

「これは妙音菩薩が、浄華宿王智如来の仏国土より八万四千の菩薩たちとこの娑婆世界にやってきて、私を供養し、近くに寄って礼拝し、この法華経を聴くためなのだよ」

文殊師利は世尊にこのように語りました。

「世尊よ、この菩薩はどのような善根を積み、どのような功徳をおさめて、このような特別のはからいを得たのですか。どのような三昧の修行をしたのですか。その三昧の名前を教えてください。願わくは私どももまた三昧の修行をしたいと思います。また、私どもはこの菩薩のことを知りたいのです。どのような顔色で、どのような姿で、どんな態度によってどんな行動をとるのか。ですから世尊よ、どうか私どもが彼らを見ることができるようにしてください」

その時、釈迦牟尼仏は文殊師利にお話しになりました。

「こちらの多宝如来が、お前たちのために教えてくださろう」

そこで多宝如来はかの妙音菩薩にお話しになったのでございます。

「妙音菩薩よ、この娑婆世界においでなさい。文殊師利法王子があなたとお会いしたがっていますよ」

妙音菩薩はかの国を八万四千の菩薩たちとともに出発したのでございます。通っていく国は六種類に震動し、七宝でつくった蓮の花を雨のように降らし、百千の天の楽器は人が鳴らさないのに自ら鳴りました。この菩薩の目は青蓮華の葉のように澄み渡り、たとえ百千万の月とくらべても、その顔の端正さは劣るものではありません。身体は金色に輝き、無量百千の福相で飾られ、美しさで輝きわたり、那羅延の金剛力士のように筋肉隆々でした。七宝でつくられた楼閣に登り、虚空の多羅樹の七倍の高さのところを、菩薩たちに囲まれて娑婆世界の霊鷲山にやってきました。七宝づくりの楼閣を降りて、百千金の価値のある真珠の首飾りを手にして釈迦牟尼仏のところにいき、御足を頭にいただいて礼拝し、真珠の首飾りを供養して、世尊に申し上げたのでございます。

「世尊よ、浄華宿王智如来は世尊におおせられました。

『釈迦牟尼世尊よ、あなたにおかれましては御病気もなく、すこやかにお暮らしであられましょうか。世間でいやなことがありませんか。人々は救いやすいでしょうか。欲が強かったり、憎悪につき動かされていたり、愚かさに負けていたり、嫉妬深かったり、悪意を持ったり、増長したりしていませんでしょうか。父母を孝行せず、僧侶を尊敬せず、誤った見解を生じ、心が平静でなく、眼耳鼻舌身の五根をおさめていなかったりということはございませんでしょうか。人々は魔敵を打ち負かしているでしょうか。この上ない境地にはいられた多宝如来は教えを聴くために娑婆世界にこられて、七宝づくりの楼閣の中にお坐りでしょうか』

　また多宝如来にご機嫌伺いをされました。

『多宝如来におかれましては、すべて順調で、お心は静かであられますか。この娑婆世界に長くおとどまりいただけますでしょうか』

　世尊よ、私は多宝如来のお姿を拝見いたしたいのです。願わくは、どうかお見せくださいますように」

　その時、釈迦牟尼仏は多宝仏にお話しになりました。

「この妙音菩薩がお目にかかりたがっております」

　そこで多宝仏は妙音菩薩にこのようにお告げになったのでございます。

「よろしい、よろしい。お前はよく釈迦牟尼仏を供養するために、および法華経を聴くために、ならびに文殊師利に会うために、よくこの娑婆世界にまいった」

　その時、華徳菩薩が世尊に申し上げたのでございます。

「世尊よ、この妙音菩薩はかつてどのような善根を植え、どのような功徳を修めて、この神通力を持ったのでしょうか」

釈迦牟尼仏は華徳菩薩にお話しになりました。

「過去に仏がおられた。雲雷音王（雲の太鼓の音の王）仏と呼ばれる。智と行とをかねそなえ、完全な学識があり、世間を最もよく知り、神々や人間の教師である、世尊がおられたのだ。その国を現一切世間（あらゆる姿や形を現わしだす）といい、時代を喜見（見る目に快い）という。妙音菩薩は一万二千年間、十万種の伎楽でもって、雲雷音王如来を供養した。八万四千の七宝づくりの鉢をも供養した。この因縁の果報によって、今、浄華宿王智仏の国に生まれ、この神通力を得たのだ。華徳菩薩よ、お前には疑念が起こるかもしれない。かつて雲雷音王仏に伎楽や七宝の鉢を供養した妙音菩薩は、今この娑婆世界に現れた妙音菩薩とは別人であろうか。そうではない。まさしく、今この娑婆世界に現われた妙音菩薩その人なのだ。華徳よ、この妙音菩薩はかつて数えきれないほどの仏を供養し親しくお世話をし、ガンジス河の砂の数ほどの仏にお会いしたのだ。華徳よ、妙音菩薩の身はここにあるこの姿だけと思うだろうが、この菩薩はさまざまに姿を変えていろいろなところの人々に、この法華経を説いていたのだ。ある時には梵王の姿を現わし、ある時には帝釈の姿を現わし、ある時には自在天の姿を現わし、ある時は天大将軍の姿を現わし、ある時には毘沙門天王の姿を現わし、ある時には転輪聖王の姿を現わし、ある時には小王の姿を現わし、ある時には長者の姿を現わし、ある時には居士の姿を現わし、ある時には役人の姿を現わし、ある時には婆羅門の姿を現わし、ある時には僧、尼僧、信男、信女の姿を現わし、ある時には長者や居士の妻の姿を現わし、ある時には役人の妻の姿を現わし、ある時には婆羅門の妻の姿を現わし、ある時には少年や少女の姿を現わし、ある時には神や竜神や夜叉や乾闥婆（けんだつば）や阿修羅（あしゅら）や迦楼羅（かるら）、緊那羅（きんなら）、摩睺羅伽（まごらか）、人や、人でないものの姿を現わして、この法華経を説き、あらゆる地獄や餓鬼（がき）や畜生や仏法を聴くことのできないところにいるものすべてをよく救済し、また王の後宮（ごぐう）では女身（にょしん）となって、この法華経を説いてきたのだ。華徳よ、このようにこの妙音菩薩はよく娑婆世界の多くの人々を救ってきたのだ。

この妙音菩薩はこのようにさまざまなものに変化してこの娑婆世界に身を現わし、多くの人々のためにこの法華経を説いたのだ。この菩薩は神通力も智慧も損なわれたり滅したりすることはない。この菩薩は智慧の輝きによって娑婆世界を照らし、すべての人々が知るべきことを知るようにする。ガンジス河の砂の数にも等しい十方の世界において、菩薩の姿によって救われるものには、菩薩の姿を現わす。独覚（どっかく）によって、声聞（しょうもん）によって、また如来によって救われるものには、それぞれの姿を現わして教えを説く。如来の滅度（めつど）によって救われるものには、如来の滅度の姿を示す。華徳よ、妙音菩薩はこのようにして、大神通力と智慧の力とを成就したのだ」

その時、華徳菩薩は世尊にこのように申し上げたのでございます。

「世尊よ、この妙音菩薩は深く善根を植えられました。世尊よ、この菩薩はどのような三昧にはいって、このようにあらゆるところに身を現わし、人々を救ったのでございましょう」

世尊は華徳菩薩にお話しになりました。

「それは現一切色身という三昧である。華徳菩薩はこの三昧を得て、よくこのように数えきれないほどのたくさんの人々に豊かな利益を与えたのだ」

この法華経の妙音菩薩品が説かれている時、妙音菩薩とともにきた八万四千の菩薩たちはみな現一切色身三昧を得て、この娑婆世界の数えきれないほどの菩薩たちもまた、この三昧と陀羅尼(善法を持して散失せず、悪法をさえぎる力のある呪文)を得たのでございます。

その時妙音菩薩は、釈迦牟尼仏と、多宝仏の遺骨を納めた塔を供養してから、自分の仏国土に帰りました。通り過ぎていくもろもろの国は、六種類に震動し、宝の蓮の花を雨と降らせ、百千万億の楽器を奏でました。本国に帰ってから八万四千の菩薩たちに囲まれて浄華宿王智如来のところに参上し、このように申し上げたのでございます。

「世尊よ、私は娑婆世界にいってまいりました。そこで人々に大いなる利益を与え、釈迦牟尼仏とお会いし、多宝仏の遺骨を納めた塔にお参りし、礼拝し供養してまいりました。また文殊師利法王子菩薩や薬王菩薩や得勤精進力や勇施菩薩と会い、この八万四千の菩薩に現一切色身三昧を得させてまいりました」

この妙音菩薩来往品(妙音菩薩が此の国に来て彼の国に帰ることを説いた章)が説かれている時、四万二千の菩薩たちは無性法忍(この世のものは本来生ずることもなく滅することもないと認識する智)を得て、華徳菩薩は法華経三昧を得たのでございます。

観世音菩薩普門品第二十五

◆かんぜおんぼさつふもんぼん

その時、無尽意（むじんに）（尽きることない意志を持つ）菩薩は座から立ち、一方の肩を脱いで、合掌し、世尊に向かってこう申し上げたのでございます。

「世尊よ、観世音（かんぜおん）菩薩は、どのような因縁があって観世音と名づけられたのですか」

この質問を聞き、世尊は無尽意菩薩にこのようにお話しになりました。

「百千万億の人々がもろもろの苦悩を持っていようと、観世音菩薩の名を聞き、一心にその名をとなえるなら、観世音菩薩はただちにその声を聞いて人々を苦悩から解き放ってくれよう。この観世音菩薩の名を心の中にたもっているなら、たとえ大火の中にはいっても、この菩薩の神通力によって焼かれることはない。大水に流されようと、その名をとなえるなら、浅いところに流れつく。もし百千万億の人々が、金、銀、瑠璃、硨磲貝、碼碯、珊瑚、琥珀、真珠などの宝を求めて大海に入ったとする。仮りに暴風が吹いて船が羅刹鬼の国に打ち上げられたとしても、その中のたった一人でも観世音菩薩の名をとなえれば、全員が羅刹の難をまぬがれることができる。この理由によって、観世音と名づけられたのだ。

ある人が処刑されようとしている時、観世音菩薩の名をとなえれば、処刑執行人の持つ刀はにわかに段々に折れて、処刑をまぬがれることができる。この三千大千国土に夜叉や羅刹などが充満して人を悩ませようとしても、観世音菩薩の名をとなえれば、これら悪鬼たちは悪意をもって見ることもできず、まして害を加えることもできない。

罪があっても罪がなくても、枷や鎖にその身をつながれていても、観世音菩薩の名をとなえれば、枷や鎖は解けてしまうであろう。もしこの三千大千国土に盗賊が充満していて、その中を隊商の一人の長が大きな隊商をひきい、値もつけられないような貴重な宝を持って険しい道をいく時、隊商の長は部下たちにこういう。

『お前たち、恐がってはいけない。一心に観世音菩薩の名をとなえなさい。そうすればお前たちは、盗賊の危険からたちどころに逃がれることができるのだ』

すると彼らはいっせいにともに声を上げた。

『南無観世音菩薩』

この名をとなえると、たちまち危機を脱することができる。観世音菩薩の威力とはこのようなものだ。

愛欲にとらわれたものも、つねに観世音菩薩を念じてうやまえば、欲を離れることができる。憎悪に狂っていても、つねに観世音菩薩を念じてうやまえば、怒りを離れることができる。無知に迷っていても、つねに観世音菩薩を念じてうやまえば、愚かさを離れることができる。観世音菩薩の威力とはこのようであるから、いつも心の中に念じているべきなのだ。

息子を求めている婦人が観世音菩薩を礼拝し供養すれば、容姿端麗で聡明な男の子が生まれるであろう。娘を求めているなら、見目麗しい、上品な、多くの人に愛される女の子が生まれるであろう。観世音菩薩はこのような威力があるから、観世音菩薩を敬って礼拝すれば、実り豊かな人生になる。このようであるから、みなは観世音菩薩の名をよくたもつがよい。六十二億のガンジス河の砂の数ほどの仏や菩薩の名をたもち、寿命が終るまで食べ物や衣服や寝具や医薬を供養するなら、そのものの功徳は多いかそうでもないか、お前はどう思うのだ」

無尽意菩薩は申し上げました。

「世尊よ、功徳はまことに多いでしょう」

世尊は次のようにおっしゃいました。

「多くの仏や菩薩を供養する功徳と、一時でも観世音菩薩を礼拝し供養する功徳とは、どちらがまさっているでもなく、まったく同じで異ならない。この両者の得がたい功徳は、百千万億劫かかっても滅ぼしつくせるものではない。観世音菩薩の名をたもてば、このようにはかり知れない福徳を得ることができるのだ」

　そこで無尽意菩薩は世尊に申し上げました。

「世尊よ、観世音菩薩はどのようにしてこの娑婆世界に遊行し、どのようにして人々に教えを説くのですか。その方便の力というものは、どのようなものですか」

　世尊は無尽意菩薩にお告げになりました。

「この国土で、仏の姿によって救うべきものには観世音菩薩は仏の姿を現わして教えを説く。菩薩の姿によって救うべきものには、菩薩の姿を現わして教えを説く。声聞の姿によって救うべきものには、声聞の姿によって教えを説く。梵王の姿によって救うべきものには、梵王の姿によって教えを説く。帝釈の姿によって救うべきものには、帝釈の姿によって教えを説く。自在天の姿によって救うべきものには、自在天の姿によって教えを説く。大自在天の姿によって救うべきものには、大自在天の姿で教えを説く。転輪聖王の姿によって救うべきものには、転輪聖王の姿によって教えを説く。毘沙門の姿によって救うべきものには、毘沙門の姿によって教えを説く。小王や長者や居士や宰官や婆羅門や僧や尼僧や信男信女の姿によって救われるものには、それらの姿によって教えを説く。医者、居士、宰官、婆羅門の妻の姿によって救われるものには、それらの姿によって教えを説く。童男や童女の姿によって救われるものには、それらの姿によって教えを説く。神や竜神や夜叉や乾闥婆や阿修羅や迦楼羅や緊那羅や摩睺羅伽や人や人でないものの姿によって救われるものには、それらの姿によって教えを説く。執金剛神の姿によって救われるものには、その姿によって教えを説く。

無尽意よ、この観世音菩薩はこのような功徳をそなえ、さまざまな姿となってあちらこちらの国土に遊び、人々を救う。そうであるからこそ、お前は一心に観世音菩薩を供養すべきなのだよ。この観世音菩薩は、恐怖をいだいているものたちに安心をもたらす。そのゆえに、彼はこの娑婆世界に施無畏者（安心を与えるもの）といわれるのだ」

この時、無尽意菩薩は世尊に申し上げたのでございます。

「世尊よ、私は今、観世音菩薩に供養の品を贈ります」

こうして無尽意菩薩は百千金の価値のある真珠の首飾りをはずし、観世音菩薩に贈ったのです。

「すぐれた御方よ、私たちをあわれんで、どうかこの供養の品を受け取ってください」

しかし、観世音菩薩はこれを受けませんでした。無尽意菩薩はまた観世音菩薩にいったのです。

「すぐれた御方よ、私たちをあわれんで、どうかこの供養の品を受け取ってください」

その時、世尊は観世音菩薩におっしゃられました。

「この無尽意菩薩と四衆と神と竜神と夜叉と乾闥婆と阿修羅と迦楼羅と緊那羅と摩睺羅伽と人と人でないものとをあわれんで、お前はその首飾りを受け取りなさい」

こうして観世音菩薩は首飾りを受け取って二つに分け、一つは釈迦牟尼仏に供養し、もう一つは多宝仏の塔に供養しました。

「無尽意よ、観世音菩薩にはこのように自在な神通力があって、娑婆世界を遊行しているのだよ」

世尊にこういわれた無尽意菩薩は、偈（詩頌）によって問うて申し上げました。


世尊はきらびやかな旗の持ち主です。私は今、彼について重ねて質問をいたします。

この仏の子は、どのような因縁によって観世音と呼ばれるのですか。

きらびやかな旗の持ち主の世尊は、偈によって無尽意にお答えになりました。

観世音の修行についてまず聞きなさい。

大いなる誓願の深いことは海のようで、考えられないほど長い歳月、幾千億の仏につかえてきた。そこでまことに清らかな誓願をしたのである。お前のために、私はかいつまんで話してやろう。彼の名を聞き、姿を見て、彼のことを心の中で強く念じるならば、あらゆる生存における苦しみを彼は滅することができる。

悪意のあるものが誰かを殺そうとして火の燃える穴に落としても、観音の力を念ずれば、火の穴は変じて池となろう。

海の難所で漂流し、竜や魚やいろいろな鬼に襲いかかられたとしても、観音の力を念ずれば、波浪の間に沈むことはない。

須弥山（しゅみせん）の峰の崖から誰かに突き落とされても、観音の力を念ずれば、太陽のように空中に浮かぶであろう。

悪人に追われて金剛山（こんごうせん）より落ちようとする時、観音の力を念ずれば、髪の毛一本すら失われない。

おのおの刀を手にして危害を加えようとする敵に囲まれても、観音の力を念ずれば、敵もただちに慈（いつく）しみの心をおこす。

王難（おうなん）の苦しみにあい、処刑場で命が終らんとしても、観音の力を念ずれば、たちまち刀は粉々に砕けよう。

枷（かせ）や鎖に捕えられ縛られても、観音の力を念ずれば、枷も鎖も砕けて脱出をすることができる。

呪文やら毒薬によって身を破壊しようとするものも、観音の力を念ずれば、それらを使おうとするもののほうに戻っていく。

悪しき羅刹（らせつ）や毒竜や鬼などと遭遇しても、観音の力を念ずれば、毛一本ほども傷をつけられない。

恐ろしい猛獣にとり囲まれ、鋭い刃や爪に襲われそうになっても、観音の力を念ずれば、四方八方に逃げていこう。

蜥蜴（とかげ）、蛇、蝮（まむし）、蠍（さそり）など毒で燃えるようなものも、観音の力を念ずれば、毒も消えてしまう。

雲がおりてきて雷鳴が響きわたり、雹が降り、激しい雨が落ちてこようと、観音の力を念ずれば、ただちに静かになる。

人々が多くの災いをこうむり、限りない苦しみが身に迫ってこようと、観音の妙なる智慧の力は、よく世間の苦しみを救う。

神通力を完全に自分のものとし、広大なる智慧と巧みな方便はすでに自分のものとしてあるので、十方にある世界のすべてに姿を現わすことができる。

教えを聞くことのできない不遇で不幸な境涯に恐怖したり、地獄、鬼、畜生に災いをもらい、生老病死の苦悩を得ていても、それらの苦しみはことごとく消滅してしまうであろう。

真実の眼、澄み切った眼、広大なる智慧の眼を持つものよ。慈悲の眼をもち、美しい顔をしたものよ。

無垢で清浄で光り輝くものよ。太陽は暗闇を破り、災いの風と火とを消滅させ、あまねく輝いて世界を照らす。

慈悲の姿によって戒律という雷を震わせ、慈しみの心は大きな美しい雲のようである。甘露の教えの雨を降らせ、煩悩の炎をしずめる。

争乱、いさかいにおいても、戦場で命の危険にさらされても、観音の力を念ずれば、すべての邪悪な敵の群れは退散する。

妙なる音、世を観ずる音、慈・悲・喜・捨の四観をもって照らす清浄な音、潮の行き来をたがえない海潮音のように衆生救済の時を失わずにでる音、音楽の奥義を極めた観世音菩薩は、すべての音に心を傾ける。お前はこの観世音菩薩をいつも心に念じておくのだよ。決して疑ってはならない。浄らかな聖である観世音菩薩は、苦悩と死の災いにおいて、救済者であり、最後のよりどころなのだ。

すべての功徳を身にそなえ、慈悲の眼でもって人々を見る。福徳が無限の海のように集まった観世音菩薩に礼拝しなさい。

その時、持地菩薩は座から立って、前に進みでて、世尊に申し上げたのでございます。

「世尊よ、もし人々がこの観世音菩薩品の、観世音菩薩の変幻による奇蹟について語った、普門（あらゆる方向に開かれた門）の章を聞くならば、この人々の功徳は少なくはありません。世尊がこの普門の章を説いている時に、ここに集まっていた八万四千人の人々は、ほかにくらべるものもない、この上ない完全なさとりの境地に到達したいという願いを、心の中に起こしたのでございます」

陀羅尼品第二十六

だらにほん

その時、薬王菩薩は席から立ち上がり、左の肩に上衣をかけて右の肩をあらわにし、合掌して、世尊に向かって申し上げたのでございます。

「世尊よ、よくこの法華経を受持し、読誦し理解して、経巻を書写するなら、どのような幸いを得ることができるのでしょうか」

世尊は薬王菩薩にお告げになりました。

「もし八百万億那由他のガンジス河の砂の数ほどに等しい如来たちを供養すれば、得られる幸いは多いか少ないか、お前はどう思う」

「世尊よ、とても多いでしょう」

世尊はお話しになりました。

「そのとおりだ薬王よ、この法華経の四句からなる偈のうちの一句でも受持し、読誦し、心にとどめ、教えのとおりに修行をすれば、その功徳ははなはだ多い」

その時、薬王菩薩は仏に申し上げたのでございます。

「世尊よ、私は今、法華経の説法者に陀羅尼（秘密の呪文）を与え、これによって彼らを守護しましょう」

こうして薬王菩薩は陀羅尼を説いて申し上げたのです。

「安爾　曼爾　摩禰　摩摩禰　旨隷　遮梨第　賒咩　賒履多瑋　羶帝　目帝　目多履　娑履
阿瑋娑履　桑履　娑履　叉裔　阿叉裔　阿耆膩　羶帝　賒履　陀羅尼　阿盧伽婆娑簸蔗毗叉膩
禰毗剃　阿便哆羅禰履剃　阿亶哆波隷輸地　歐究隷　牟究隷　阿羅隷　波羅隷首迦差　阿
三磨三履　佛駄毗吉利袟帝　達磨波利差帝　僧伽涅瞿沙禰　婆舍婆舍輸地　曼哆邏　曼哆邏叉
夜多　郵樓哆　郵樓哆憍舍略　惡叉邏　惡叉冶多冶　阿婆盧　阿摩若　那多夜」

「世尊よ、この陀羅尼の呪文は、六十二億のガンジス河の砂の数に等しい如来たちがとなえられたのです。もしこの教えの説法者を攻撃したり謗ったりするものがあったなら、これはこれらの如来たちを攻撃し謗ると同じことなのです」

その時に、釈迦牟尼仏は薬王菩薩を讃えておっしゃりました。

「素晴らしいことだ。素晴らしいことだ。お前はこの説法者を憐れんで見守っているからこそ、この陀羅尼を説いているのだな。それは多くの人々にたいへん役に立つ」

その時、勇施（布施の勇者）菩薩は、世尊にこのように申し上げたのでございます。

「世尊よ、私もまた、法華経を読誦し受持する者を守るために、陀羅尼を説きましょう。もし説法者がこの陀羅尼を得れば、夜叉にしても、羅刹にしても、富単那（臭餓鬼―熱病を流行させる鬼）にしても、鳩槃荼にしても、餓鬼にしても、その欠点をうかがい求めても攻撃する機会を得ることができないようにです」

そこで世尊の前で勇施菩薩は陀羅尼を説いて申し上げたのです。

「痤隷　摩訶痤隷　郁枳　目枳　阿隷　阿羅婆第　涅隷第　涅隷多婆第　伊緻　柅　韋緻柅　旨緻柅涅隷墀柅　涅犁墀婆底」

「世尊よ、この陀羅尼の呪文は、ガンジス河の砂の数に等しい如来たちがとなえられたのです。みなが心から喜んだものです。もしこの教えの説法者を攻撃したり謗ったりするものがあったなら、それはこれらの如来たちを攻撃し謗ると同じことなのです」

その時、毘沙門天王は、世尊にこのように申し上げたのでございます。

「世尊よ、私もまた人々をあわれみ、説法者を守るために、この陀羅尼を説きましょう」

そこで世尊の前で陀羅尼をお唱えしたのです。

「阿犂(あり)　那犂(なり)　㝹那犂(となり)　阿那盧(あなろ)　那履(なび)　拘那履(くなび)」

「世尊よ、この呪文によって説法者を守りましょう。私もまた、この法華経を護持する人を守りましょう。百由旬(ゆじゅん)にわたって、彼らに病いや苦しみがないようにいたします」

その時、持国天王は、この集まりの中で、千万億那由他の乾闥婆(けんだつば)にかしずかれていました。彼は席から立ち上がり、左の肩の上衣をかけて右の肩をあらわにし、世尊に向かって合掌して申し上げたのでございます。

「世尊よ、私もまた陀羅尼の呪文によって、法華経をたもつものを守りましょう」

そこで世尊の前で陀羅尼をお唱えしたのです。

「阿伽禰(あきゃねい)　伽禰(きゃねい)　瞿利(くり)　乾陀利(けんだり)　旃陀利(せんだり)　摩蹬耆(まとうぎ)　常求利(じょうぐり)　浮樓莎柅(びろしゃに)　頞底(あっち)」

「世尊よ、この陀羅尼(だらに)の呪文は、四十二億の如来が説かれたものです。もしこの説法者を攻撃したり謗(そし)ったりするものがあったなら、これはそれらの如来たちを攻撃し謗(そし)ると同じことなのです」

その時、羅刹女(らせつにょ)はともがらを連れていた。藍婆(らんば)、毘藍婆(びらんば)、曲歯(こくし)、華歯(けし)、黒歯(こくし)、多髪(たほつ)、無厭足(むえんぞく)、持瓔珞(じようらく)、皐諦(こうたい)、奪一切衆生精気(だついっさいしゅじょうしょうけ)の十羅刹女(らせつにょ)たちである。このものたちは鬼子母(きしも)とともに、このものたちの子供たちや一族のものたちとともに、世尊のところにいって声を揃えて申し上げたのでございます。

「世尊よ、私たちもまた、法華経を読誦し受持するものを守り、彼らの苦しみを除くようにいたしましょう。もし説法者の短所を見つけて攻撃しようとするものがあっても、見つけられないようにいたしましょう」

そこで世尊の前で陀羅尼(だらに)を唱えたのでございます。

「伊提履(いでいび)　伊提泯(いでいびん)　伊提履(いでいび)　阿提履(あでいび)　伊提履(いでいび)　泥履(でいび)　泥履(でいび)　泥履(でいび)　泥履(でいび)　泥履(でいび)　樓醯(ろけい)　樓醯(ろけい)

樓醯(ろけい)　樓醯(ろけい)　多醯(たけい)　多醯(たけい)　多醯(たけい)　兜醯(とけい)　㝹醯(とけい)」

「かの説法者たちの頭の上に乗って悩ましてはなりません。夜叉にしても、羅刹(らせつ)にしても、餓鬼にしても、どんな鬼や魔術師であれ、熱を一日、あるいは二日、あるいは三日、あるいは四日、あるいは七日引き起こす病魔であれ、熱病をひき起こす病魔であれ、あるいは男や女や童男童女の姿をして夢の中に取りつ憑く魔であれ、法華経の説法者に憑いて悪さをしてはならないのでございます」

それから夜叉たちは世尊の前で声を揃えて合唱し、偈を唱えたのでございます。

もし私が呪文の詩にしたがわずに説法者を襲えば、頭は割れて七つになり、阿梨樹（ありじゅ）の蕾のようになるでありましょう。

父や母を殺したものが歩くと同じ道を、説法者を襲うものは歩くことになるでありましょう。

腐った胡麻をそこにたかった虫とともに搾（しぼ）った油を売るもの、枡（ます）の量や秤（はかり）の目方をごまかすもの、あるいは和合している僧を分裂させた提婆達多（だいばだった）、彼らが歩くと同じ道を、説法者を襲うものは歩くことになりましょう。

羅刹女たちはこの偈を唱え終ると、世尊に申し上げたのでございます。

「世尊よ、私たちもまたこの法華経を受持し、読誦し、この経によって修行するものを守りましょう。彼らの暮らしも心も安穏にし、いろいろな災いがおよぶことのないようにして、毒を払いましょう」

世尊は羅刹女たちにこのように申し上げました。

「素晴らしい。素晴らしい。この法華経を受持するものを守るのなら、その幸いははかり知れない。それはいうまでもないことなのだが、法華経の経典に花や香や幡や旗や傘蓋や伎楽を供養し、香りのよいさまざまな油を燈し、さまざまな百千種のやり方で供養するものを守るべきである。皐諦よ、お前とお前の一族が法華経の説法者を守護するのだ」

この陀羅尼を説かれている時、六万八千の生きとし生けるものは、この世に存在するものは生ずることはなく滅することもないという真理を、自分のものとしたのでございます。

妙荘厳王本事品第二十七

◆ みょうしょうごんおうほんじほん

その時、世尊はそこに集まったすべての菩薩におっしゃりました。

「数えることもできない遙かな昔に、如来がおられた。雲雷音宿王華智多陀阿伽度・阿羅呵・三藐三仏陀（雨雲から轟く雷鳴のようによい声の星宿の王によって開花された神通力のある、この上ないさとりの境地に到達した尊敬さるべき如来）がこの世に出現された。その国の名を光明荘厳（陽の光に映える）といい、時代の名を喜見（見る目に快い）といった。その如来は智と行とをかねそなえ、この上ない幸せに到達し、世間をよく知り、人々や神々をよく導き、仏陀であり、世尊であった。

この如来が教えを与えるものの中に、妙荘厳（浄らかに飾られたもの）があり、その王妃の名を浄徳（生まれながらに汚れのなさのある）という。二人の子があって、一人を浄蔵（汚れのない胎蔵のある）といい、もう一人を浄眼（汚れのない目のある）といった。この二人は大神通力を持ち、福徳を持ち、智慧を持って、長いこと菩薩の修行に励んでいた。

つまり、檀波羅蜜（布施の完成）に励み、尸羅波羅蜜（持戒の完成）に励み、羼提波羅蜜（忍辱の完成）に励み、毘梨耶波羅蜜（精進の完成）に励み、禅波羅蜜（禅定の完成）に励み、般若波羅蜜（智慧の完成）に励み、方便波羅蜜（巧みな手段の完成）に励み、慈しみ（慈）と、あわれみ（悲）と、喜び（喜）と、分けへだてのない平等（捨）と、さとりの境地に到達する智慧を得るための三十七の実践の道（三十七品助道法＝四念処・四正勤・四神足・五根・五力・七覚支・八正道を総括した総称）に専念し、そのすべての奥義を究めていた。また無垢の浄という三昧の奥義を究め、星宿の王と太陽の日星宿という三昧の奥義を究め、無垢の輝きのある浄光という三昧の奥義を究め、無垢の形でいる浄色という三昧の奥義を究め、無垢の光明のある浄照明という三昧の奥義を究め、見事な装飾のある長荘厳という三昧の奥義を究め、大威力の胎蔵のある大威徳蔵という三昧の奥義を究め、すべてによく通じて、自由自在の境地を得ていたのだ」

その時、世尊は妙荘厳王を導こうとし、人々を慈しんで、この法華経を説かれていたのでございます。そしてその時、浄蔵と浄眼の二人の王子は母のところにいき、十本の爪をあわせて合掌し、このように申し上げたのです。

「さあ母上、雲雷音宿王華智如来のところにまいりましょう。私たちもともにまいり、おつかえし、供養し、礼拝いたしましょう。なぜかと申しますと、この如来はすべての神々や人々の前で法華経を説いておられるからです。さあいっしょにいって、説法をうかがいましょう」

それを聞き、母は子供たちにいいました。

「お前たちの父は婆羅門の教えに心を寄せておいでです。ですから、お前たちがかの如来のところにいくことはお許しにならないでしょうよ」

浄蔵と浄眼は十本の爪をあわせて合掌し、母に申し上げました。

「私たちは邪教を信奉する家に生まれてしまいましたが、最勝の王経である法華経の子なのです」

母は子供たちにいいました。

「お前たちよ、父が邪教に惑わされているのを哀れに思うならば、何か奇蹟を現わしてごらんなさい。そうすれば父はあなたがたに納得して、心に清らかな満足の思いを生じて、私やお前たちがかの如来のもとにいくことをお許しになるでしょう」

ここで二人の王子は父を思うがゆえに、多羅樹(たら)を七つ重ねた高さの虚空(こくう)に登り、奇蹟を現わしたのでございます。虚空の中で、歩いたり、立ったり、坐ったり、寝たりしました。上半身から水をほとばしらせ、下半身から火を噴き、次には下半身から水をほとばしらせ、上半身から火を噴きました。また虚空で大きな身体をいっぱいに見せ、その身体を小さくもしました。

空中で姿を消したかと思うと次には地面に立っていて、水のように地に染み込んでいき、今度は空中に現われました。このように神通力によってさまざまの奇蹟を現わし、父王の心を清らかにして信仰心を起こさせたのでございます。

父は自分の子たちの神通力がこのようであるのを見て、心が大いに歓喜し、満足して、子供たちに向かって合掌していいました。

「お前たちの師はどなたなのか。お前たちはどなたの弟子なのか」

二人の子はこのように申し上げたのでございます。

「大王よ、かの雲雷音宿王華智如来は今この世に出現され、七宝でつくられた菩提樹の下の教えの座に坐っておられ、すべての神々や人間の前で広く法華経を説いておられます。かの如来がわれわれの師なのです。われわれはこの如来の弟子なのです」

父は子たちに次のようにいいました。

「私はお前たちの師にお目にかかりたくなった。ともにいこうではないか」

ここにおいて二人の子は空中から降りて母のところにいき、合掌して申し上げたのでございます。

「母上、父上は今私たちに教化(きょうけ)され、この上ないさとりの境地に向かって発心(ほっしん)されました。われわれは父のためにすでに衆生済度の仕事をなしました。母上、お願いですから、われわれに如来のもとで出家することをお許しください」

その時、浄蔵と浄眼の二人の王子が重ねてその気持ちをのべようとして、偈（詩頌）によって母に語りかけました。

母上、お願いですから、われわれが出家して僧になることをお許しください。

如来にお会いすることは、とても難しいのです。われわれは如来にしたがって学びたいのです。

三千年に一度咲くという優曇華の花のように、この世に出現した如来にお会いすることはとても難しいのです。

さまざまの難を逃れることもまた難しいものです。お願いですから、われわれの出家をお許しください。

母の浄徳夫人は次のようにお話しになったのでございます。

「お前たちの出家を許します。何故かといえば、如来にお会いするのは困難きわまりないからです」

ここにおいて二人の子は父母に申し上げました。

「ありがとうございます。さあこれから雲雷音宿王華智如来のもとにまいり、親しくお会いして、供養いたしましょう。何故かといえば、如来にお会いするのが困難なことは、優曇華の花が咲いているのを見るようなものです。百年に一度呼吸するため海底から浮上する一眼の盲亀が、大海に浮遊する一つの穴のある木のその穴に出会うようなものです。そのように、われわれが生まれてこのような仏法に出会うことができたのは、最高の福徳なのです。そうであるからこそ、父上と母上はわれわれが出家することをお許しになられたのでしょう。何故かといえば、如来にお会いすることは困難で、こんな好機はまたとないからです」

この時、妙荘厳王の後宮の八万四千人の妃たちは、ことごとく皆この法華経を受け入れたのでございます。浄眼王子は法華経の教えにしたがって修行をして菩薩となり、浄蔵王子は無量千万億劫という歳月を離諸悪趣三昧（すべての衆生の罪悪を払う三昧）を行って菩薩となりました。そして、この二人の王子の母は、如来の隠されたすべての教えの秘密をさとったのです。二人の王子はこのように方便の力をもってよく父を教化し、心で仏法を信仰させるようにしたのです。

ここにおいて妙荘厳王は群臣やその一族とともに、浄徳夫人は後宮の官女やその一族とともに、二人の王子は四万二千人とともに、皆ともに如来のもとに近づき、如来の両足に頭をいただいて礼拝し、如来のまわりを三度回って、会衆の中に坐ったのでございます。

その時、かの如来は王をはじめその場の人々のために法華経を説き示し、彼らを喜ばせました。またその時、妙荘厳王とその夫人は、首にかけていた百千金の価値のある真珠の首飾りを解いて如来の上に散ずると、虚空の中に四本の柱の台となりました。如来はその上に結跏趺坐をして、大光明を放たれたのでございます。その時、妙荘厳王はこのように思いました。

「如来のお姿はめったに見ることはできない。なんともおごそかで、それは美しいことだ」

その時、雲雷音宿王華智如来はまわりに集まっている人々に申し上げたのでございます。

「お前たちよ、この妙荘厳王が私の前に合掌して立っているのを見たであろう。この王は私の教えの中で僧となり、如来の智慧を得ることを助ける教えを努力して学び、やがて如来となるであろう。その如来の名を娑羅樹王（しゃらじゅおう）と名づけ、その国を大光（だいこう）と名づけ、その時代を大高王（だいこうおう）と名づけよう。娑羅樹王如来には数えきれないほどの数の菩薩と声聞（しょうもん）とがしたがい、その国は平らかにして正しいであろう。その功徳はこのようである」

妙荘厳王はその時王位を弟に譲り、夫人と二人の王子とたくさんの一族とともに出家して、仏道の修行生活にはいったのでございます。こうして出家した人たちはもっぱらに勤めはげんで、法華経の修行をしました。こうして一切浄功徳荘厳三昧（いっさいじょうくどくしょうごん）（すべての功徳の飾りの輝きという三昧）を得たのです。そうして七つの多羅樹の高さの虚空に昇り、如来に申し上げました。

「世尊よ、私のこの二人の子は、私に仏法を教えてくれた先生です。神通力を示して私に邪見を改めさせ、仏法の中に安住させてくれ、世尊を拝見できるようにさせてくれました。二人の子は私のよき友人で、私の前世における善根を思い出させるためにきたりて、私の家に生まれたのです」

その時、雲雷音宿王華智如来は妙荘厳王に告げておっしゃりました。

「そのとおりだ。そのとおりだ。お前のいうとおりである。お前は善根を植えたからこそ、よき友を得ることができ、如来の教えを示し教えて喜ばせてもらい、この上ないさとりの境地に導いてもらえる。大王よ、よき友というのはよき因縁であると、お前は知るべきである。おかげで教え導かれ、この上ないさとりの境地にはいることができるのだ。大王よ、お前はこの二人の子を見るのだよ。この二人の子はかつてすでに数えることも不可能な数のガンジス河の砂の数ほどの如来を供養し、親しく近づいて恭敬（くぎょう）し、それぞれの如来のもとで法華経を受持（じゅじ）し、誤った考えの人々をあわれんで正しい考えの中に住まわせた」

　妙荘厳王は虚空からおりてきて、如来に申し上げました。

「世尊よ、如来はめったにおられるものではありません。功徳と智慧とが満ちているがゆえに、頭には肉髻（にっけい）が輝き、眼は長く広く紺青（こんじょう）の色をして、眉間の白毫相（びゃくごうそう）は月のように白くさやかで、歯は白くて細やかでいつも光をたたえ、唇の色は頻婆（びんば）の実のように赤くて潤いがあります」

　その時、妙荘厳王は如来のこのような無量百千万億の美徳を讃え、如来の前で一心に合掌し、また仏に申し上げたのでございます。

「世尊よ、まことにまれなことです。如来の教えは思いもおよばぬ偉大な功徳をそなえています。教えと戒律と行いは、誤ちがなく安心で快いのです。私は今日からは自分の心のいうままにはならず、邪見（じゃけん）や高ぶりや怒りなどもろもろの悪の心を起こさないようにいたしましょう」

　王はこのように語ると、如来に礼をして、その場を退きました。如来はその場に集まった大（だい）

衆にお告げになりました。

「お前たちはどう思うか。妙荘厳王は以前の人物とは別人であるか。今ここにいる華徳（吉祥の蓮華）菩薩その人なのだ。その浄徳夫人は今世尊の前にいる光照荘厳相（陽光に輝き映える旗を持つ王）菩薩であるのだよ。妙荘厳王とその一族を同情するがゆえに、王妃になったのだ。この二人の間に生まれた二人の王子は、今ここにいる薬王菩薩と薬上（薬によって治った）菩薩なのだ。この薬王菩薩と薬上菩薩は、考えられないほど多くの功徳をそなえ、無量百千万億というたくさんの仏のもとで善根を植えてきて、考えられないほど多くのよい功徳をそなえているのだ。この二人の菩薩の名を心にとどめるものがあれば、神々や人間をふくむ一切世間のものから礼拝されるであろう」

世尊がこの妙荘厳王本事品を説かれている時、八万四千の人々は煩悩の塵を遠ざけ煩悩の垢を離れ、すべてのものを見る眼が清らかなものとなったのでございます。

普賢菩薩勧発品第二十八

ふげんぼさつかんぼつほん

　その時、普賢（サマンタ・バドラ）菩薩は自在な神通力と威厳と名声をもって、多くの偉大なる志を持つ数えることもできないたくさんの菩薩とともに、東方からやってきたのでございます。通り過ぎていく諸国は、みな地震が起こり、蓮華の雨が降り、百千万億のいろいろな楽器が鳴らされました。また数えきれないほどたくさんの神、竜、夜叉、乾闥婆、阿修羅、迦楼羅、緊那羅、摩睺羅伽、人間、人間でないものをしたがえ、それらに囲まれてそれぞれが威厳と神通力とを現わして、娑婆世界の霊鷲山にやってきました。そこで釈迦牟尼仏の足に頭をいただいて礼拝し、右回りに七回巡り、仏に申し上げました。

「世尊よ、私は宝威徳上王（宝玉の輝きのひろがる王）の国で、遙かにこの娑婆世界で法華経を説いておられると聞き、無量百千万億という数えることもできないたくさんの菩薩とともに聴聞するためにやってまいりました。お願いですから世尊よ、どうかお教え願いたいのです。善男善女がいて、如来が滅度(めつど)された後、どのようにしてこの法華経を得ることができますか」

世尊は普賢菩薩にお話しになりました。

「善男善女があって、四つの方法をなしとげれば、如来が滅度された後にも、この法華経を得ることができる。すなわち、一つはもろもろの如来たちによって加護され、二つは人々にもろもろの善根を植え、三つは正しい方向に決定された人々の中にはいり、四つにはすべての人を救うという心をおこすこと、これである。この四つの方法をなしとげれば、如来の滅後においても必ず法華経を得ることができよう」

その時、普賢菩薩は如来に申し上げたのでございます。

「世尊よ、最後の時である後の五百年の濁悪(じょくあく)の世の中において、この法華経を受持(じゅじ)するものがあれば、私は彼らを守護して不安や病気を除き、心が穏やかになるようにさせ、彼らのすきを狙ってつけこませないようにしましょう。悪魔や、悪魔の子や、悪魔の女や、悪魔の一族や、悪魔にとりつかれたものや、夜叉や、羅刹(らせつ)や、鳩槃荼(くばんだ)や、毗舎闍(びしゃじゃ)などさまざまな悪魔や死体につく鬼や熱病を流行させる鬼どもも、どんなに欠点や弱点をうかがい求めても攻撃する機会を得ることができないようにしましょう。その説法者が歩み、もしくは立って法華経を読誦(どくじゅ)すれば、私はその時、六本の牙のある白い象に乗り、たくさんの菩薩たちとその場にいき、姿を現わして、その心を安心させて慰めましょう。この法華経を供養するためにです。
その説法者が坐り、この法華経について思惟するなら、私は白い象に乗ってその人の前に現われましょう。もしその人が法華経の一句一偈を忘失したなら、私はこれを教えてともに読誦し、よく理解させましょう。その時、法華経を受持し読誦するものは、私を見ることができて大いに歓喜し、なおも精進するでありましょう。私を見ると、三昧と陀羅尼を得るでありましょう。それは旋陀羅尼、百千万億旋陀羅尼、法音便陀羅尼です。

世尊よ、もし最後の時である後の五百年の濁れた世の中に、僧、尼僧、信男、信女で、法華経を願い求める者、受持する者、読誦するもの、書写するものがあって、この法華経を学びたいと願うなら、二十一日間一心に精進すべきなのです。二十一日間の精進をやりとげたなら、私は六本の牙のある象に乗って、たくさんの菩薩たちに囲まれ、すべての人々が見たいという姿をしてその人の前に現われ、教えを説いて利益を与え喜ばせましょう。また陀羅尼を与えましょう。この陀羅尼を得たなら、鬼霊に襲われることはありません。女人に誘惑されることはありません。私もまたつねにその人を守りましょう。世尊よ、願わくは、私がこの陀羅尼を人々に説くことをお許しください。

こうして普賢菩薩は世尊の御前で陀羅尼を説いて申し上げたのでございます。

「阿檀地　檀陀婆地　檀陀婆帝　檀陀鳩賒隷　檀陀脩陀隷　脩陀隷　脩陀羅婆底　仏駄波羶

禰　薩婆陀羅尼　阿婆多尼　薩婆婆沙・阿婆多尼　脩阿婆多尼　僧伽婆履叉尼　僧伽涅伽陀尼　阿僧祇　僧伽波伽地　帝隷阿惰・僧伽兜略　阿羅帝・波羅帝　薩婆僧伽・三摩地・伽蘭地　薩婆達磨・脩波利刹帝　薩婆薩埵楼駄・憍舎略・阿㝹伽地　辛阿毘吉利地帝」

「世尊よ、もし菩薩があって、この陀羅尼を聞くならば、普賢菩薩の神通力であると知るべきなのです。もし法華経が閻浮提で広く行われることがあったなら、これは普賢菩薩の力がおよんだのです。たくさんの仏の前で深く善根を植えたなら、これらの人々は仏の御前で頭を撫でられたものとなるでありましょう。もし書写したなら、この人は命が終ってから忉利天に生まれるでありましょう。生まれる時、八万四千の天女はさまざまな伎楽を演奏して、その人を迎えるでしょう。その人は七宝の冠をかぶって天女の中にいて、楽しく暮らすでしょう。

　この法華経を受持し読誦し、正しく念じて心にとどめ、その意味をさとって教えのように修行をするべきです。そうするなら、その人の命が終ろうとする時、その身は幾千の仏の手にゆだねられ、恐怖もなく、悪しき境涯に堕ちて苦しみを受けることはありません。この世を去ってから、兜率天の弥勒菩薩のもとで神々の中に生まれるでありましょう。弥勒菩薩は三十二のすぐれた吉相をそなえて菩薩の集団に囲まれ、百千万億の天女にしたわれています。そのような功徳や利益があるのです。そうであるから、自らは一心に法華経を書写し、人に書写させ、正しく念じて心にとどめ、その意味をさとって教えのように修行をすべきなのです。

世尊よ、私は今、神通力によってこの法華経を守護し、如来が入滅した後に閻浮提の中で広めて、法華経が断えることのないようにいたします」

その時、釈迦牟尼仏は普賢菩薩を讃えてこうおっしゃったのでございます。

「よろしい、よろしい。普賢よ、お前はこの法華経を護(まも)り助けて、多くの人々の心を安らかにして、利益を与えるのだ。お前はすでに強い集中力のある意欲によって、まことに深大なる慈悲をなしとげた。久遠(くおん)の昔に、この上ないさとりの境地に至ろうという意欲を持ち、よくこの法華経を守護してきた。私は普賢菩薩の名を記憶するものを、神通力によって守護する。普賢よ、もしこの法華経を受持し読誦し、正しく念じて心にとめ、学んで書写するものがあれば、この人は釈迦牟尼仏と会い釈迦牟尼仏の口から法華経の教えを聞いたと同じことなのだよ。この人は釈迦牟尼仏を供養したのだ。この人は釈迦牟尼仏によろしいと誉められたのだ。この人は釈迦牟尼仏の御手(みて)で、頭(こうべ)をなでられたのだ。この人は釈迦牟尼仏の衣によって覆われたのだ。この人はまた、世の中の欲望に見向きもせず、ほかの教えを喜ばず、詩文に溺れる人に親しまない。また動物を殺すもの、猪(いのしし)や羊や鶏や犬を飼うもの、猟師、淫売屋の主人などに近づくのを喜ばない。彼らは心が素直ではなく、正しく念じる福徳の力はない。彼らは三毒のために悩まされるであろう。また彼らは嫉妬、侮蔑、慢心、高慢のために悩まされるであろう。一方、法華経に親しむ人は欲が少なくて足るを知り、よく普賢の行いを知る。

普賢よ、もし如来が入滅して後、最後の時である最後の五百年が過ぎてゆく時に、人が法華経を受持し読誦するのを見たなら、このように思うべきなのだ。

『この人はそう遠くない将来、厳しい修行をし、邪悪なものたちに打ち勝ち、この上ないさとりの境地にはいり、教えの輪を回し、教えの太鼓を打ち、教えの法螺貝を吹き、教えの雨を降らせるであろう。それからたくさんの神々や人間の中で、教えの獅子座に登るであろう』

普賢よ、最後の時である最後の五百年が過ぎゆく世の中で、この法華経を記憶し読誦するなら、着るもの、寝る道具、食べるもの、その他の道具などにはこだわらないであろう。現世においても、その福徳を得ることができるであろう。

もし人が法華経を受持し読誦する人を軽蔑し、そしってこういうとする。

『お前は頭がおかしい。法華経を行(ぎょう)じることは虚しくて、いくらやっても永遠に得るところはないよ』

この罪の報いは厳しい。またこの法華経を讃える人があったら、現世においてはっきりと果報を得ることができる。法華経を受持する人を見て悪口をいえば、今生において皮膚病があらわれるであろう。法華経を受持する人を軽蔑して笑ったら、今世でも来世でも歯はすいて欠け、唇は醜く、鼻はぺちゃんこ、手足はもつれて曲がり、眼は悪く、身体は臭くきたない。いたるところ吹出物があって膿と血がでて、胃腸や肺が病気になり、回復ができない重病になってしまう。それだからこそ普賢よ、もしこの法華経を受持する人を見たなら、遠くまでもすぐに立って仏を敬うようにすべきなのだ」

この普賢菩薩勧発品が説かれている時、ガンジス河の砂の数に等しい数えることもできないたくさんの菩薩は、「百千万億も回転する」という旋陀羅尼を得て、三千大千世界の微塵の数に等しい多くの菩薩は、普賢の道を実現したのでございます。

世尊がこの法華経を説かれた時、普賢やもろもろの菩薩たちと、舎利弗やもろもろの声聞たち、およびもろもろの神々、竜神、人、人でないものなどすべては皆大いに喜び、如来の言葉を記憶して、礼をなして去っていったのでございます。

おわりに

法華経の全文を現代のやさしい言葉に移し換え終った静かな夜、私は幾分かの高揚感とともに、ここでペンを置いてしまう気になれず、このまま書きつづけていく。

月刊誌『ナーム』に連載した本稿は、毎月原稿用紙十四枚分である。長大な法華経であるからどこで区切ってもかまわないのであるが、それでもそこで立ち止まることのできる文節というものがある。しかし、切るとしても十四枚目の原稿用紙の内である。法華経の全体の分量から見て毎月の原稿量は多いとはいえないのだが、とにもかくにも毎月書いてきたということである。時々立ち暮れるようにしてペンが止まることがあったのだが、それでも一度も雑誌に穴をあけたことがないどころか、締切りも破らなかった。

こつこつと書いていくそのリズムが、心地よかった。つまり、私は毎月毎月写経をしていたのであり、法華経の修行をしていたのである。これは苦行というのではもちろんない。ことに楽しい行なのだった。一ヵ月前にペンを止めた次の経文から、言葉が立ち上がってくるのを楽しい思いで経験した。

法華経に登場する如来や菩薩たちは、なんと生き生きしていることだろう。それぞれが特徴ある性格を持ち、人格を持っている。法華経の哲理はあまりにも深遠なのだが、哲理を論理としてのみ語るのではなく、物語として描いている。それぞれに個性を持った如来や菩薩が次から次と出てきて立体曼荼羅(まんだら)をつくっている。立体的な奥行きがあるから、それ全体が宇宙を形成している。

書き上げたばかりの私のペン先に、残っている感触がある。全体的に迫害された一団が、内部に向かって書いたという趣きがある。これ以上退がれないところまで後退をよぎなくされ、瀬戸際から反撃するようにして書いたのだという趣きである。全体から色濃く立ち登ってくるこの雰囲気が、法華経と他の経典とを区別する最大のものなのではないか。ここには身に迫ってくる容易ならざる状況があり、二千年以上もの時をへてもなお現在の私たちに痛切に伝わってくるのである。この切迫感はなんであろうか。

「勧持品(かんじほん)第十三」は迫害されたものが、どのように殉教するか、苦に満ちたこの世をどのように生き延びていったらよいかが、迫りくる力をもって説かれている。真理に至るための菩薩の道ゆきは険しいのであり、迫害に打ち勝っていかなければならないと、戦闘的に宣言されている。菩薩の道は平坦ではないと、和文の読み下し文で次のように説かれる。

「諸諸の無智の人、悪口罵詈等し、及び刀杖を加うる者あらん。我等皆当に忍ぶべし」

「濁劫悪世の中には、多く諸諸の恐怖あらん。悪鬼其の身に入って、我を罵詈毀辱せん。我等仏を敬信して、当に忍辱の鎧を著るべし」

「我身命を愛せず、但無上道を惜しむ」

「数々擯出せられ、塔寺を遠離せん。是の如き等の衆悪をも、仏の告勅を念うが故に、皆当に是の事を忍ぶべし」

「我は是れ世尊の使なり、衆に処するに畏るる所なし。我当に善く法を説くべし」

　このように引用しただけでも、「勧持品第十三」の内容がわかってしまうほどである。世の中には無智の人が多くて、法華経を信じるものに悪口をあびせ、刀や杖で襲いかかる。このように汚れた悪世には、多くの恐怖がある。自分たちのすべきことは、仏への信仰心を強め、どんな迫害にも耐えて、命すらも惜しいと思わず、ひたすら法華経という真理を求めるべきである。寺を追放されても、それが仏の意思なのだから、耐えるべきなのだ。自分は仏の使いであるから、人々にどんな扱いをされようと、恐れることなく、よく法華経の教えにしたがうべきである。

「勧持品第十三」を読むかぎり、法華経は当時少数派であった人々の中から起こった教えであることがわかる。しかも、異端であったのか、苛酷な迫害にあったようである。

法華経の成立した根底には、どうやらその迫害と深い関係があるようだ。この経典はサンクスリット語で『サッダールマ・プンダリーカ』で、西晋の竺法護は『正法華』と訳し、西域のキジ国で生まれた秦の鳩摩羅什の訳は『妙法蓮華』である。その意味は「正しい蓮の花の教え」ということである。

「従地涌出品第十五」にはこのように書かれている。

「不染世間法　如蓮華在水　従地而涌出（世間の法に染まらざること、蓮華の水にあるがごとし、地より涌出して）」

どんなに汚れた苦しい世の中であろうと、世間には数多くの菩薩が地中に隠れているものだという。厳しい現実認識なのだが、一方では楽天的な世界観である。蓮は泥の中でしか生きることはできないが、その泥に染まらず、美しい花を咲かせる。泥のように汚れたこの苦しい世間で、人もその悪しき泥に染まることなく、美しい花を咲かせることができる。それはつまり菩薩行ということで、人は蓮の花のように生きなければならないということだ。泥の中の睡蓮の花とは、まことにたくみな象徴である。またこれは方便(ほうべん)ということで、その方便のたくみさによって、法華経の思想は多くの人々の胸によく響くのである。

法華経は古い因習の殻を破って新しい世界へと飛躍しようとする人たちの、新しい思想であった。それ故に、旧守派から苛烈な弾圧を受け、ますますその思想を強化していったと見える。そのことを考えると、法華経がどうしてもこの世で説かれねばならなかった必然が見えてくるのである。しかも、今日でもなお新しい思想として、法華経は説かれつづけなければならないのである。

人間の感情や思想も脳細胞の中の物質が生成させ、また消滅させるということが突きとめられ、多くの事象が物質的な現象として説明することができるようになった現代にあり、仏や神の実在を素朴に信じるのは困難である。現代においてどんな信仰が可能かという問いがなければ、宗教は祖先崇拝や現世利益のための儀式となり、人を心の底から揺り動かすこともできなくなるであろう。現代を生きる私たちの、その生き方を示してくれるものでなければ、形骸ということになってしまうのである。

　釈尊の時代はどうだったのであろうか。今から二千五百年前の古代インドを精神的に支配していたバラモン教は、この世が成立するのは宇宙の最高原理のブラフマン（梵）と、人間の内在原理のアートマン（我）であるということであり、その絶対性への帰依（きえ）ということであった。紀元前五百年頃に生きた釈尊は、絶対性への疑問によって思想をうち立てていった。釈尊の基盤とは、あらかじめ決められた絶対性によるのではなく、現実の生活をありのままに観察し、それにより導き出されてきた生きている認識なのである。

　現実の認識とは、私たちがこの世で毎日を生きていきながら、どのようにしてもそこからはずれることのできない真理を知るということである。釈尊のその認識こそが、仏教ということなのだ。ではまず釈尊は何を認識したのであろうか。

　釈尊の時代は人々が今日のこの日をいかに生きるべきかを切実に求めていて、伝統的なバラモン教によるブラフマン・アートマンの本質主義だけではその要求に応えることはできなかった。六人の代表的な自由な思想家がいて、六師外道（ろくしげどう）と呼ばれている。たがいに対立する思想体系は、それぞれがそれぞれの正統性を主張するのであった。しかもその主張は、この世界は有限か無限か、身体と霊魂は同じものか別のものであるか、修行完成者は死後にも生存するかなど、人々の日常生活にはまったく関係ない形而上学的な議論ばかりであった。人々が求めていたのは、この毎日毎日をどのように生きていったらよいのかということだ。

まさに釈尊のとなえた縁起ということなのだが、釈尊は時代の激しい変わり目に生きたのである。釈尊は釈迦族の王子として生まれ、おもに説法して活動の中心地であったマガダ国の都ラージャガハ（王舎城）は、商工業が発達してできた新興都市なのである。釈尊の布教活動の場所として経典によく登場するパータリプトラやヴェーサーリーやサーヴァッティーも、同様に新興階級の土地である。そこで釈尊はバラモン教の本質主義的な世界観を有の思想として離れ、断片的相対的な六師外道の虚無的懐疑的な発想を無の思想としていれなかった。釈尊は自らの認識に基づく中道をいったのである。

それでは釈尊はそもそも何を認識したのであろうか。仏伝が語り伝えているところによれば、釈尊はゴータマ・シダッタ王子と呼ばれていた時代から、苦の認識をしていたとされている。人生は苦に満ちていて、思いどおりにはいかない。苦しみから逃れることはできない。生きていることが苦で、老いるのは苦で、病いになるのは苦で、死ぬのは苦である。この四苦の認識を、一切皆苦（いっさいかいく）という。

生と死とはまったく反対のことなのに、同じ一人の人生の中にあるのだ。会うことと別れることは別なのに、会うが別れのはじめなりとして連続している。愛するものとも、必ず別れなければならない。この矛盾が、人生を必ず苦しくしている。一切皆苦の認識が仏教のはじまりなのである。

この苦しみに充ちた世の中で私たちが生きていくことができるのは、その苦も絶対的に固定されてはいないからである。すべての事柄や現象は、それきり固定されてしまうものではなく、そもそもの原因である因があって、そのつど変わっていく条件である縁が作用し、つねに変転し、時々刻々と変化していく。一時たりとどまってはいない。

諸行無常も、釈尊の根本認識である。現象世界は絶えず変化し、人生も変化する過程にすぎない。この認識も、苦しみを呼んでくる。人生は短く、人間存在ははかないという無常観が、ここから生起してくるのである。いわれてしまえば当たり前なのだが、これまでこんなことを認識し表現してくれる人はいなかった。

そうであるなら、私たちは何かの事物や現象を、「自分」とか「自分のもの」とか見なしてはいけないということになる。自分の所有とみなしたところで、つねに変転しているのだから、あるいは消滅もするので、永遠に自分が所有していることはできない。これは人間を具体的に人間たらしめている精神的なあるいは物質的な要素、もしくは機能のいずれも、アートマン（我）と理解してはいけないということを意味する。すなわちこれは釈尊によるバラモン教の否定でもあった。この世のものを自分で所有するということがありえないのなら、すべて我がものにしたいという欲望もあってはならないということだ。

諸行無我とは、いかなる存在も永遠不変の実体というものはないということである。そうであるなら、相対的な諸関係によって、人間存在が語られなければならない。それが、色・受・想・行・色の五蘊であり、人間存在の実践法として布施・持戒・忍辱・精進・禅定・智慧の六波羅蜜であり、修行の基本として、正しい見解・決意・言葉・行為・生活・努力・思念・瞑想の八正道がある。

釈尊の根本認識である一切皆苦・諸行無常・諸法無我を、三法印と呼ぶ。仏教はこの現実認識から出発したのである。いつも人の生とともにあるということが、釈尊の認識の根本であった。超越的絶対的な神があるのではなく、縁起によって人は現在も未来も切り拓いていくことができる。これはまことに人間を肯定する世界観である。

　釈尊の認識の重要な点は、空の発見ということである。すべての現象は、絶対的に固定されたものではなくて、その時その場の条件と関係して生成し、消滅し、条件は変わるのでたえず変化して現われる。絶対的なものがないということで、これが空ということだ。

　空ということの考え方を推し進めていくと、固定されていないのは現象ばかりでなく、真理もそうではないかという考え方がでてきた。絶対不変の真理というものは存在しないという立場である。そうであるなら空とは、すべてが生成してくるところではなく、なんにもない無であるということであると考えれば考えられないことはない。人生とはやがては空無に至るのだから、最終的なさとりの境地である涅槃とは、すべてが消滅して空無に帰すということになる。この虚無主義の考え方からすれば、釈尊の現実肯定的な明るい世界観はうとんじられ、社会活動などは無駄な徒労であり、ただ鬱陶しくなるばかりだ。釈尊の苦の認識が、そこから逃れるためにどうするかという肯定的な活力を生む方向ではなく、どちらかといえば無気力なニヒリストを生みだしていったのである。

　そんな仏教に対し、自分だけが真理に至る小さな乗り物（小乗）として批判をしたのが、大乗仏教の発生の理由であった。空を虚無思想から取り戻すために、空観が積極的に構築されるに至ったのである。空とは、無ではない。虚空（アーカーシャ）とは、縁と因との関係によって、すべてが生まれてくる創造的な空間なのである。

　こうして大乗仏教が生まれたのは、西暦紀元前後であるといわれている。宗教改革の火の手がかなり激しく燃え上がり、仏教の大胆な読み換えがおこなわれたのであろう。仏教を素朴に信じることのできなくなった現代と、あるいは相通じあう時代なのかもしれない。その当時、既成の価値観は人々の魂の奥に錘りをおろすことはできなくなった。出家者はいて、托鉢をする姿はそのへんでいくらでも見ることはできたのだが、その修行者も自分自身の解脱ばかりを願って自分のための修行しかしなかった。人々への救済などとてもなすことができない。今から二千年前の時代が、葬式や法要など形ある儀式ばかりにとらわれて釈尊の救済を忘れている現代と、あるいは通じあうのではないかと私は思うのである。

　釈尊の教えが消滅してしまったら、自灯明・法灯明の道すじが足元から消えてしまったら、人はどのようにして生きていったらいいのだろう。そのような瀬戸際から、法華経は生まれてきたのである。仏に対する絶望から出発したといってもよいかもしれないのである。

大乗仏教は宗教革命の成果であるのだが、法華経がいきなりできてきたのではない。その前に理論的な読み換えの構築が、どうしても必要であった。そうして生まれてきたのが、金剛般若経や善勇猛般若経や仁王般若経や般若心経などの般若経であり、十万頌般若経や二万五千頌般若経や一万八千頌般若経などの拡大般若経であるといわれている。この膨大な般若経群によっても、どれほど熱烈に宗教改革がおこなわれたかがわかろうというものだ。そうしなければ、人は生きることができなかったのである。

その般若経群の中で、新しい空観の白眉といわれるのが、般若心経である。その中心の部分はこうだ。私の訳である。

舎利子よ。形あるものは空であり、空であるからこそ形をつくっている。形ある存在とは実体がないのであって、実体がないからこそ形ある存在となる。感じたり、思ったり、意志を持ったり、知ったりする心の働きも、実体がないのだ。

舎利子よ。この世においては存在するすべてに実体がないのだから、生じもせず、減しもせず、汚れもせず、浄らかにもならず、増えもせず、減ることもない。それゆえに、空には形ある存在はない。

感じたり、想ったり、意志を持ったり、知ったりすることもない。目で感じることもなく、耳で感じることもなく、鼻で感じることもなく、舌で感じることもなく、身体で感じることもなく、心で感じることもない。形もなく、声もなく、香りもなく、触感もなく、心が向かう対象もない。眼で見える世界から、意識される世界まで、すべては存在しない。

人の苦しみの根源である無明(むみょう)もなく、また無明がなくなるということもない。こうして老いも死もなく、また老いと死がなくなるということもない、というところに至る。


数ある経典の中でも最も広く人々に愛唱されていると思われる般若心経は、たちまち苦しみが生じてくるこの世間で、積極的に生きていこうという意志に満ちている。空(くう)とは認識にすぎず、もちろん空ということに意志はないのだが、否定にでも肯定にでもどちらにでも向かうという恐ろしさがある。だからこそ空は、人と現実とを結びつけもする。般若心経は虚無の闇をまったく消してしまったわけではなく、行き止まりのない深奥な淵をのぞかせているのである。

　こうして遠く回り道をしながらも、釈尊の空観に戻っていくところから、大乗仏教は成立していったのである。ここにはニヒリズムから立ち上がり、現実の中で苦しんでいる人を救おうという誓願が込められている。般若経には、空ということの釈尊の真意が取り戻されているのだ。ここから先は、空を観念の中ばかりでなく、人々の現実生活に即応して血の通った表現として確立されなければならない。もっといえば、空観によって人はどのように生きればよいのかという、積極的な教えが求められる。その必然の過程で成立したのが、法華経なのである。

　法華経の成立は、紀元五十年頃だといわれている。釈尊が入滅して五百年たち、まさに正法(しょうぼう)の時代は過ぎようとしている。仏教教団が成立し、立派な寺もたくさん建ち、修行僧も数えきれないほど多くいた。しかし、釈尊の認識の内容である仏教も形ばかりが残り、釈尊の真意というものもわからなくなりかけていた。その一方で、交通網が整備されて交易もさかんにおこなわれるようになり、物資はあふれて、消費生活は充実した。しかし、心の中の充足という点では、いよいよ既成の認識のみからは得られなくなっている。釈尊がこの世を認識して正覚(しょうがく)を得たように、新しい時代を認識する言葉が欲しい。そうしなければ人はどうやって生きていったらよいかわからないのである。
その時代から二千年後に、私たちは生きているのである。世界はどんどん変わっていき、私たちはこの時代を認識する言葉が欲しいのである。法華経が成立していった時代と、なんと似ていることであるか。

新しい法華経をつくるなどという力はとてもない以上、私たちは二千年前に成立した法華経を身と心で読まなければならないのである。

法華経は数々ある仏教経典の中で、人々に最も強い影響を与えたものであろう。この法華経に対する批判は、仏（如来）は自画自讃し、もしくは他の仏を賞讃しているばかりで、教理が説かれていないということである。それに対する反批判は、分析的な細かい教理はすでに他の多くの経典で論じつくされているので、ここでは人がこの世間でどのように生きるかという、仏が説く大道を展開しているということである。そうであったからこそ、法華経は多くの人々の支持を集めたのだ。

法華経がまず明らかにしたのは、一乗妙法（いちじょうみょうほう）である。空（くう）の真理の積極的表現で、数々ある仏教の教説は釈尊が人々を導くための方便として説いたもので、それぞれに存在意義はあるものの、究極的には唯一の真実の教えがあるのみだという。人はそれぞれの資質や能力に応じて、仏の説いたことを聞いた上での実践（声聞乗）と、単独でさとりを開く実践（縁覚乗）と、自利利他の行いによって自他ともにさとろうとする実践（菩薩乗）があるのだが、この三乗は一乗に導くための方便にすぎない。やがてはそれぞれの道が、一つに帰すのである。そのことを力強く物語る法華経は魅力的だ。

序品第一はプロローグで、釈尊はマガダ国の王舎城の霊鷲山にいて、この世のあらゆる人たちに向きあっている。真理の中に瞑想をし、眉間の白毫から光を放って宇宙の万有を照らし、究極の教えを説く前触れを示す。方便品第二で釈尊は瞑想から立ち上がり、諸法実相、すなわち宇宙万有の成り立ちについて説く。これは十如是と呼ばれているもので、相・性・体・力・作・因・縁・果・報・本末究竟等である。すべては空から生まれ、その時々の条件が関係しあい、事実が外に現われ出る。これは釈尊のさとりの内容であり、釈尊の認識が仏教なのである。これこそ宇宙の統一原理であり、一乗妙法と呼ぶ。つまりこれまでの仏教が解き明かしてきた根本の世界認識なのである。

ここから法華経は大乗仏典として立ち上がっていく。人生は空であり無常であるという認識にたどり着き、声聞も縁覚も虚無におちいりがちであった。しかし、空は何もないのとは反対で、すべてが存在する豊饒な世界であり、可能性に満ちた無限の絶対的な世界なのである。無常はたえず失われていくのではなく、苦も時の流れの中で消滅していくのであって、生きる喜びの中に解放されるはずなのだ。こうして虚無を振り払い、自分も他者も救う菩薩の道へと導こうとして道を示すのが、ドラマチックな物語としての法華経なのである。

法華経は読み方によってはまことに実践的だ。譬喩品第三には、法華経七喩の第一の譬である三車火宅の譬がでてくる。長者の家では、楽しみに目の眩んだ子供たちが遊び興じている。家が火事になったのも気づかず、目の前の快楽に夢中になっているのだ。そこで長者は、ここからでれば羊の車、鹿の車、牛の車をあげるよという。これは声聞・縁覚・菩薩の譬である。玩具に誘われてでてきたところに、すべての子供たちに大白牛車を与える。仏は人を差別せず、それぞれの機根に応じて生死の迷いから救う。このような方便・見事な譬によって法華経は物語として語られていく。

信解品第四では、七喩中の第二の長者窮子の譬が語られる。幼い頃に家出して乞食の生活をしていた一人息子は、長者の家に連れ戻されてもまわりの人を恐れるばかりだった。そこで二十年間便所掃除に雇い、長者は死の直前に息子に無上の財産をすべてゆずる。こうして息子はやっと目覚めることができた。この息子とは、虚無の底に沈んでしまった小乗仏教徒である。法華経ではこのようなものも見捨てずに救うべきだと説かれる。

薬草喩品第五では、七喩中の第三の三草二木の譬が語られる。雲は大地に分けへだてなく雨を降らせるのであるが、草や木にはそれぞれ大小がある。仏の教えは分けへだてないのであるが、受け取るほうの機根によって違いがでる。三草とは、一般の人々、声聞と縁覚（小乗仏教徒）、菩薩（大乗仏教徒）のことで、二木とは、自利の菩薩、利他の菩薩のことである。真理は一つなのに、受けとめ方の差がどうしてもでてしまうのだが、それらすべてを教え導くということである。

七喩中の第四の化城の譬は、化城喩品第七にでてくる。真理への道は遠く、果てしなく、険しい。道半ばにして挫折しそうになった時、仏は幻の城を化現する。そこで人々は安心し、充分に休息をとったところで、あの城は方便をもって仮りに現わしたにすぎないと告げる。そうやって仏はあらゆる方便を使い、人々を真理へと導いていく。化城とは声聞や独覚のことで、最終的には誰でもこの上ないさとりの境地にはいることができるのだと、方便をもって仏は説いている。

七喩中の第五は衣裏宝珠の譬で、五百弟子受記品第八で語られる。家にきて酔い潰れてしまった友の衣の裏に、急用で出かけねばならなくなった親友は宝珠を縫いつけておいた。そうとも知らない男はあてどもなく放浪し、わずかな報酬で満足していたところ、親友に会って衣の裏の宝珠のことを知らされるのである。いつも真理を聞いているのにそれと気づかないのは、虚無におちいった小乗仏教徒を現わしている。そんな人も仏はあらゆる手段を使って救っていく。

法師品第十では、七喩中の第六の穿鑿高水の譬が説かれる。ある人が水を求めて高原の土を掘り、乾いた土を見て水はまだ遠いと知り、土が湿ってきたのを見て水が近くなったことを知るということだ。ここに説かれているのは、簡単にはあきらめない、たえまない菩薩道の実践である。法華経を説くことが、すなわち菩薩道である。菩薩とは衆生をあわれむがゆえに、人に生まれて法華経を説くもののことである。一人のためにも法華経を説くものは、如来の使いであり、如来の仕事をする人なのだ。如来の滅後に法華経を説くものは、「如来の室に入り、如来の衣を著、如来の座に坐して」と説かれる。菩薩行の尊さについて語られている。「如来の室とは一切衆生の中の大慈悲心、如来の衣とは柔和忍辱の心、是れなり。如来の座とは一切法空、是れなり」は、実践的な生活においてどのように生きたらよいかということが説かれている。そのような菩薩行をするためには、高原の土を掘って水を求めるようなたゆまぬ努力が必要ということなのである。

見宝塔品（けんほうとうほん）第十一に至ると、ここまで人々の成仏の実践が説かれた結果、永遠の未来にわたって人々の成仏をどうやって保証するかということが問題になる。この時、大地から七宝の宝塔が涌出して空中に住し、その中にいる多宝如来が自分が保証しようと宣言する。現に多宝如来は、法華経が説かれたために地から涌出したのである。

私は見宝塔品第十一や、化城喩品第七や、八歳の竜女が成仏する提婆達多（だいばだった）品（ほん）第十二や、隠れていた菩薩が地中から次々と涌出する従地涌出品（じゅうじゆじゅっぽん）第十五の光景を心の中にはっきりと思い描くたび、このシーンをアニメかコンピューターグラフィックスで映像化したら、それは美しいと思うのである。法華経のビジュアルな世界は、これまでもたびたび彫像や壁画などに表現されてきた。現代には現代の表現があるので、そろそろ法華経の映像化が試みられてもよいのではないかと思うのだ。

七喩のうちに数えられない髻中明珠（けいちゅうみょうじゅ）の譬が説かれる安楽行品（あんらくぎょうほん）第十四は、法も滅する末法（まっぽう）の世に法華経を受持（じゅじ）するものは、釈尊は自分が成仏した後も、この法華経を受け入れない人でさえも一仏乗（いちぶつじょう）にはいるため自身は法華経を説きつづけると誓願を立てるべきだと説く。この誓願は本当は安楽行であり、人々から尊重され、諸天からはいつも守られている。強大な転輪聖王（てんりんじょうおう）は小国を征服すると、勇士に土地や城や宝物を与えるものだが、王の髪の中に隠された明珠は与えない。この大切な法華経は、それと同じものなのだ。すべての衆生が成仏する法華経は、なかなか理解されず、説けばかえって怨みさえもかう。だがすべての煩悩と向き合う勇者には、王が髪の中の宝珠を与えるように、最後に説く教えとしてとっておいたのである。

従地涌出品第十五に至って、法華経の内容はがらりと変わる。これまで法華経を護持してきた菩薩は実はこの世にたくさんいるのだと釈尊がいったとたん、地中から数えきれないほどの菩薩が涌き出してくる。私たちの現実生活においても、苦しみが生じた時、思いもかけない人が救ってくれる。そんな経験は誰にでもあるはずである。その救ってくれた人こそ、菩薩なのである。苦しい時、たとえば友人が思いもかけぬ慈悲心を示してくれたりする。またその逆もあるかもしれないのだが、私たちは菩薩だけを見て、自分も菩薩になろうと誓願すればよいのである。法華経の物語は、このように私たちが向き合うべき現実とまことに鋭く斬り結んでくるのである。

釈尊のあとを受け継いで法華経をひろめていくと誓願した地涌の菩薩の

代表が、上行菩薩と無辺行菩薩と浄行菩薩と安立行菩薩の四菩薩である。この四菩薩こそ、私たちの代表選手である。私たちの現実世界、この娑婆世界で苦しみに耐え、菩薩行の実践をしつづけるものこそ、釈尊の本当の弟子ということだ。この後に有名な偈がでてくる。

「世間の法に染まざること、蓮華の水に在るが如し」

法華経の真髄を語った、まことに巧みな譬である。この世は苦に満ちているということが、まず釈尊の根本認識であった。この世に暮らしている以上、私たちは苦しみから逃れることはできないのだ。しかし、生き方はある。蓮のように苦しみの泥の中に根を張り、泥に染まらずきれいな花を咲かせる。こんな生き方を菩薩行という。

如来寿量品第十六に至り、法華経のクライマックスになる。ここに法華経七喩のうちの第七、良医の譬が説かれる。医者である父が外国にいっている間に、子どもたちは誤って毒を飲んで苦しんでいた。父は薬を与えた。本心を失っていない子はそれを飲んでもとに戻ったが、毒のため本心を失った子は薬を飲もうとはせず、苦しんでいるばかりであった。そこで父は一旦外国にでて使いを送り、父は死んだと告げさせた。悲しみのあまり本心の戻った子供は薬を飲み、もとに戻ったということである。そこで父も家に帰った。

なんと見事な比喩であろうか。歴史上の人物である釈尊は、クシナーラーで入滅した。しかしそれは、本心を失った子供のように釈尊がそこに立っているにもかかわらず釈尊を見ることのできない理性が転倒（てんどう）した愚かな人のために、巧妙な手段によって入滅をしてみせたにすぎないのである。それはあくまで方便であって、実は釈尊は人間の世界にとどまっている。人に正しい心が生じた時、釈尊は弟子たちをつれて霊鷲山に姿を現わすと語るのである。釈尊は久遠本仏（くおんほんぶつ）なり、この今も私たちを教え導いている。

法華経は分析的な文献ではなくて、実践的な思想である。渇仰（かつごう）の心を生じ、恋慕の心を持てば、釈尊はいつでも姿を現わすと、苦海に生きる私たちを励ましてくれているのだ。その霊鷲山は、インドにいかなければないのではない。渇仰を持つ誰の心にもあるのだ。

自我得仏来（じがとくぶつらい）（われ仏を得てよりこのかた）ではじまる自我偈（じがげ）は、これまで多くの人に愛誦されてきて、今も愛誦されているのだが、私には釈尊への恋慕心の表白だと思える。その柔軟な心をもって自我偈を唱えるすべての人の心の中に、釈尊は現われるのである。この釈尊に永遠性を見ようとする人の心が、私には率直に理解できる。

実際に自我偈を読誦する時、身のまわりは苦しみの炎が燃え立っているのに、心の中は安穏で、天人が充満し、森の中に美しい堂閣が建ち、宝樹には花が咲き果実がなり、天からは美しい音楽とともに花が降ってくるのである。この心の中の光景こそが、泥に染まらずに咲く睡蓮の花であり、法華経の純粋で美しい世界なのである。

凡夫は心が転倒（てんどう）しているから、ただ釈尊は入滅したと単純に思っている。釈尊は私たちのすぐ前に立っているのに、その姿を見ることができないのである。そのことは、こうして法華経という豊饒な森があるのに、人は足を踏みいれようとしないばかりか、そこに森があることを知ろうともしないということと同じである。この森は、行っても行っても果てることがなく、そう願うものには無限に恵みをもたらしてくれるのである。

法華経の森を歩く私の旅は、ひととおりの地図の上からはもう終りに近づいた。最後に、語っておくべきことが一言ある。人間への無限の信頼を物語っている常不軽（じょうふきょう）菩薩が、私は好きである。ここには現実の中で実際に生きるべき人間の理想が語られている。人に軽んじられても軽蔑されても、人間への信頼を失わず善意で生きる常不軽菩薩のように、私は生きていきたい。

参考文献

◆「法華経」坂本幸男・岩本裕訳注　岩波書店
◆「妙法蓮華経並開結」法華経普及会編　平楽寺書店
◆「大乗仏典法華経」松濤誠廉・長尾雅人・丹波昭義訳・桂紹隆　中央公論社

立松和平（たてまつ・わへい）

作家

一九四七年十二月十五日、栃木県宇都宮市で出生。早稲田大学政経学部卒業。

一九七〇年、在学中に文学作品『自転車』で第一回早稲田文学新人賞を受賞。卒業後、さまざまな職業を経験したあと、故郷に戻って宇都宮市役所に勤務した。

一九七九年から文筆活動に専念する。

一九七〇年、小説『遠雷』で第二回野間文芸新人賞、

一九八六年、アジア・アフリカ作家会議の「八五年度若い作家のためのロータス賞」、

一九九三年、『卵洗い』で第八回坪田譲治文学賞、

一九九七年、小説『毒―風聞・田中正造』で第五一回毎日出版文化賞を受賞。

日本国内、国外を旺盛に旅する行動派作家として知られ、活力あふれる描写とみずみずしい感性が多くの読者の共感を得た。

また自然環境保護問題にも積極的に発言。さらに神社仏閣を保護していくための、建築用材を提供する「古事の森」構想を提唱、四百年伐採しない森づくりを提唱。

『ブッダその人へ』『仏に会う』『ぼくの仏教入門』『道元』『良寛』など、仏教への深い関心を示す著書を次々と世に送り出した。

二〇一〇年二月逝去。

現代語訳
はじめて読む法華経28品
——深遠な教え、華麗な物語世界へ——

2019年10月30日　初版第1刷発行

著　者　立松和平
発行者　水野博文
発行所　株式会社佼成出版社
〒166-8535　東京都杉並区和田2-7-1
電話　(03) 5385-2317（編集）
(03) 5385-2323（販売）
URL　https://www.kosei-shuppan.co.jp/
印刷所　亜細亜印刷株式会社
製本所　株式会社若林製本工場

ISBN978-4-333-02814-6　C0015